이찬과 한국 근대문학

Yi Chan and Korean Modern Literature

저자 **김응교**(金應敎)는 시인이자 문학평론가이다. 1962년 서울에서 태어나 연세대 신학
과를 졸업하고, 연세대에서 국문학 박사학위를 받았다. 1987년 『분단시대』에 시 발표,
1990년 『한길문학』 신인상을 받았으며, 1992년 「풍자시, 약자의 리얼리즘」(『실천문학』)
으로 평론 활동을 시작했다. 1996년 도쿄외국어대학을 거쳐, 도쿄대학원에서 비교문학
비교문화를 연구했다. 1998년 와세다대학 객원조교수, 현재 와세다대학 문학부 객원교
수로 있다.

연구서로는 『사회적 상상력과 한국시』(소명출판, 2002), 『박두진의 상상력 연구』(박이정,
2004), 『시인 신동엽』(현암사, 2005) 등과 일본에서 발간된 『韓國現代詩の魅惑』(土曜美
術出版, 2007)가 있다.

작품집으로는 시집 『씨앗 / 통조림』(1999), 인물전 『민족시인 신동엽』(1994), 예술문학기
행 『천년 동안만』(1996), 장편실명소설 『조국』(1993), 문화예술론 『18인의 예술가』(1993)
등이 있다.

번역서로는 大杉榮의 『오스기 사카에 자서전』, Joseph Dillow의 『아가』, Eldon Ladd의 『부
활을 믿는 사람들』, Kahlil Gibran의 『예언자의 동산』 등이 있고, 일본어로 번역한 『高銀
詩選集』(사가와 아키 공역, 藤原書店, 2007)이 있다.

이찬과 한국 근대문학

1판 1쇄 인쇄 2007년 2월 10일
1판 1쇄 발행 2007년 2월 28일

지은이 / 김응교
펴낸이 / 박성모
펴낸곳 / 소명출판
출판고문 / 김호영
등록 / 제13-522호
주소 / 137-878 서울시 서초구 서초동 1621-18 (란빌딩 1층)
대표전화 / (02) 585-7840
팩시밀리 / (02) 585-7848
somyong@korea.com / www.somyong.co.kr

ⓒ 2007, 김응교

값 18,000원

ISBN 89-5626-236-5 93810

이찬과 한국 근대문학

Yi Chan and Korean Modern Literature

김응교

소명출판

李燦, 아오바 가오리, 리찬, 이찬

1930년대 한문 '李燦'으로 자신을 표기했다.
1940년대 '아오바 가오리(靑葉薰)'는 친일 작품을 발표했다.
1945년 '리찬'은 북한에서 혁명시인으로 활동했다.
1987년 북한 작가들이 해금된 이래 연구자들은 그를 '이찬'으로 호명했다.

네 가지의 호명은 한 사람의 삶을 그대로 표상한다.

일제강점기 때 그는 늘 자신을 한자로 '李燦'이라고 표기했다. 이찬의 시는 1930년대가 절정기였다. 프롤레타리아시에서 출발한 그는 북방 정서를 담은 시, 옥중시, 이후 비관적이고 도피적인 낭만주의시도 발표했다. 1930년대 북방 정서를 노래한 시들은 아름답고 개성이 있다.

1940년에 들어 그는 창씨개명을 하여 '아오바 가오리(靑葉薰)'라는 이름을 쓴다. 필자는 '아오바 가오리'라는 이름으로 발표된 글을 연구하면서, 이찬의 친일성을 비교적 자세히 분석했다. 그 이유는 그를 단죄하려는 것이 아니라, 그의 전체적인 삶의 과정을 살펴보고 싶었기 때문이다.

그것은 또한 한국 근대문학의 한 흐름을 살펴보는 것이기도 했다. 더 나아가 "제가 전향 연구에 가치 있다고 생각하는 것은 잘못 속에 포함되어 있는 진실이, 진실 속에 포함되어 있는 진실보다 우리들에게 소중하다고 생각하기 때문인 것입니다"라고 한 쓰루미 슌스케[鶴見俊輔]의 말(『戰時期日本の精神史』, 岩波書店, 1983, 24면)을 필자가 적극 공감하기 때문이다.

1945년 해방 후 조선인민민주주의공화국에서 활동했던 이찬 시인은 북한의 혁명시인으로 기록되었다. 북한에서 그는 '리찬'으로 호명되었다. 북한의 시사(詩史)에서 '리찬'은 빼놓을 수 없는 존재다. 카프의 전통을 이어받은 '리찬'의 문학은 주체문예론이 대두되기 이전에 북한문학사에 확고한 토대를 구축한 시인이다. 북쪽 문학은 세계문학사에서도 유래를 볼 수 없는, 그들 표현대로 '우리식 문학'을 고수하고 있다. 김윤식 교수는 북한문학사는 초역사 곧 초근대 혹은 몰근대라고도 부를 수 있는 주체문예론에 근거하고 있다고 하면서, 주체문학을 몰근대문학사론이라 하기도 했다. 수령형상문학에 동의하지는 않지만 필자는 '상처도 역사'이기에 북쪽이든 남쪽이든 분단시대의 문학을 분석해야 한다고 생각한다. '리찬'의 수령형상문학이나 개작시는 이러한 북쪽 문학의 특성을 잘 보여 주고 있다.

왜 이찬을 연구하는가?

첫째, 그는 1930년대와 한국 근대문학사에 주목할 만한 시인이다. 이찬의 시집 『대망』은 옥중시, 만주 이주, 북방 어촌, 국경 마을의 정조를 담은 시집이다. 이 아름다운 시집에는 「북극전설」처럼 빼어난 시들이 있다. 1930년대 후반기에 분명히 주목해야 할 시집이다. 그는 1930년대 현대시와 1940년대 친일문학 그리고 북한 현대시사에 기록되는 특이한 시인인 것만은 분명하다.

둘째, 그의 삶은 '화원(花園)', 곧 평등하고 자유로운 세상을 찾아나서는 탐사의 길이었다. 그 길은 한국문학의 근대성을 관통한다. 이찬 시인은 근대문학의 안테나 같은 존재로, 경향시, 옥중시, 낭만적이고 모더니즘적인 시, 친일시, 북한 혁명시 등 우리 문학의 첨예한 변화를 모두 보여 준다. 프롤레타리아문학과 이후 모더니즘적인 실험 그리고 '초근대성'을 겨냥했던 황국신민으로 향하는 친일의 길 그리고 다시 '몰근대성'(김윤식)한 '한국 근대문학 연구'가 될 것이다. 그래서 이 책의 제목은 『이찬과 한국 근대문학』이 되었다.

여기까지 읽은 독자 중에 눈치가 빠른 분은 이미 필자의 의도를 알아챘을 것이다. 그렇다. 이 책은 '이찬 연구'인 동시에, 그의 주변 사상과 문학사를 가미(加味)한 '한국 근대문학 연구'가 될 것이다. 그래서 이 책의 제목은 『이찬과 한국 근대문학』이 되었다.

그의 시를 처음 대했을 때, 1930년대 3권의 이찬 시집은 당대 다른 시집과 비교하여 짜장 돋보였다. 그런데도 불구하고 그는 거의 알려지지 않았다. 그가 북한 혁명시인이라는 점도 그에 대한 논의를 피하게 했을 것이다. 이찬 시인을 만난 것은 20여 년 전 필자가 석사 과정을 마칠 무렵이었다. 연희전문에 다녔던 시인이 윤동주 말고, 이찬이 있다는 것을 알았을 때 마치 몰랐던 선배를 만나는 기분이었다. 이찬은 지금의 경복고등학교를 졸업하고, 연세대학을 거쳐 와세다대학에서 공부했다. 우연일까? 우연치고는 너무도 흥미로운 만남이었다. 경복고교와 연세대학교는 필자가 졸업한 학교이고, 와세다대학은 10년 가까이 지내온 일터이기도 하다. 우연히도 그가 살아온 길에 내 삶이 겹쳐져 있었다. 나는 그의 성적표나 학적부를 내가 다녔고 일하는 학교에서 신청해 받으면서, 마치 몰랐던 학교 선배를 알아 가는 묘한 느낌으로 그의 시를 대하곤 했다.

이런 관계에서 근대문학사의 독특한 자리를 점하는 그의 특이한 편력에 궁금증을 갖고, 1991년 그에 관해 첫 논문을 쓰고, 지금까지 16년 동안 그의 시와 그가 살아온 근대적 공간을 답사해 왔다. 무엇보다도 이 책이 통일문학사를 서술할 때, 남쪽과 북쪽이 서로 이해하는 작은 길목 역할을 한다면 좋겠다.

이 연구를 위해 끊임없이 격려해 주신 오오무라 마스오 교수님, 호테이 토시히로 교수님, 이성시 교수님, 심원섭 교수님(이상 와세다대학)과 김재용 교수님(원광대학)께 감사한다.

오오무라 교수님과 사모님께 감사드린다. 교수님께서 자유롭게 자료를 보라며 당신의 연구실 열쇠를 주셨던 그 따스함을 평생 잊지 못할 것이다. 필자가 선생님 댁에 배우러 갈 때마다 사모님께서는 식사도 내주시며 격려해 주셨다. 이찬의 희곡 그리고 아오바 가오리에 대한 자료는 호테이 선생께서 주신 자료다. 특히 김학렬 교수님(일본 조선대학)께도 감사드린다. 교수님은 이찬에 관한 귀중한 자료와 조언 그리고 북한문학의 근본에 대해서 자세하게 설명해 주셨다.

와세다대학에서 지낸 짧지 않은 세월, 동아시아를 포함한 국제적인 지평에서 우리 문학과 문화를 읽을 수 있는 시각을 배웠다. 와세다대학 조선문화연구회에서 이 책에 실린 친일문학 그리고 북한문학에 대한 논문을 발표하고, 여러 지적을 통해 글을 다듬을 수 있었다. 그 토론 덕택에 일관성과 균형을 갖출 수 있었다. 와세다대학 조선문화연구회에 참여하시는 모든 학문의 동반자들에게 인사 올린다.

필자에게 가끔 연구자의 자세와 행복에 대해 나직이 일깨워 주시다가, 이렇게 연세대 근대한국학총서의 한 권으로 발간할 수 있도록 길을 열어 주신 김영민 교수님(연세대)의 은혜를 잊을 수 없다. 김 교수님이 아니었더라면, 필자가 오랫동안 미적거리는 사이에 이 원고들은 사라져 버렸을지도 모르겠다. 선생님 덕분에 성긴 원고를 기워 이런 모양새로 살려 냈다. 연세근대한국학총서에 들 수 있도록 배려해 주신 연세대학교 근대한국학연구소에도 감사드립니다.

필자가 이찬론과 관계된 논문을 발표할 때마다 "이찬론은 독립적으로 정리"되어야 한다며 응원의 엽서를 보내 주신 남부진 교수님(시즈오카대학)께도 감사드린다. 또한 이찬을 비롯하여, 백석·권환·조명암 등 역사 속에 잊힌 작가를 발굴하여 연구해 오신 이동순 교수님(영남대)께도 고개 숙여 인사드린다. 이동순 교수님과 박승희 박사님께서 『이찬 시전집』(소명출판, 2003)을 출판하셨기에, 그 토대 위에 내 모자란 연구는 겨우 잔뿌리라도 내릴 수 있었다. 이 책 전체를 읽고 교정해 주고 의견도 주신 오문석 박사님께 큰 신세를 졌다. 오문석 선생은 자신의 책을 집필하기에도 바쁜 중에 이 책의 검토를 맡아 주셨다. 영문 요약문을 작성해 주신 조희경 선생님(시카고대학)에게도 감사드린다.

땡볕 사막의 선인장처럼 스스로 뿌리 내리며 끝 모를 연구에 삶을 던지는 연구자들에게 이 책을 바친다. 또한 조용히 한국 인문학의 잉걸불을 지피는 박성모 대표님과 빈틈없이 실무를 챙겨 준 소명출판 가족에게 따스한 밥 한 끼 대접한다고, 그 노고에 서푼 어치 보답이 될 수 있을까. 아내 김은실 선생과 재민이, 재혁이의 재잘거리는 웃음이 없었더라면, 내 모든 연구와 삶은 지루하기 짝이 없었을 것이다. 구도자와 다름없는 연구자의 삶을 이해해 주는 가족에게 고마움을 보낸다.

작년 여름, 여든넷의 나이로 담담하게 하늘나라 여행을 떠나신, 꿈에서라도 껴안고 싶은 아버님께 이 책을 올린다.

2007년 1월 9일
와세다대학 문학부 연구실에서
김 응 교

이찬과 한국 근대문학

2부   친일의 논리, 아오바 가오리

1942~1945

序 다시 '이찬'을 읽는다

1. 이찬 / 리찬

한국에서는 그를 '이찬'이라는 이름으로 호명한다. 그런데 그가 살아 있었을 때 그 스스로 한글로 '이찬'이라고 썼던 흔적은 없었다. 그의 일생 중에 '리찬'으로 불리던 기간이 가장 길었다. 그래서 나는 그에 대한 논문을 쓸 때마다 '리찬 연구'라는 이름을 썼다.

필자가 '리찬'이라고 써온 이유는 대강 세 가지로 나눌 수 있다. 첫째, 그가 가장 오랜 기간 동안 거주한 곳 그리고 가장 많이 작품을 발표했던 무대가 북한이었다. 1910년에 태어난 그는 1974년에 북한에서 세상을 떠났다. 그는 29년 동안 북한에서 살았다. 둘째, 그 자신이 한글로 '이찬'이라고 표시한 글을 필자는 본 적이 없기 때문이다. 일제강점기 때 그는 모든 글의 필자 이름을 한자인 '李燦'으로 표기해서 발표했다.

그 자신이 북한에서 활동할 때는 자기 이름을 늘 '리찬'으로 표기해 왔다. 그가 시를 발표하기 시작한 때는 19살인 1928년부터이다. 그렇다면 그는 1974년까지 46년 동안 시를 발표한 시인이다. 1945년부터 1974년까지는 북한에서 시를 발표했으니, 시력(詩歷) 46년 중에 북한에서 지낸 29년 동안, 곧 '시인'으로서 그의 삶의 63%는 '리찬'이라는 이름을 사용했던 것이다. 셋째, 필자는 이제 한국문학은 서울중심주의를 벗어나, 서울 중심이라는 고정관념이 해체된 새로운 중심주의를 가져야 한다고 생각한다. 가령, 러시아에서 활동하는 작가의 이름을 러시아식으로 명명하는 것도 그 작가가 지냈던 지역과 세계를 '새로운 중심'으로 인정하는 것이라고 필자는 생각한다. 그러므로 '리찬'이 활동했던 북한문학이라는 영역도 그것 자체를 새로운 중심주의로 인정해서 북한식 표기법을 그대로 두는 것이 좋다고 생각했다.

그러나 이러한 생각은 다른 연구자들과 쉽게 공유되지 않았다. 학술지에 논문을 발표하려고 할 때 '리찬이 아니라, 이찬으로 표기할 것'이라는 수정 사항을 받곤 했다. 결국 '이찬' 연구라는 이름으로 수정할 수밖에 없었다. 하지만 이러한 경험은 그 자체가 의미가 있는 체험이었다. 그것은 우리 문학사 안에 '내장된 분단 구조'를 그대로 드러낸 것이기 때문이다.

우리 문학사는 해방 이후 분단과 더불어 단절되어 문학적 소통이 불가능했던 작품에 대한 검토가 이루어져 왔다. 1980년대 말부터 북한문학에 대한 검토가 있어 왔다. 하지만, 좀 더 세밀하고 총체적인 연구는 아직 이루어지지 않고 있다.

이름이 네 번 바뀐 시인 이찬, 이제 그의 시를 총체적으로 연구해 보려 한다. 1920년대 후반에 등장하여 최근 몇 십 년 전까지 활발히 창작을 했던 시인으로서 북한문학사에서 높게 평가 받았던 그에게서 전향의 논리를 읽고, 친일의 논리를 읽으며, 인민의 논리를 읽어 보려 한다. 어떠한 일관성 속에 어떠한 변화가 이루어져 왔는지 답사(踏査)해 보려 한다.

2. 이찬에 대한 연구

조선이 일본의 식민지가 되던 해에 태어난 이찬(李燦, 1910.1.15~1974. 1.5)[1]은 일본 유학과 투옥 등으로 점철된 어두운 식민지생활에 이어 해방기에는 좌익시인으로 활동하고, 한국전쟁을 거쳐 북조선에서 활동하기까지 그야말로 파란만장한 삶을 지냈다. 지금까지 그에 대한 글은 시기와 내용에 따라 나눌 수 있다.

첫째, 이찬이 살아 있던 시기에 주변인들이 발표했던 글들이다.

> 박세영, 「이찬 시집 『대망』을 읽고」, 『동아일보』, 1937.12.16.
> 박아지, 「이찬 시집 『분향』을 읽고」, 『동아일보』, 1938.9.1.
> 윤곤강, 「『분향』을 읽다」, 『조선일보』, 1938.9.5.
> 임　화, 「시집 『망양』」, 『매일신보』, 1940.7.3.
> 권　환, 「이찬씨 시집 『망양』」, 『조선일보』, 1940.7.3.
> 박세영, 「李燦 제3시집 『망양』 독후감」, 『동아일보』, 1940.7.9.

이 글들은 이찬이 살아 있을 때 그의 삶에 대한 평가도 함께 녹아 있다는 점에서 전기사적인 연구에 도움이 된다. 그와 동시에, 이 글들은 전기사적 측면의 연구가 지니는 한계, 곧 객관적이지 못하다는 한계를 지닌다. 아울러 부분적인 서평이나 해설이었기에 총체적인 이찬 연구도 아니다. 그러나 당대 이찬 시인을 바라보는 동시대인의 평가이기에 소홀히 볼 수는 없다.

둘째, 북한 연구자들의 글이다. 북한에서 그에 대한 연구는 남한보다 훨씬 이전에 이루어져 왔다. 또한 북한문학사를 검토해 보면 그에 대한

---

1) 북한의 '신미리 애국열사릉'에 묻힌 인물들의 명단이 소개된 「애국열사명단」(『역사비평』, 1991년 가을)에 보면, "리찬 동지 혁명시인 1910.1.15~1974.1.5 서거"로 기록되어 있다.

논의는 자주 발견된다. 북쪽에서의 이찬 시 연구는, 주체사상과 기계적으로 연관지어 설명하고 있는 까닭에, 이 문제는 좀 더 철저한 검토가 필요하다.

김정일, 『주체문학론』, 조선로동당출판사, 1992.
_____, 『노동신문』, 1949.4.29.
_____, 『문학술어해석 : 교원참고용』, 평양 : 교육도서출판사, 1957.
엄호석, 「조선문학과 애국주의 사상」, 『문학의 전진』, 1950.8.
이정구, 「우리 시문학의 제 문제-제2차 전연맹 쏘베트 작가대회와 관련하여」, 『조선문학』, 1955.7.
_____, 「쏘베트 시문학과 우리 시인들」, 『문학예술』, 1950.5.
조총련 편집부, 「태양의 품에 영생하는 혁명시인」, 『문화예술』, 조총련, 1980.

셋째, 1987년에 북한문학 연구가 개방되면서 한국에서 이루어진 본격적인 연구 성과들이다. 신범순·홍문표·조능희·윤여탁 등의 연구작업이 주목된다.

신범순, 「현실주의적 흐름과 비관적 낭만성-이찬론」, 『문학사상』, 1989.3.
홍문표, 「동무와 엘리제의 변주」, 『시문학』, 1989.9.
조능희, 「이찬론」, 연세대 석사논문, 1989.12.
윤여탁, 「이찬 시의 현실인식과 변모과정에 대한 연구」, 『한국현대리얼리즘시인론』, 태학사, 1990.

이 연구들은 해방 이후 반공이데올로기 때문에 제대로 연구가 이루어지지 못하다가 1987년 북한문학이 해금되면서 이루어진 업적들이다. 한국에서 북한 혁명시인을 연구하기 시작한 첫 연구들로 의미를 갖는다. 하지만 이 연구들은 주로 일제강점기의 작품만을 연구 대상으로 삼고 있으며, 세부적인 형식미학을 포괄하는 분석보다는 내용만을 중시하여 고찰한 한계를 지닌다. 다만 윤여탁의 연구는, 초창기인데도 불구하고, 꽤 많은 발굴 자료가 정확하게 제시되어 있으며, 리얼리즘시론에 입각하여 일관되고 정치(精緻)하게 연구된 알찬 논문이다.

넷째, 위의 세 단계의 연구를 토대로, 자료 연구를 더하여 1990년대부터 발표된 연구가 있다.

김응교, 「주관적 감상주의와 변방의식」, 『1950년대 남북한 문학』, 평민사, 1991.

박승희, 『이찬 시연구(李燦詩研究)』, 영남대 석사논문, 1993.

최두석, 「1930년대 후반의 낭만적 시경향」, 『시와 리얼리즘』, 창작과비평사, 1996.

김응교, 「리찬의 개작시 연구」, 『민족문학사연구』 제17호, 민족문학사연구소, 2000.

김용직, 「국경의식과 계급시─李燦」, 『한국현대시인연구』 상, 서울대 출판부, 2000.

이동순, 「우리 시의 변방체험과 북국 정서」, 『이찬 시전집』(이동순·박승희 편), 소명출판, 2002.

김응교, 「리찬 시와 수령형상문학」, 『다매체시대의 한국문학』, 국학자료원, 2002.

_____, 「잊혀진 이찬 시의 복원」, 『실천문학』, 2004년 봄.

_____, 「아오바 가오리, 이찬의 희곡 「세월」 연구」, 『민족문화연구』, 고려대 민족문화연구소, 2004.

_____, 「이찬의 일본시와 친일시」, 『현대문학연구』, 한국문학연구학회, 2005.

이 단계에서 이찬 시에 대한 총체적인 연구가 구체적으로 진행되었다. 1930년대 후반의 낭만적 시 경향에 주목하고 있는 최두석의 연구는 임화·안용만·이찬의 시를 비교하고 있다. 한 시인의 시를 평가하는 일은 평면적인 자료의 집적을 의미하지 않는다. 최두석은 시와 시인의 모습을 바르게 제시하기 위해 시세계를 이루는 사항들을 낱낱이 분석하고 있다. 파란만장한 삶 속에서 끊임없이 시를 창작한 이찬의 경우에는 시의 기복이 심한 탓에 그 뼈대를 관통하는 줄기와 더불어 세세한 변화에 유의해야 할 것이다.

이동순의 이찬 연구는 특히 '북방'의 문학사적 의미를 깊이 분석하고 있다. 잃어버린 모국어와 민족문학을 복원시켜야 한다는 의도에서 시작된 이동순의 연구는 『이찬 시전집』(소명출판, 2003)의 발간으로 결실을 맺었다.

3. 연구 방법과 문제점

첫째, 이 연구의 연구 대상은 이찬이 발표한 모든 시가 될 것이다. 1930년대에 발행된 3권의 시집과 북한에서 발행된 그의 시집은 중요한 연구 대상이다. 아울러 이찬 시의 분석에 도움이 되는 그의 모든 산문 또한 연구 대상이 될 것이다.

둘째, 그의 시를 역사적인 흐름과 사상적 변화에 비교해서 연구하려 한다. 그 연구를 위해 그의 모든 작품과 수집 가능한 자료를 최대한 정리하여 분석하려고 한다. 민족주의적 좌파 이데올로기에 뿌리를 박고 있었던 그가 어떻게 낭만적이고 모더니즘적인 취향을 거쳐 친일문학의 어둠을 방황했는지에 대한 물음은 이러한 총체적인 연구를 통해 밝혀질 것이다.

셋째, 그의 근대적인 실험성에 주목하고자 한다. 이런 시각의 연구는 끊임없이 시 형식의 창출을 고민했던 이찬이란 한 개인뿐만 아니라, 1930년대 당시 선동시나 모더니즘시가 지니는 형식의 장점과 단점이 동시에 밝혀질 수 있기에 중요한 항목이라고 생각된다.

이런 얼개에서 그의 시를 볼 때, 이찬의 시는 비교적 뚜렷한 변모양상을 보인다. 그의 작품은 일곱 단계의 특성을 보인다고 할 수 있겠다.

① 주관적 감상주의(등단 무렵)
② 계급의식을 지닌 현실 참여
③ 옥중체험과 시집 『대망』
④ 북방 정서(만주 이민, 어촌문학, 국경 마을)
⑤ 낭만적이고 모더니즘적인 실험과 내면화 경향
⑥ 친일문학과 이찬의 희곡
⑦ 북한문학, 수령형상문학과 개작시

당초 카프계의 시인이었으며 1930년대 후반기에는 객관적인 정세에 순응하여 낭만적인 시를 쓰고, 친일문학에 방황하였다가, 해방이 되자마자 좌익문학단체에 가담했다가 북의 이념에 적극적으로 동조하여 문예총 서기장, 조소문화협회 서기장, 부위원장, 문화선전성 문화국 부국장의 다양한 경력을 역임하고, 1974년 1월 5일에 눈을 감아 북한의 신미리 애국열사릉에 묻힌 특이한 시인. 이찬은 우리 시문학의 여러 가지 양상을 다양하게 보여 주는 시인이며, 그가 얽혀 있는 문단 활동에 대한 연구는 이분법적으로 나누어진 우리 시문학사에서 여러 시사점을 제공할 것이다.

연구를 시작하기 전에 몇 가지 초점을 스스로 달아본다. 첫째는 1930년대 그의 경향시에 대한 올바른 평가이다. 또한 낭만적인 시에 대한 구체적인 평가이다. 둘째, 1930년대 말에 그가 어떠한 과정을 통해 친일 작품을 발표하게 되었는가 하는 의문이다. 이 시기의 시에 대한 평가는 실증적인 자료에 근거하지 않는다면 평가의 낙차(落差)가 클 것이다. 이것은 곧 그가 친일시를 쓰게 되는 과정에 대한 검토가 되기도 한다. 셋째, 해방기의 그의 갑작스런 변모양상이다. 이런 현상은 그뿐만 아니라 다른 시인, 가령 오장환에게서도 나타나는 현상이기에 해방기 시인을 비교하는 중요한 연구항목으로 여겨진다. 마지막으로 북한문학사에서 그를 바라보는 시각이다.

　이찬과 임화의 문학을 생각해 보자. 임화는 평생 사회주의사회를 그리면서 외곬으로 계급주의 유물사관에 입각한 문학 작업을 행했다. 그런데 한국전쟁 후에 그는 그렇게도 애타게 바라던 사회주의 조국의 이름으로 처형되었고, 북한문학사에서 그의 이름은 '패배주의의 본보기'로 단죄되었다. 이에 반해 임화가 1930년대 말에 감상주의라고 평가했던 '리찬'은 북한문학사에서는 빼놓지 못할 영웅 시인으로 기록되어 있다. 어떻게 친일작가가 영웅시인이 될 수 있었을까?

　이런 문제를 해명하기 위해서는 이찬의 문학성을 밑바탕부터 철저히 규명해야 한다. 그래서 구멍이 숭숭 뚫린 분단문학사를 철저한 연구와 평가로 다시 채우는 노력을 해야 한다. 이제 시도하려는 이찬 연구는 이런 작업을 위해 밑거름이 되었으면 하는 소박한 태도에서 출발한다. 이러한 질문이 실증적으로 해독(解讀)될 때에만 이찬의 시세계는 물론 근현대문학사의 잊혀졌던 구석이 제대로 밝혀질 것이다. 뿐만 아니라, 이찬처럼 북에서 활동하여 남한의 문학사에서 지워진 시인을 연구하는 것은 남과 북의 간극을 메우는 밑거름이 될 것이다.

근대적 실험과 이찬

: 1910~1942

화원을 찾아서

시인의 탄생, 프로시

이찬(李燦)은 1910년 1월 15일 함경남도 북청군(北靑郡) 북청면(北靑面)에서 농사를 짓는 부친과 어머니 양일숙 사이에서 태어났다. 1927년 등단하여 1940년까지 작품을 발표할 때는 늘 '李燦'이라는 한자 이름을 썼다.

이찬이 함경도에서 태어났다는 것은 그의 삶을 정의하는 근거가 된다. 그의 정서적 고향은 늘 북쪽이었다. 그는 서울이건 도쿄건 유학을 마치면 고향 함경도로 돌아갔다. 해방이 되어서도 곧 함경도로 돌아갔다. 그는 월북 시인이 아니라, 고향으로 돌아간 시인이었다. 그의 시에는 늘 만주 이민, 북한의 어촌 마을, 국경 마을이 담겨 있다. 그가 조선인민민주주의공화국을 택했던 까닭도, 물론 이데올로기의 선택도 중요했겠지만, 고향을 선택한 마음을 빼놓을 수 없을 것이다. 그는 영원한 함경도 시인, 재북(在北) 시인이었다.

1. 함경도 시인 이찬의 가족과 학적부

1918년 북청 공립보통학교에 입학한 이찬은 1924년 졸업하는데, 당시 여느 사내아이처럼 13살이었던 1922년에 조혼(早婚)한 것으로 추측된다. 이찬의 결혼생활은 어떠했을까? 그의 시 「독소(獨嘯)」(『조선문단』 23호, 1935.5)를 보면 그리 행복했던 것 같지는 않다.

생각하면―
너는 참으로 불쌍한 아내다!
너는 참으로 가엾은 아내다!

오 열여덟의 봄 삼월에 시집이라고 온 뒤
갓서른의 겨울도 거중 가는 오늘까지
월아 네게 며칠이나 즐거운 날이 있었느냐!

와서 한달도 못되어 시아비 돌아가고 뒤따라 시할미마저 가고
단 한분 시어미 시하에서 네 얼마나 쓸쓸했으랴!
보다도 열셋도 못찬 어린 내 사내 구실 못했거니
처녀 한창 그 시절에 네 오죽이나 안타까웠으랴!

오 철 차려서 차차 너도 소박하기 시작한 나
이래 서울로, 동경으로 공부한다 쏘대며
해에 한두 달 와 있어도 흔히 잠자리마저 갈랐거니
허구한 세월 칠팔 년 동안
쓰린 한숨 리론 눈물 네 몇 천번이나 지었으랴!

오 내 입감 이후 만 삼 년째 이리 된살림 이 고생사리에
게다가 어쩌다가 설녀놓고 간 저 순옥이조차 나어서 기르느라
있는 집에 태여나 귀히 자란 섬약한 몸으로

네 여북이나 괴롭진들하랴!

"열셋도 못찬 어린" 사내였던 이찬은 13살이었던 1922년경 18살의 여인과 결혼한다. 너무 어렸기에 남편 구실을 못했으며, 게다가 "서울로, 동경으로" 공부한다 쏘다니고, 1932년(23살) 11월 19일 '별나라사건'으로 일경에 체포되어 1934년(25세) 9월 4일 만기석방되기까지 "입감 이후 만 삼년째" 아내와 떨어져 산다. 이찬의 결혼생활은 거의 무의미한 생활이었다. 그래서 이찬은 "조금도 너에게 애정은 가지를 않는구나"라고 비참한 심경을 쓴다. "여자로서의 만족조차 주지 못하는 너"라고 쓴다. 마침내 이찬은 "차마 차마 너더러 '가다오' 못할 나!"라고 괴로워하고, "오오오 월아 너 나의 청춘은 마저 늙어가야 할 것인가!"라고 한탄한다. 이러한 상황에 이찬은 순옥이라는 딸이 있었다. 남편의 사랑도 못 받는 아내는 "게다가 어쩌다가 설녀놓고(아이를 가지다－인용자) 간 저 순옥이조차 나어서 기르느라" 고생해야 했다. 이광수는 단편소설 「소년의 비애」(『청춘』, 1917)에서 가부장적인 조혼 제도에 대해 비판했는데, 그 조혼제도의 폐단은 이찬의 시에서 여실히 드러나고 있다. 게다가 시 「북만주로 가는 월(月)이」(『대망』, 1937)를 보면, 월이가 북만주로 가는 장면이 나온다.

우지 말아라 우지 말아라 나도 따라 울어를지니
어허이구 월(月)아 너는 참말 가구야 말려느냐

이 시의 월이가 「독소」에 나오는 그의 아내 월이라면, 1937년경에 이들 부부만 헤어졌다는 말이다. 그렇다면 13살 때 조혼을 했던 이찬은 28살 때 아내와 헤어져, 결국 15년 만에 결혼생활을 청산한 듯싶다.

1922년 결혼하고, 1924년에 이찬은 5년제인 경성 제2고등보통학교(현재 경복고등학교)에 입학한다. 당시 경성 제2고보의 학적부를 보면 이찬의 생활을 살펴 볼 수 있다. 먼저 이찬의 보호자는, 직업란에 "농업 평민"으로 소개된 어머니 양일숙(楊一淑)으로 쓰여 있다. 가족란에는 할머니와 어머니만 기록되어 있는 것을 볼 때, 1924년 이전에 부친이 사망한 것으로 추측된다. 시 「독소」에서 아내가 시집 "와서 한달도 못되어 시아비 돌아가고"라고 쓴 것을 보면 1922년 결혼하고 한 달도 못 되어 아버지가 사망한 것을 알 수 있다. 그런데 제2고보 학적부에는 "미혼"으로 표기되어 있다. 이는 위의 시에서 알 수 있듯이, 결혼생활을 전혀 만족하지 않았던 이찬이 조혼(早婚) 사실을 알리고 싶지 않아서 그렇게 썼을 가능성도 있겠다.

학적부에 의하면, 종교는 "없음[ナシ]"이라고 쓰여 있고, 학비를 내주는 이는 어머니로 쓰여 있다. 1~2학년 때는 "침착(沈着), 담백(淡白), 성실함[眞面目] 재미있는" 학생이었으며, 3학년 때는 "여러 방면에 능력있고, 공부 잘 하고 근면하고 역사에 관심이 있는 학생"으로 쓰여 있다. 그런데 4학년 때부터 "결석이 많고 의지가 동요되면서 사상적 관찰을 요하는 학생", "문학에 관심을 가진 불온한 사상의 소유자"로 기록되어 있다. 5학년 성적은 아주 좋지 않다. 5학년 때 행동은 "태만(怠慢)"으로 쓰여 있다. 좋아하는 과목은 1~2학년 때는 "역사", 3~5학년 때는 "문학"으로 적혀 있다.

2. 등단, 민족적 조가(弔歌)와 감상주의

경성 제2고보 재학 때 이찬은 1학년 때 높은 성적과 달리 3학년이 되면서 급격히 성적이 떨어진다. 학적부에 의하면 1학년 때는 149명 중 3

등, 2학년 때는 159명 중 2등, 3학년 때는 99명 중 30등, 4학년 때는 85명 중 47등, 5학년 때는 82명 중 47등을 보이고 있다. 무엇 때문에 성적이 이렇게 떨어졌을까?

그의 학적부를 보면 1926년경부터 사상적 정서적으로 안정을 잃고서 "불규율(不規律)", 결석이 많은 문학청년이라고 기록되어 있다. 바로 이때 1926년 6월 10일은, 이른바 '6·10만세사건'이 일어나서 서울 등에서 독립시위를 하다가 300여 명이 검거되고, 제2차 공산당 탄압으로 60여 명이 검거 기소되었던 시기였다. 아울러 1926년 8월에는 잡지 『개벽』이 이상화의 시 「빼앗긴 들에도 봄은 오는가」(『개벽』 70호, 1926.6) 때문에 간행 금지되었다. 이 무렵 경성고보 4학년생 18살의 이찬은 1927년 9월에 『조선일보』 학생문예란에 10여 편의 단시(短詩)를 발표한다. 이어 1927년 11월 29일 『조선일보』 학생문예 공모에 시 「나팔」을 발표한다.

나팔이 운다
나팔이 또 또- 운다

억지로라도 옛일을 잊으랴건만
그래도 애끓는 이 회고(回顧) 들었으랴
여음이 길이 길이 옛 왕성 안에 빙그를 돌 때
갈가마귀조차 울고 가는구나
오 저 나팔 소리!
육조(六曹) 앞에 눈물을 끌어내는 저 나팔 소리!

— 「나팔」 전문

'나팔이 운다'고 표현하는 의인법(擬人法) 그리고 나팔의 여음이 왕의 성 안에 빙그르 돌 때 "갈가마귀조차 울고 가는구나"라고 쓴 시적 상상력은 그리 뛰어나다고 할 수는 없다. 당시 문학 습작생의 수준이랄 수 있겠다. 이 구절을 볼 때 시적 화자는 종묘나 창덕궁 같은 조선의 궁궐

NO.766

姓名 李 燦	性 行 及 勤 惰		家 庭
	年度、學年	性質 行狀 長所 短所 嗜好 勤惰 備考	家族
	第一學年 大正十三年度	沈着·淡泊	祖父·母
	第二學年 大正十四年度	眞面目	結婚 未婚
	第三學年 大正十五年度	敏捷 端正	宗敎 ナシ
	第四學年 昭和二年度	不規律	資産 約五萬円
	第五學年	不規律	學費 毎月

教育
訓育 上 ニ 意 ヘ 事
特ニ注ス キ ス 項

記
家庭ノ事情ヨリ彼ハ専ニ成ルベク自敖ノ行……

	出席スヘキ日數	授業日數	缺席日數	缺課度數	遲刻度數	
第一學年	250		1	0	1	
第二學年	249		1	0	0	
第三學年	245		40	0	1	
第四學年	二四八		一六	二	一	
第五學年	二三五		六八	一	〇	

任 學級主印

任 學級主印

경성 제2고등학교(현재 경복고등학교) 학적부. 이동순·박승희 편, 『이찬 詩전집』 화보(소명출판, 2003)에서 부분 확대 인용.

에 있다. 그가 다녔던 경성 제2고보(현재 경복고)가 경복궁 뒤편에 있다는 것을 상기할 때 그는 거의 매일 경복궁 근처를 거닐었을 것이다.

"억지로라도 옛일을 잊으려건만/그래도 애끓는 이 회고(回顧)"를 할 수밖에 없는 시인은 일제에 주권이 흔들리던 시대를 어쩔 수 없이 회고 했을 것이다. 저 "옛 왕성"에서 1895년 10월 8일 명성황후가 일본의 정치 낭인에게 살해되기도 했다. 동학혁명·청일전쟁·갑오경장 등으로 내우 외환이 이어졌던 "옛일", 마침내 1905년 을사년 조선의 외교권 등 주권 을 박탈하는 조약이 체결되더니 1910년에는 국권 상실의 치욕을 당하게 된 "옛일"을, 시적 화자는 "억지로라도" 잊으려 해도 잊지 못하는 것이 다. 아직 시골 학생이었던 이찬이 1924년 서울에 와서 1926년 6·10만세 사건 등 일련의 사건을 목도하며 받은 충격은 적지 않았을 것이다.

마지막 행에 육조(六曹)란, 고려와 조선시대에 기능에 따라 나랏일을 분담하여 집행하던 여섯 개의 중앙관청, 곧 이조·호조·예조·병조· 형조·공조를 통틀어 이르는 말이다. 이 말은 곧 나라 자체를 의미한다. 따라서 "육조 앞에 눈물을 끌어내는 저 나팔 소리"라는 구절은, 궁전 앞 에 있는 서정적 화자를 울게 만드는 나팔 소리라는 말이다. "성 안에 빙 그를 돌 때/갈가마귀조차 울고 가는" 이 나팔소리는 잃어버린 조국을 애탄하는 조가(弔歌)일 것이다.

당시 지식인과 백성들이 조국을 빼앗긴 시대에 대응할 수 있는 행위 는 극도로 단순한 것일 수밖에 없었다. 목숨 바쳐 싸우든지 아니면 국 권상실의 회복을 위해 민중을 계몽하는 일이었다. 19세기 후반의 시문 학은 이러한 사회적 환경에 따라 의병문학·애국문학·계몽문학 등의 성격을 가지면서 시적 완성도 보다는 시의 형식을 빌린 소박한 율문 형 식이 된다. 신재효의 한글단가, 최재우의 용담유사, 동학의 한글가사 등 이 발표되다가 종교적인 가사(찬송가), 의병독립가사, 개화를 찬양하는 시가, 애국가류, 교가류, 사회고발시가 등이 여러 유형1)으로 나타났다. 이찬의 첫 시 「나팔」을 이러한 계몽주의적 흐름에서 읽을 수도 있겠다.

그러나 이 한 편으로 시인 등단을 알리기에는 너무도 소박했다. 그가 시인이 되었음을 알린 작품은 그 이듬해 19살이 되어 1928년 『신시단(新詩壇)』 8월호에 발표한 단시 「봄은 간다」, 「이러진 화원(花園)」일 것이다.

①봄아! 가는 봄아!
　네야 가거나 말거나
　내게 무슨 상관이 있으랴!
　네가 왔다 해도
　나라는 꽃은 피지도 않고
　네가 간다해도
　내 가슴에 설음은 안 가져 가거늘……

　그러나 봄이여!
　너는 올해엔 이만가도 당메 또 오리니
　그때엔—풀과 나무만 찾지를 말고
　멧번이나 헛수작에 속아 넘고도
　너를 그리워 우는 이 마음을 가엽든 하거든
　세 마리 소등에 꽃 한짐만 질머 갖고
　기어히 시들어진 이 마음도 차져와 달나!

—「봄은 간다」 2~3연

②북쪽 나라—눈바람 부러치는 것츠른 벌판에
　외로히 모혀선 향나무의
　남국을 그리우는 쓰린 마음을 뉘라서 알아주리!
　(…중략…)
　그렇다고 그대여! 내 마음은 막지 말어라
　이 몸은 열두번 죽어 두더쥐가 되어서라도
　손발톱이 다—달토록 눈벌판을 헤매여서

<hr />

1) 김응교, 「독립군가 노랫말 분석」, 『사회적 상상력과 한국시』, 소명출판, 2002, 349~354면.

시어히 이러진 花園을 차져 보고야 말녀노라
                      ─「이러진 화원」에서(강조는 인용자)

등단 작품인 시 ①은, 봄은 왔건만 "나라는 꽃은 피지도 않"는 상황
을 애기한다. 여기서 "나라"라는 단어를 딱히 '조선'과 동일시할 근거는
없다. 다만 당시 1926년 6·10만세운동 등의 일련의 상황을 미루어 생
각건대, 위 시를 읽었을 당시 독자들 역시 조국에 대한 뼈 아린 아픔을
공감했으리라 여겨진다. 그래도 시인은 3연에 이르면 "그러나, 봄이여!"
라고 호명하면서 그냥 가도 다음에 올 때는 반드시 "세 마리 소등에 꽃
한 짐"만 짊어지고 달려오라고 당부한다. 소 세 마리와 꽃이 무엇을 뜻
하는지 확실하지는 않지만, 희망을 의미하는 것이 분명하다.

①의 상황이 봄이 떠나가는 상황이라면, ②는 눈바람이 불어치는 거
친 들판에 어둠이 내린 상황이다. 지극히 절망스럽고 꿈꿀 소망조차 없
는 처지다. 이런 상황에서 시인은 "이러진(잃어버린) 花園"을 "손발톱이
다 달토록 눈벌판을 헤매여서" 찾아보고야 말겠다고 다짐한다. 이런 다
짐으로 볼 때, 화원이란 상징은 앞선 시대의 상징과 시인들이 좌절감에
서 읊조리는 퇴폐적인 상징과는 길을 달리한다.

비교컨대 ①이 수동적인 의미에서 봄을 맞이하는 자세를 보이는데,
이 시가 발표되기 2년 전에 발표된 이상화의 「빼앗긴 들에도 봄은 오는
가」(1926)와 착상이 비슷하기에 그리 신선하다고 할 수는 없겠다. ②는
능동적이고 적극적인 의미에서 '화원'을 찾아 나서겠다는 다짐으로 시
의 결말을 이루고 있다. 약간 관념적이고 낭만적인 분위기에 싸여 있기
는 하지만, 이런 낭만성의 이면에는 '잃어버린 화원을 찾아보고야 말겠
다'는 시인의 추상적인 결단이 느껴지기도 한다. 그것은 한국시문학사
의 한 특징 곧 사회 모순을 용납하지 않는 다짐과 닮아 있다. 신라시대
의 왕지인·최치원을 비롯해서, 고려시대 이규보·정지상 그리고 조선의
김시습·조광조·이무적·서경덕·정약용·김택영·황현 등 많은 시인

이 사회적 현실에서 발생하는 모순에 대한 비판을 시의 한 임무로 생각했던 그 결단과 닮아 있다. 그러나 이찬의 초기 시는 아직 구체적인 현실 인식은 드러나 있지 않고 그저 추상적이고 긍정적인 반발의식이 자리 잡고 있을 뿐이다. 그래서 그런지 표현 방식에는 영탄법과 직유법 등 미숙한 단계에 머물러 있다.

다만 초기 시의 이러한 면모에서 주목되는 점은, 추상적이지만 낙관적인 미래를 향해서 고민하는 능동적인 시인의 단초가 보인다는 점이다. "육조(六曹) 앞에 눈물을 끌어내는 저 나팔 소리!"(「나팔」)를 회감(回感)해 내거나, "이러진 화원"을 "두더지가 되어서라도"(「이러진 화원」) 악착같이 찾아 나서겠다는 시인의 의지는 돋보인다. 그러나 '잃어버린 화원'이라는 이미지는 대단히 추상적이며 울림을 얻기에 너무 미흡하다. "것츠른 벌판" 혹은 "손발톱이 다─달토록 눈벌판을 헤매여서"라든지 하는 표현은 흔히 쓸 수 있는 상투적인 표현이다. 혹은 "남국을 그리우는 쓰린 마음을 뉘라서 알아주리!"라며 느낌표를 써서 독자에게 감탄을 요구하는 태도 역시 그리 역동적인 울림을 주지 못하고 있기에, 전체적으로 습작기에 머물고 있다.

「이러진 화원」뿐만 아니라, 「봄은 간다」 역시 습작기의 감상성에 갇혀 있다. 그것은 비슷한 시기의 다른 시인들과 비교하면 더 쉽게 판별할 수 있다. 박세영의 시 한 편을 보자.

　　흐리고나 바단가 싶은 이 江물은
　　어지러운 이 나라처럼
　　언제나 흐려만 가지고 흐르는구나

　　옛날부터 흐리고나, 이 江물은
　　그래도 맑기를 기다리고 못하여
　　이 나라 사람의 마음이 되었구나

해는 물끝에 다 갈 때
물은 붉은 우에 또 붉었다.
아즉도 남은 배란 웃물에 나붓기는 돛단배 하나

—「揚子江」 전문2)

　박세영은 '양자강'의 탁류(濁流)를 정서적 등가물로 삼아, 긍정적인 전망이 보이지 않는 조선의 현실을 안타깝게 노래하고 있다. 중국 상해에서 수학하고, 천진에서 영자신문 교정원 등을 하면서, 중국에서 생활하다가 1924년 귀국한 박세영으로서는 식민지 조선의 현실을 조선적인 상징을 써서 시로 형상화하기가 오히려 낯설었을지도 모른다. 그에게는 양자강이라는 상징이 시를 쓰기에 더 친밀했었을 지도 모른다. 앞서, 시인 이찬이 "나라는 꽃은 피지도 않고"(「봄은 간다」) 혹은 '잃어버린 화원'(「이러진 화원」)을 찾아나서는 상실의식과 박세영의 그것을 비교해 보자. "어지러운 이 나라처럼 / 언제나 흐려만 가"고 있다고 하면서 양자강의 탁류를 식민지 조선으로 비유한 박세영의 상실의식이나 이찬의 그것이나, 당시 사람이 갖고 있는 보편적인 집단의식이라 해도 과언이 아닐 것이다. 그런데 시를 형상화하는 기술에서는 이찬보다 박세영이 단연 능숙한 모습을 보여 주고 있다. 박세영의 「양자강」은 그 표현이 쉬우면서도 상투적이라는 느낌은 들지 않는다. 쉬운 표현에 안정된 리듬이 흐르는 단아한 단형소곡이다. 예로 든 박세영뿐만 아니라, 이찬이 등단하던 무렵에 이상화·임화 등의 작품들과 비교하자면, 당시 발표했던 이찬의 시3)는 등단시 치고는 그리 새롭지 않은 습작시의 잔재를 고스란히 노출하고 있다.
　1920년대 시단은 크게 낭만주의와 경향파로 나눌 수 있겠다. 1919년

---

2) 이 작품은 박세영, 『산제비』(별나라출판사, 1938)에 1925년 작품으로 쓰여 있다.
3) 이외에 위의 2편 이외에 1920년대 이찬의 발표 시는 「동모여」(『朝鮮詩壇』, 1929.12), 「病床通情」(『朝鮮詩壇』, 1929.4), 「아츰의 어느 시악씨에게」(『朝鮮詩壇』, 1929.12) 등이 있다.

3·1운동 이후 일제의 식민정책은 무단 정치에서 이른바 문화 정치로 바꿔게 되었고, 이 무렵 각종 문예지와 종합지가 우후죽순처럼 쏟아져 나왔다. 1920년에 『폐허』 동인으로 황석우·김억·오상순·남궁벽·변영로·조명희 등이, 『백조』 동인으로 홍사용·박종화·박영희·이상화·김기진 등이 활약하였다. 이 시기의 시문학은 3·1운동의 실패, 낭만주의·상징주의·퇴폐주의 등 서구의 세기말적인 허무주의 사조의 유입, 문학청년들의 예민한 감수성으로 인하여 대체적으로 퇴폐적이고 감상적인 낭만성이 주조를 이루었다. 이 무렵 『백조』 창간호에 「말세의 희탄」으로 등장한 이상화는 「나의 침실로」, 「빼앗긴 들에도 봄은 오는가」 등의 작품을 발표하여 1920년대에 주목받는 시인이 되었다.

> 나는 온몸에 풋내를 끼고
> 푸른웃슴 푸른설음이 어우러진사이로
> 다리를절며 하로를걷는다. 아마도 봄신령이 접혓나보다.
>
> 그러나 지금은─들을 빼앗겨 봄조차 빼앗기것네.
> ──이상화, 「빼앗긴 들에도 봄은 오는가」(『개벽』, 1926.6)에서

확고한 역사의식과 치열한 저항의식을 보여 준 이상화는 동시에 그것을 예술적 차원으로 끌어 올려 참된 시의 전범을 보여 주었다.[4] 후에 이상화는 『백조』 동인인 박영희·김기진과 함께 카프에 참여한다. 따라서 『백조』는 순수문학의 선구적 역할을 했으면서 동시에 프로문학으로 이행하는 가교가 되었다는 점에서 의미를 지닌다. 이찬은 바로 이상화의 길을 따라가게 된다. 이찬의 초기 시는 분명히 습작시와 다름없는 수준을 보이고는 있지만, 1919년 3·1운동 이후 국민문학파·상징파 시인들이 좌절감에 의하여 퇴폐적 허무적 경향을 보였던 것에 비하면 이찬의 현실 인식은 다소 감상적이었지만 그들과 차원이 달랐다. 결국

---

4) 김용교, 「비판적 낭만주의 시인, 이상화」, 앞의 책, 240~251면.

'화원을 찾아보고야 말겠다'는 이찬의 민족주의적이고 감상적인 다짐은 계급의식을 선택하면서 프로시의 단계로 이어지게 된다. 이후 '화원'을 찾아나서는 여정(旅程) 자체가 그의 삶이 된다.

그의 초기 시에서 놓치지 않아야 할 단서는 이후 그의 시에서 중요한 이미지 중에 하나인 '잃어버린 화원'을 향한 소박한 낭만적 역동성과 아울러 '북쪽 나라'라는 모티프이다. 이 두 가지 모티프는, 첫째 꿈의 화원을 남방(南方)으로 묘사하는 비관적 혹은 도피적인 낭만성과, 둘째 북방의 변방의식으로 끊임없이 나타나게 된다. 이후 그의 민족주의적인 낭만적 역동성은 프로시와 북조선 문학을 선택하게 하는 기능을 한다.

3. 일본 유학(1930~1932)과 프로시

이후 1929년 이찬은 도일하여 릿쿄(立敎)대학을 거쳐 와세다대학에 입학한다. 그러나 이찬에게 와세다대학은 희망만을 주지 않았다. 도일한 지 1년도 채 안 된 1930년 2월 말에 귀국하여 가정교사 등을 전전하다가, 그해 5월 다시 도일한다. 도일하기 직전에 이찬은 당시 일본에 유학하고 있는 재일한국동포들의 생활 태도를 '부르주아의 명예욕'에 침잠해 있다고 비판한다.

그리고 우리의 유일의 기관지요 지도적 임무에 노력하는 무산자는 엇더한야. 發禁 또 發禁 우엄는 경제적 窮境과 壓에 탄식하고 있다. 카페 바에서 웨드레스의 값싼 웃음을 살 돈은 있어도 유부한 우리 학생분들의 고국을 위한 인류를 위한 우리의 일에는 一文의 寄助가 없다. 개탄함은 發憤忘食하고 활동하는 어느 동무의 말이다. 더욱이 근일에도 五六인의 동무가 끌려갔다가

행이 나오기는 하였다만 그러나 林和형만은 아즉도 그속에서 신음하고 있다. (…중략…) 한편의 시를 쓰지 않고는 울울하야 하로의 생활을 견디어 지지할 수 없었다. 그러나 수많은 그 시 가운데서 내가 무엇을 읊조렸으며 또 사회에 大衆에 아니 우리의 運動 線에 기여한 바 功績이 무엇이냐 아섭다 부끄럽다. 미묘한 문구로 간즈러운 음율로 눈물나는 상념이나 미지근한 개념적 껍질만 건드린 한치도 뚫고 들어가 현실을 파번질 勇敢이 없는 간신히 우리에게 용납될 그 외에 아무 것도 아니었다. 신문의 空白채이기나 뿌띠브르名譽慾의 도구로는 조그만 勞汁이 있선지 모르나……5) (강조는 인용자)

이만큼, 이찬은 일본에 유학한 한국인의 퇴폐적인 '룸펜인텔리겐차' 생활을 비판적으로 바라보면서 안타까운 자기비판을 행하고 있다. 이 글에서 이찬은 먼저 ① 고국과 인류를 위해 기여하지 않는 생활을 비판하고, ② 임화(林和)가 감옥에 간 사건을 예로 들면서, ③ "미묘한 문구로 간즈러운 음율로 눈물나는 상념이나" 하는 감상적이고 패배적인 시를 비판한다. 이것은 "내가 무엇을 읊조렸으며" 하고 자기비판하면서 '부끄럽다'는 자조까지 한다. 반동적 역할을 하는 무리들이 판치고, 연구의 자유와 학습의 자유, 자치권 획득 등 대중적 요구들을 주장하던 동지들이 투옥이나 퇴학을 당하는 사태에 심한 회의를 느낀다.

당시 와세다대 학생이었던 이찬은 〈무산자사(無産者社)〉와 관계를 맺으면서 당시 동경에 있던 임화 등과 만난다. 당시 〈무산자사〉 동인의 분위기를 이기봉은 이렇게 증언한다.

처음 우리가 '무산자사' 동인이 되고 '조선프롤레타리아예술동맹'에 가맹한 것은 물론 문학을 하기 위해서였다. 그러나 이렇게 되니 문학이란 자연히 프롤레타리아문학이 되지 않을 수 없었다. 그런데 '프로'문학을 하려면, 우선 프롤레타리아 혁명이론─공산주의부터 배워야 한다는 것이 당시의 하나의 불문율(不文律)이었다. 그래서 우리는 문학은 부차적인 것으로 미루어 놓고 공산

---

5) 李燦, 「동무에게 보내는 편지」, 『학지광』, 1930.4.

주의 이론 학습에 열중하게 되었다. 더욱이 본디 문학적 소질이 별로 없던 나로서는 더욱 그러하였다. 마르크스, 엥겔스를 비롯하여 레닌, 스탈린 그리고 부하린, 루나찰스키 할 것 없이 마구 닥치는대로 읽었다.[6)]

이찬이 참여했던 〈무산자사〉에는 김두용·임화·이북만·김남천 등이 있었고, 이들은 『무산자』라는 좌익 계몽잡지를 발행했다. 『무산자』는 1929년 4월 양명 등에 의해 추진된 조선공산당 재건위가 『예술운동』을 계승하여, 1929년 이북만·김치정·김상규 등과 발행했던 것이다. 이들은 1930년 초반 임화·안막 등이 귀국하고, 고경흠도 1931년 상해에서 도쿄를 거쳐 서울로 귀국했다가 1931년 9월 고경흠이 체포되자 적극적인 활동이 불가능해진다.

『무산자』를 발매금지[發禁] 당한 환경에서 '우리'가 하는 일은 '신문의 공백을 채우거나 뿌띠브르조아의 명예욕의 도구가 되는 일이었다'고 이찬은 치열하게 자아비판한다. 이러한 글을 볼 때, 이 시기 이후의 시가 등단 작품에서 보이는 추상적인 의식보다는 좀 더 구체적인 현실에 접근하려는 과정을 보여 줄 거라는 짐작이 가능하다. 당시 그의 시는 그의 현실 인식을 보여 준다.

일꾼이여! 나아오라!
공장에서, 학교에서, 저자에서, 浦口에서−
그대들이 昨日의 戰野에 패한 핏투성이의 기록과
쌀쌀한 계집애에게 채임받은 戀의 쓰라림이
오늘엔 동전 한푼의 값이 없나니 씀이 없나니
햇빛 못보는 陰鬱한 土窟 속에서
光名의 새 世紀를 찾으랴거든
허무러진 그대들의 花園에 새로운 봄을 마지하랴 거든
사− 벨을 펜을 뿔곽을 꼭갱이를 가지고서

6) 이기봉, 『북의 문학과 예술인』, 思社硏, 1986, 36면.

이곳으로 그대들의 일터로 줄달음질 하여 나오라!
그러나 미적지근한 일꾼이거든
차라리 나오지 마라!
백에 하나라도 千에 단하나라도
이글 이글 타오르는 太陽과 같은 힘찬 熱情과
하날 땅 마자 문혀져도 무서움 업는 굳센 勇力을 가지고서
나아오라!
그리고 일꾼이여!
그대는 주린배를 허릿띄로 졸러매고서라도
사랑스런 안해의 입술을 물리쳐버리고서라도
東으로 千里 北으로 三千里 하염없이 쏘아 다니며
뜻같은 동모를 찾아서−
그들과 손을 잡고 일하라!
밤낮을 헤아림 없이 죽을 힘을 다하야 일하라!
만일 불행히도 그대가 중도에서 거꾸러지더라도
白沙場에 물든 그대의 거츠른 발잣최가
울고만 있는 어리석은 무리들의 가삼을 터지게 하리니
그리고 그대의 뒤슬 따라 이러하네 하리니
그때 오래인 날 그대들의 눈앞에 자랑하든 무리
옥살리든 무리 너덜대든 무리 모다 꼬리를 감초고서
미구에 어둠을 뚫고 光明에 세찬 북소리 요란히 들려오리니……
— 「일꾼의 노래」(1930.4) 전문

「해질녁의 내 감정」과 함께 1930년 4월호인 『학지광(學之光)』 29호에
실린 작품이다. 『학지광』은 도쿄 유학생들의 기관지였으므로 이 작품은
이찬이 와세다대학7)에 입학하고 나서 쓴 소품이다. 여기서 일꾼은 물론
압제를 박차고 새로운 역사의 국면을 타개할 시대의 역군을 가리킨다.
시인은 "사−벨(sabel, 군인이나 경관이 허리에 차던 서양식 칼−인용자)을 펜을

7) 이기봉의 회상(앞의 책, 34면)에 따르면, "당시 '와세다'대학이라면 오오야마[大山],
유 아베[安部] 등 사회주의 학자들이 날리고 있어 일종의 '사회주의 대학'처럼 되어 있
었다."

뿔팍(허름한 도시락―인용자)을 꼭갱이를 가지고서 / 이곳으로 그대들의 일터로 줄달음질 하여 나오라!"고 시종 외치고 있다. 곧 군인(칼)·지식인(펜)·노동자(뿔팍)·농민(꼭갱이)이 단결하여 시대를 변혁시키자는 메시지가 낙관적인 전망과 함께 그려지고 있다. 그러나 이 시는 너무 직설적이며, 읽는 이를 매료시킬 가락을 지니지 못하였고, "미구에 어둠을 뚫고 光明에 세찬 북소리 요란히 들려오리니"와 같은 상투적인 표현이 가득 차 있다.

이미『신시단』을 통해 한국시단에 등장했던 이찬이지만, 다른 진보적인 시인의 시와 비교할 때 작품의 질적 수준은 매우 낮았다. 임화의「우리 옵빠와 화로」나 이상화의「빼앗긴 들에도 봄은 오는가」[8] 같은 걸작과 비교하면 그 낙차(落差)는 더욱 커진다. 당시에 시인 유적구(완희)·김창술·김해강 등은 1924년 1925년경에 등장하여 상당한 수준의 프로시를 보여 주고 있었다. 다만 이찬의 프로시를 통해 우리는 그가 민족적 감상주의에서 계급적인 태도로 방향 전환하고 있음을 볼 수 있다.

이 무렵 그의 고향 주변에서는 연이어 노동쟁의가 일어났다. 1927년 6월 원산 노동자 총파업, 1927년 10월 함남 영흥 흑연광산 노동자 파업, 1928년 함남 문평의 라이징 선 석유회사 노동자 파업, 1929년 원산 노동자 총파업, 1930년 4월 평양 산십(山十)제사공장 노동자 파업, 1930년 6월 함남 신흥 장풍탄광 노동자 폭동, 1930년 8월 평양고무공장 노동자 총파업 등 조선의 북부 지역에서 노동자 파업[9]은 끊이지 않았다.

그 후 귀국하여 연희전문[10]에 잠깐 머물렀던 이찬은 좀 더 현실에 적

---

8) 김응교,「비판적 낭만주의 시인, 이상화」, 앞의 책, 240~242면.
9) 박경식,「식민지적 산업수탈」,『일본제국주의의 조선지배』, 청아출판, 1986, 271~ 331면.
10) 연세대 교무처 학적과에서 간행한『제적생 명부(1919~1970년도)』를 보면 이찬에 대한 기록이 남아 있다. "李燦, 함남 출생. 1910년 1월 15일생, 1931년 4월 25일 입학, 1931년 9월 10일 제적." 1991년 6월 1일에 확인한 성적증명서를 보면 그가 '문과(文科) 본과 생도(本科生徒)'였던 것은 확실하다. 그러나 어떤 과목도 듣지 않은 것으로 기록되어 있다. 그러므로 그는 등록만 하고 수강은 하지 않은 듯싶다.

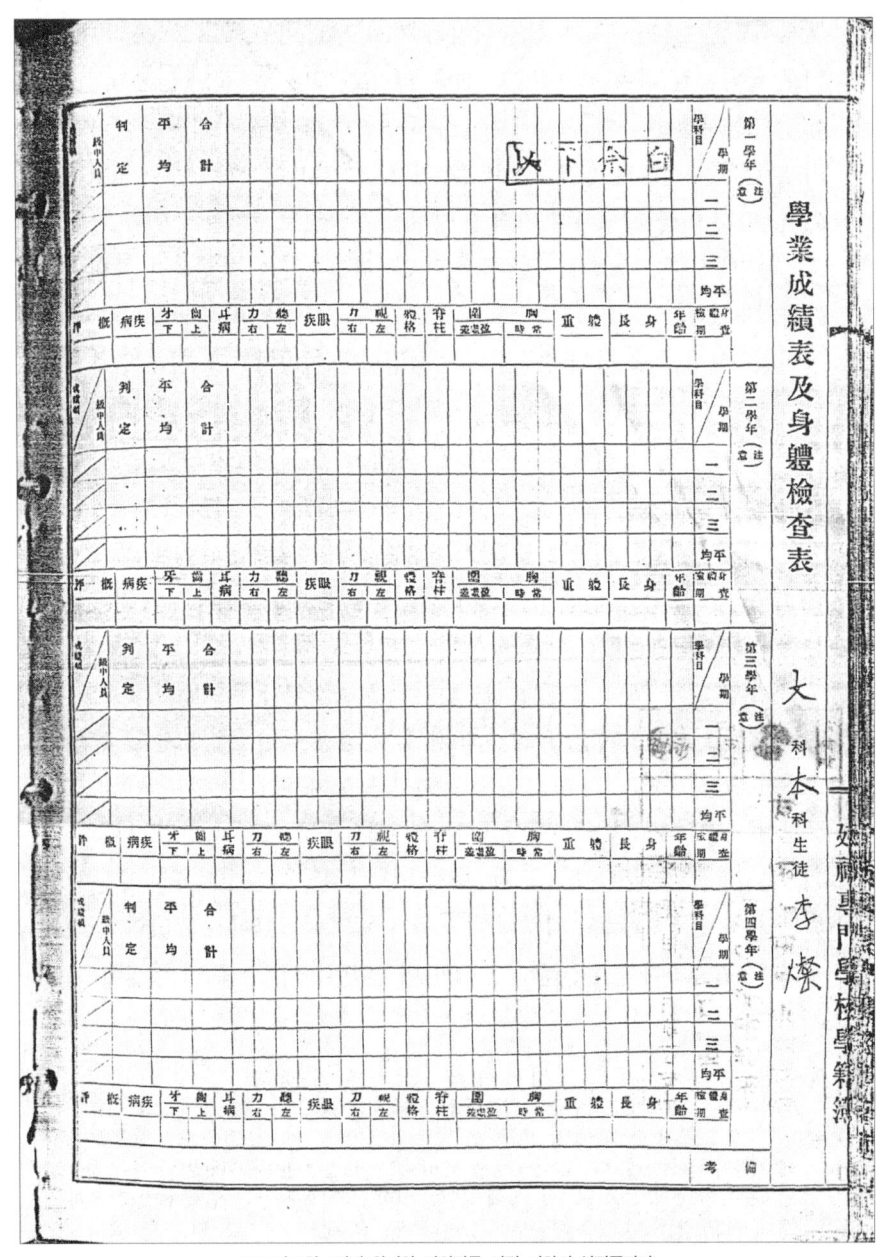

1991년 6월 1일에 확인한 연희전문 시절 리찬의 성적증명서

극적인 태도를 지양하기 위해 '조직'이 필요했다. 바로 이 무렵, 1931년 3월 27일 카프를 재조직하려 했는데, 이찬은 임화·권환·박세영·안막과 함께 '동맹 소속 시반' 맹원으로 참가한다.[11] 그러나 이 조직은 당국에 의해 중지되었다. 그해 5월에 도쿄에 도착한 이찬은 1931년 11월 연구단체인 〈동지사(同志社)〉의 편집위원으로 신고송과 함께 참여한다. 〈동지사〉는 카프 도쿄지부의 해체와 함께 등장했던 무산자사의 뒤를 이은 재일조선인 예술단체이다. 1931년 공산당재건운동과 관련하여 고경흠과 김삼규 등이 체포되어 조직의 와해 위기에 빠지게 될 〈무산자사〉와 맹원들은 새로이 〈동지사〉를 결성했다. 〈동지사〉의 조직[12]은 다음과 같다.

> 서기국 : 박노갑·홍황(洪荒)·김보현(金寶鉉, 金波雨)
> 편집부 : 신고송·소성(蘇星)·이찬·이여수(李如水)·김정한
> 조직부 : 박석정(朴石丁)·최병한(崔丙漢)·임장춘(林將春)
> 경영부 : 신석연(辛石然)·박길문(朴吉文)·오천복(吳天福)

이들은 1931년 11월 20일 조직과 창립선언을 발표했다. 이 조직명단의 편집부에서 우리는 이찬의 이름을 발견한다. 이 단체의 창립선언은 사회주의 예술이론을 탐구하면서, 일본 프롤레타리아문화연맹과 조선의 카프를 적극적으로 지지한다는 내용이었다. 그런데 일국일당(一國一黨) 원칙에 따라 프롤레타리아문예운동은 하나로 통일되어야 한다는 문제가 대두되었다. 그래서 〈동지사〉 지도부는 〈일본 프롤레타리아문화연맹〉과 〈조선 프로연맹〉의 관계를 고려하여 결국 〈동지사〉를 해체하고, 〈일본 프롤레타리아문화연맹〉에 흡수되기로 결의한다. 그래서 〈동지사〉는 1932년 2월에 일본 프롤레타리아문화연맹 산하의 1932년 2월 〈코프

---

11) 안막, 「조선프롤레타리아예술운동 약사」, 『사상월보』, 1932.10.
12) 이찬의 〈동지사〉 참여와 카프 참여는 권영민, 『한국 계급문학 운동사』(문예출판사, 1998)의 238~247면을 참조했다.

(kopf)조선협의회)로 발전적으로 해소된다. 이때 이찬은 안막·박석정(朴石丁)과 함께 해소선언을 위한 기초위원으로 참가한다.

당시 무산예술운동에서 1차 방향 전환을 주도적으로 수행했던 '제3전선파'와 '카프 동경지부' 맹원들의 침체와 연결된다. 새롭게 당을 재건하려고 일본에서 활약했던 〈무산자사〉나 조선공산당 재건위의 활동은 위축되었고, 탄압을 받았다. 일본에서 프롤레타리아문학운동이 점점 어려워진다는 것을 이찬은 누구보다도 잘 알았을 것이다.

도쿄에서 적극적인 활동이 불가능해진 이찬은 1932년 5월경에 귀국한다. 귀국한 이찬은 송계월이란 여류문인과 교류를 맺으며, 카프의 중앙위원으로 선출된다. 당시 카프는 이미 조직운동을 지도할 만한 힘을 갖고 있지 못했다. 임화를 중심으로 하는 소장파들은 침체된 조직을 재정비하기 위하여 1932년 5월 16일 카프 중앙집행위원회의 임시총회를 개최했다. 당시 『조선일보』는 상황을 "지난 16일 하오 다섯 시에 조선프롤레타리아예술동맹에서는 오래간만에 모든 난관을 헤치고 임시 중앙위원회를 열었다는데, 그날에 결의된 사항은 다음과 같다더라"13)라면서 그 내용을 이렇게 보도하고 있다.

　1. 위원 개선의 건
　● 사임위원 : 안막·김기진·박영희·권환·한설야
　● 신임중앙위원회 : 윤기정·이기영·신고송·신영우(申英雨)·이찬·김용제·송영·강호(姜湖)·임화·백철
　●서기국 : 임화·백철·신고송

신임중앙위원회 명단에 이찬 이름이 나온다. 또한 이찬과 함께 도쿄에서 〈동지사〉 활동을 했던 신고송·김용제 등의 이름이 보인다. 이렇게 이찬은 박아지·박석정·이흡(李洽) 등과 더불어 카프가 지하단체화

---

13) 『조선일보』, 1932.5.19; 권영민, 위의 책, 241면 재인용.

되었을 때 참여한 맹원이다. 여기서 중요하게 보아야 할 것은 핵심지도원이었던 중앙위원회가 대폭 달라졌다는 점이다. 카프 결성 이후 지도부에서 물러난 적이 없던 김기진과 박영희가 사임위원으로 적혀 있다. 이것은 구(舊)카프 계열이 완전히 주도권을 상실했다는 것을 의미한다. 구카프계의 사임과 함께 이찬은 새로운 구성원으로 등장했던 것이다.

이 무렵, 이찬의 작품은 달라진다. 식민지 수탈의 열악한 노동환경 속에서 살아가는 노동자들의 삶을 더욱 구체적으로 그려내기 시작한다.

> 가구야 말려느냐
> 順아
> 너는 참 정말 가구야 말려느냐
>
> 산길로 삼백리 물길로 륙십리
> 저 낯선 마을 낯선 거리 실 뽑은 공장으로
> 가구야 가구야 말려느냐
>
> 응 - 가난한 네 집을 위해서거든
> 가난한 네 집 살림을 위해서거든
> 칠순에 풍나 누운 네 아버지와
> 육순에두 품팔이하는 네 어머니를 위해서거든
>
> 내 아무리 이리두 서러운들
> 내 아무리 이리두 안타까운들
> 오 어찌 너를 막을 수 있겠니 걷잡을 수 있겠니
>
> 내 만일에 고용살이하는 신세가 아니었던들
> 고용살이로 삼사 명 식솔을 기르는 신세가 아니었든들
>
> 허드라두 허드라두
> 네가 가려는 그 곳이

네가 가려는 그 공장이
그의 말같이 그 모집원의 말같이
"일 헐하고 돈 많이 나고 대우야 아주 좋구一"하다 하면야 했으면야
—「가구야 말려느냐」(『매일신보』, 1932.5.6) 1~7연

　주인공으로 등장하는 순이는 가난한 조선의 처녀다. 순이의 가정은
"칠순에 풍나 누운 아버지와 / 류순에두 품파리 하는 어머니"를 둔 가난
한 가정이다. 이런 까닭에 순이는 모집원의 말마따나 "일 헐하구 돈 많
이 주구 대우야 아주 좋다"라는 공장을 찾아간다. '일 헐하다'는 말은,
일 따위가 힘이 들지 않고 수월하다는 뜻이다. 그러나 현실은 헐하지
않기에 시인은 마음 아파한다. 이 시에서 이찬의 시적 서술이 앞서 「일
꾼의 노래」 등의 시보다 구체적으로 현장을 묘사하는 단계에 들어섰다
는 것을 느낄 수 있다. 분명 임화의 '단편서사시'에 영향을 받은 것이
분명하다.
　단편서사시란, 임화의 시 「우리 옵바와 화로(火爐)」를 일컬어 김기진
이 규정한 명칭이다. 김기진은 임화의 시에 ① '감격으로 가득 찬 생생
한 소설적 사건'이 있고, ② '프롤레타리아생활의 실제적이고 구체적인
사건이 암시되어 있다'14)며, 이 단편서사시 양식이 프로시를 대중화할
유효한 양식이라고 강조했다. 단편서사시는 지나친 영탄법과 감상주의
를 지적받기도 했다. 그렇다 하더라도 시에 주인공과 인물과 이야기가
등장하는 이야기시(Narrative poem)로서 단편서사시는 당시 프로시에 신선
한 출로(出路)를 제공했던 것이 분명하다.
　이찬은 단편서사시 양식을 빌려 「아내의 죽음을 듣고」(『신여성』, 1932.
11)를 발표했는데, 이 시는 노동자들의 운동적 삶에 강력하게 연대된 여
성을 주인공으로 내세우고 있다. 당시 조선이 가진 풍부하고 값싼 원료
와 노동력을 바탕으로 막대한 식민지 초과이윤을 효과적으로 짜낼 수

---

14) 金基鎭, 「短篇敍事詩의 길로」, 『朝鮮文藝』 창간호, 1929.5.

있었던 방직공업 부문15)에 대규모로 동원된 제사(製絲) 여직공들의 열악한 노동조건은 식민지 공장생활의 비극적인 전형이랄 수 있다. 여직공들의 노동에 얽힌 애환을 노래한다는 일은 프로시인들에게 중요한 시적 실천16)이었다.

> 공장의 시커먼 돌담 기슭에
> 저도 몰래 부딪치던 입술이었다
> 메마른 두 개의 해어린 심장이
> 날콩 볶듯 후둑이며 고동만 뛰는
> 애끓이는 눈물어린 사랑이었다
> 어둔 밤
> 자욱도 없이 숨어든
> 순희의 검푸른 등……
> 사나이는
> 거듭 채여 개굴창에 엎으러졌다
> 그리고
> 얄궂은 옥살님과 달내임수에
> 마침내 깨문 입술 바르르 떨며
> 굽히여진 그림자
> 전등빛 어스럼한 지하실로 끌리여갔다
> 그 아침……
> 공장의 기적은 울어
> 빗구름 흩날리며 갈 하늘을 뒤흔들고
> 빼두둑 강철의 굉월(宏越)한 문은
> 시뻘건 그 아구니를 벌이였다
> 그곳에는
> 피ㆍ감정ㆍ생각ㆍ기억조차 잃은

---

15) 강만길, 『한국현대사』, 창작과비평사, 1984, 125면.
16) 유완희의 「여직공」(『개벽』, 1926.4), 이벽하의 「직공의 노래」(『조선일보』, 1932.7.3) 등은 대표적인 예라 할 수 있다.

뼈만 남은 한 사나이
부글부글 증열의 화염을 토하는 용광로 앞에서
들었다 놓았다 굽혔다 폈다
앙상한 기계같이 움직이고 있었다.

— 「機械가튼산아히」(『대중공론』, 1930.6)

요즘 말로 풀어서 인용해 본다. "공장의 시커먼 돌담 기슭에 / 저도 몰래 부딪치던 입술"로 두 노동자의 사랑은 묘사된다. 현실의 어려움 속에서도 이들 두 연인의 "두 개의 해어린 심장이 / 날콩 복듯 후둑이며 고동만 뛰는 / 애끓이는 눈물어린 사랑"은 애달프기만 하다. 그러나 불시에 개굴창에 처박혀 버리는 비인간적 폭력에 시달려야 한다. 그리고 갖가지 얄궂은 폭압(옥살님)과 회유(달내임수)에 "마침내 깨문 입술 바르르 떨며" 노동자는 "굽히여진 그림자"가 되어 버린다. 그리고 커다란 공장 문은 시뻘건 아구니로 묘사되며, 그 문으로 들어갈 때, 노동자는 뼈만 남은 앙상한 기계가 된다는 시다.

여기서 이찬은 진솔한 사랑도 개굴창에 내던져지는 노동 현장, 폭력이 난무하는 노동 현장, 인간이 인간됨을 잃고 기계로 존재해야 하는 노동 현장을 적나라하게 폭로하고 있다. 이런 비극적 전망은 비인간화된 현장을 폭로함으로 읽는 이의 투쟁적인 열정을 자극한다. 이러한 시작법은 낙관적인 전망만을 외치던 초기 프로시와는 전혀 다른 구체성을 갖고 있다. 아울러 이찬은 투쟁하는 농민조합운동의 모습도 그려 내기 시작한다.

어디쯤 왔을까
지금 어디쯤 왔을까

홍원·홍남이야
지난 지두 오래겠지

응 오죽 수척들 했을까
오죽 파리들 했을까

(…중략…)

오오 오늘 아침 여섯시
중천에 펄럭이는 진홍빛「××농민조합」깃발과
남녀노소, 팔십여명 우리들의 환호 속에 마지울 제 열광 속에 마지울 제
오 그들의 기쁨−

덩실덩실 춤이라도 추구싶것지
참말 어이허듸어 노래라두 부르구싶것지
−이리 생각해볼수록
「××역」에가 모일 시간이 갓가워 올수록

머리는 점점더 해맑아지구
눈은 점점더 말등해지구

오호 도시 헤아리지 못할 홍분에
여영 잠안오든 이 밤이여

　　　　　　−「잠안오는 밤」(『제일선』, 1932.11) 8∼10연
　　　　　　　(×표는 일제당국의 검열로 삭제된 부분)

　농민조합을 세우려다 구속된 세 명의 동지들이 삼 년 동안 옥고를 치
르고 석방되는 날, 그들을 맞이하러 가는 화자의 감격어린 목소리를 담
고 있다. 시의 앞부분은 그들을 회상하는 장면이며, 그들이 끌려가는 날
"어린 처자들이 목노아 울구 / 늙은 부모넨 기절까지 하"는 회상 장면이
삽입된다. 그러나 "그들의 노력은 결코 헛고생이 아니"었다. 농민들이
스스로 깨우치기 시작하여 이제는 농민조합 깃발을 펄럭이면서 세 동지
를 맞이하러 가려는, 마음 설레는 전날 밤 장면이 위에 인용한 부분이다.

이야기의 전개는 '도입부(현재) → 동지들이 끌려가는 과거(회상) → 새로운 다짐(현재 상황) → 잠 안 오는 밤(현재)'이라는 짜임으로 극적인 양식을 지닌 단편서사시이고, 자연스러운 흐름으로 낙관적 현실주의를 보여주는 성과를 보여 주고 있다.

여기서 중요하게 보이는 점은, 이제 단형서정시의 형식을 넘어서 이찬이 단편 서사시의 기법을 비교적 안정되게 구사하고 있다는 것이다. 이런 기법은 이전에 발표된 「고향에 돌아와서」(1930.4.16)에서부터 부려 쓰고 있는데, 인용한 위 시에 이르면 비교적 안정된 형식미를 보여 주고 있다는 점에서 중요한 변화로 보인다. 이런 시 형식은 또한 시인 자신의 인식 변화를 말해 주기도 한다. 다시 말해서 서정시에서 단편서사시 양식으로의 변모는, 추상적인 역사관에서 구체적인 사적 유물론을 소유하게 된 시인의 세계관이 그것을 담아낼 그릇으로 단편서사시라는 갈래를 선택하게 된 것이다. 이 시와 더불어, 행상을 해 가며 노동자들을 지원하던 가족들을 배반하고 자본가들과 결탁해버리는 간부에 대한 분노를 노래한 「지구야 말다니」(『신계단』, 1932.11) 등, 모순된 현실을 단편서사시 형식으로 그려내고 있음을 볼 수 있다.

그러므로 이 시기에 중요한 시적 변화로는 첫째, 구체적인 계급의식을 지니고 낙관적 현실주의를 표현하기 시작했다는 점과 둘째, 실천적인 시의 창작방법론으로 단편서사시의 기법을 이용하기 시작했다는 점이다.

4. 아직 습작기인 초기 시

1920년대 초부터 시작된 신경향파의 문학이나 소수의 저항시 등은 조국 상실의 슬픔과 식민지사회의 모순을 시에 담아냈다. 1910년 이후 시의 주류는 사회적 문제로부터 거리를 유지하는 쪽으로 형성되었지만, 한용운·이육사·심훈·윤동주와 같이 사회주의와 무관한 민족적 시인들도 일제에 대해 거부의 언어를 쏟아댔다. 식민지 시인들의 저항은 일차적으로 민족주의적인 정체성의 모색으로 나타난다. 이런 경우, 민족주의적 지향은 배타적이고 공격적인 파시즘으로 발전하는 민족주의가 아니다. 이들의 민족주의적 태도는 민족 집단의 생존을 위한 방어적 수세적 성격을 갖는다. 이찬의 첫 발표작 「나팔」에 나타난 민족주의적 태도는 이러한 수세적 성격을 갖는다. 다만 1928년에 등장한 이찬의 초기 시는 직설적이고 생경해서 거의 습작기 수준에 머물고 있다.

민족주의적 감상주의 단계를 넘어 이찬은 계급적 대중운동에 의해 식민지 지배 구조와 투쟁하고 그 모순을 비판하려는 1920년대 프롤레타리아문예운동에 참여한다. 민족사적 특수성 아래 사회주의 이념을 그 사상적 기초로 삼았음에도 불구하고, 그것이 민족저항운동의 형태로 구체적 실천을 보였다는 점이 특이하다. 그렇기 때문에 프로시의 시사적 위상 정립의 문제는 결코 프로시 자체의 내적 이념성 혹은 문학성만을 기준으로 평가되기 보다는 우리 근대시사의 전통 및 혁신의 측면과 논의하여야 할 것이다.

프로시에 가담한 시인 김창술·유완희·박팔양·박세영·권환·박아지·이찬·임화·김해강 및 이상화·김기진·박영희 등의 시적 유산은 대중적 사상운동이면서 동시에 독립을 전취하기 위한 민족운동의 성격으로도 볼 수 있겠다. 이러한 시각에서 이찬의 프로시는 민족주의운동의 흐름과 일치한다. 바로 이러한 흐름에서 이찬의 프로시에 대한 평가는 이루어져야 한다고 생각한다. 분명한 점은 그가 1920년대 말에서 1930년대에 걸쳐 풍미한 프로문학파 시인들과 함께 계급 문제와 민족해방에 대해서 치열하고 진지하게 생각했다는 사실이다.

오늘날 주목받는 프롤레타리아시는 그리 많지 않다. 「현해탄」의 임화, 「3월이 온다」의 권환, 「산제비」의 박세영 등 몇몇밖에 되지 않는다.

이들과 함께 이찬의 이름은 기록되고 있다. 다만 그가 쓴 프롤레타리아 시들 가운데서 오늘날 우리가 읽을 만한 수작은 그다지 많지 않다. 그것은 그가 일본에서 귀국했을 때 시 창작보다 사회정치투쟁에 더욱 몰두했기 때문이기도 했을 것이다. 그는 조직에 관여하면서 시 창작에 그의 정력을 쏟지 못했다. 그가 쓴 수작은 다음 단계에 이르러 이루어진다.

옥중시, 만주 이주, 북방 어촌, 국경 마을

시집 『대망』(1937)

1. 1930년대 시사(詩史)와 시집 『대망』

첫 시집 『대망』(1937)에는, 출소한 뒤 고향으로 돌아온 이찬이 고향에서 보고, 듣고, 느낀 당시 이웃들의 삶이 담겨 있다. 이 시집이 나올 즈음 1930년대는 우리 현대시의 생성 과정에서 정착과 탐구의 시기로 일컬어진다. 1930년대 우리 시사는 첫째 '시문학파'의 순수서정시, 둘째 모더니즘, 셋째 『시인부락』 등 생명파, 넷째 1920년대 카프 계열의 시인들로 이루어져 있다. 이찬의 문화사적 위치를 짚어보고 그의 시를 분석하기 위해 1930년대 시사(詩史)를 잠깐 살펴보자.

첫째, 시문학파는 김영랑·박용철·정지용·이하윤·변영로·김현구·정인보·신석정 등의 시인들이 참여했다. 이들은 우리말의 발굴과 조탁, 정서의 적절한 절제 등에 힘썼다. 대표적인 시인은 김영랑과 박용철이다.

김영랑(1903~1950)은 순수서정을 바탕으로 민족어를 발굴 창조하여, 향토적 리리시즘의 언어미학을 성립했다. 『시문학』 창간호에 「동백닢에 빛나는 마음」 등 13편의 시를 발표하면서 등장한 그는 시의 음악성에 관심을 갖고, 압운, 이미지 활용 등을 섬세하게 배려했다.

> 내마음의 어딘듯 한편에
> 끝없는 강물이 흐르네
> 도처오르는 아침날빛이
> 뻔질한 은결을 도도네
> 가슴엔듯 눈엔듯 또 핏줄엔듯
> 마음이 도른도른 숨어있는곳
> 내마음의 어딘듯 한편에 끝없는
> 강물이 흐르네
>
> ─김영랑, 「끝없는 강물이 흐르네」, 전문

그는 시어와 리듬 그리고 형태에 대한 의도적이고 섬세한 조탁을 통해 우리말의 예술성을 보여 주었다. 이것은 시가 정치적 수단이나 현실 묘사의 방법일 수만은 없다는 문학관을 보여 준다. 그런데 후기 작품에서는 저항의식, 민족적 지조의식을 시화한 작품이 많다. 이러한 시정신은 그가 기미년에 고향의 만세사건을 주도했고 끝까지 창씨개명을 하지 않았을 뿐만 아니라, 신사 참배를 거부했다는 전기적 관점에서 이해되는 부분이다. 그렇지만 이러한 저항의식이 드러난 작품들도 항상 정제되고 순화된 언어를 통해서 표현되었다.

박용철(1904~1938)은 카프문학을 비판하고 시의 심미적 가치를 중시한 시인이다. 『시문학』 창간호에 「떠나가는 배」, 「이대로 가랴만은」, 「싸늘한 이마」 등을 발표한 그는 영랑과 함께 시문학파를 주도하면서, 계급주의 문학에 대항하여 시의 심미적 가치를 강조했다.

신석정(1907~1974)은 이상향으로서의 자연회귀정신과 그렇지 못한 역사 현실의 갈등 사이에서 시를 발표했다. 그의 시는 1940년대 친자연적인 청록파 시인에게 영향을 끼치게 된다. 『시문학』3호에 「선물」 등을 발표하며 등장한 그는 초기에 주로 자연과 동화하는 시심을 보여 주었다. 그의 시는 표면적으로는 전원적이고 목가적이면서도 그 이면에는 당대의 민족적 당위성을 담고 있다.

둘째, 1930년대 한국 모더니즘은 김광균·장만영·이상 등이 실천한 시운동이었다. 이들은 기존의 자연적 정서에서 일탈하여 도시적 소재와 정서를 주로 표현했고, 기법에서는 서양의 이미지즘을 원용했다.

정지용(1902~?)은 감정을 이지적으로 감각화시키며 새로운 표현을 정착시켰다. 그의 시는 동양적인 관조의 세계를 자아내면서, 일제강점기 우리 시의 한 정점을 이루었다.

김기림(1908~?)은 시론에서, 의도적인 시에 대한 제작의식을 가져야 하고, 의식적 노력 없이 시를 쓴다는 것은 불가능하며, 시에 감상성을 배제하고 문명 비판성을 고취해서 시론에 실천하려 했다.

이상(1910~1937)은 초현실주의·다다이즘적 성향을 지니는가 하면 띄어쓰기·구두점·도표·수식을 사용하는 등 기존언어의 가치와 의미를 부정하는 방법에서 시를 쓴 모더니스트였다.

김광균(1914~1994)은 다양한 회화적 감각을 서정과 결합시킴으로서 우리 시가 현대시적 이미지 구조를 지니게 하는데 공헌했다. 특히, 그는 관념적 서정·자연·감각 등을 비유를 통해 회화적으로 형상화하는 데 탁월성을 보여 주었다.

셋째, 1936년 11월에 창간되어 2호로 끝난 『시인부락』은 서정주가 주재한 문학 동인지이다. 여기에는 서정주를 비롯하여 김달진·김동리·여상현·박종식·오장환·함형수 등이 참여했다. 『시인부락』은 카프가 내세운 이데올로기, 시문학파의 감각적 기교, 모더니스트들의 주지주의적인 시작 태도 등에 반대하여 '생명'의 탐구와 '인간성'을 기치로 내걸었다. 동인지 『시인부락』의 시인들은 미적 세계에 침잠이나 서구 모더니즘의 방법, 그 어느 것으로도 극복될 수 없는 압박감을 돌파해 나가기 위해서 인간 자신에게로 돌아가려고 했다.

서정주(1915~2000)는 『귀촉도』를 발간하고 동양의 정신 『신라초』를 통해 신라 정신과 불교정신을 보여 준다. 1936년 『동아일보』 신춘문예를 통해 문단에 데뷔한 그의 「대낮」·「문둥이」 등 초기 작품은 보들레르의 영향을 받아 원초적인 생명의 강렬함을 드러낸다. 그러나 점차 동양의 정신세계로 돌아와 '신라 정신'과 토속적인 사상에 관심을 집중하여 전통적 사상의 탐구에 관심을 쏟는다.

유치환(1908~1967)은 허무를 극복하기 위해 준열한 자기비판을 견지하며, 생명에 대한 탐구를 지속했다. 그의 시는 세속적 자아와 순수 자아의 대립과 갈등을 내적으로 응결시킨 특징이 있다.

넷째, 1920년대 카프 계열의 시인들의 활약을 볼 수 있다. 문학운동가인 임화(1908~1953)는 카프를 결성해서 활동하다가, 일본의 압력으로 해산계를 낸다. 카프의 전 단계인 〈염군사〉를 조직하는 등 카프의 맹원이었던 박세영(1907~1989)은 상해 유학시절 몰락해 가는 중국의 현실 앞에서 상해의 역사적 유물과 자연경관을 통해 중국의 역사와 현실을 비판적으로 바라보고 외국에 나간 객수(客愁)와 어우러져 아련한 상실감을 감상적으로 노출한다.

이밖에 1930년대에는 이육사·백석·김상용·김동명·이용악·유진오·윤곤강·신석초·김상옥·김소운 등이 등장하여 활발한 시작 활동을 하였다.

이육사(1904~1944)는 1933년 등장한 1930년대 대표적인 저항 시인이다. 그의 시집은 일제 때 발간되지 못했고, 작고 2년 후인 1946년 아우인 이원조에 의해 『육사시집』으로 출간되었다. 그의 시풍은 남성 화자를 내세워 시대의 억압과 고통을 극복하는 매운 절개의식을 표현한 것이다. 그의 시에는 혹독한 식민 통치 상황을 견디지 못하고 북방으로 쫓기고 있는 모습 그리고 현실에 끊임없이 절망하면서도 자기 극복을 성취하려는 의지가 담겨 있다.

백석(1912~1995)은 1935년 8월 『조선일보』에 소설을 발표하고 다음 해 시집 『사슴』을 냈다. 그는 평안도 사투리와 열거법, 사설조의 문장으로 철저하게 민족공동체의 정서를 서술시 형식에 담고 있다.

김현승(1913~1975)은 1934년에 『동아일보』에 「쓸쓸한 겨울 저녁이 올 때 당신들은」을 발표하면서 문단에 나왔다. 그는 일제하에서 민족적 로맨티시즘적인 작품으로 출발하여, 해방 후 고독과 허무로서 개성적인 시세계를 펼쳐 보인다.

시대의 질곡은 험악했으나, 오히려 풍성하기까지 했던 1930년대 시사(詩史) 속에서, 카프 계열 시인이었던 이찬은 가난했던 고향의 체험과 표랑생활을 하면서 얻은 북방의 정경을 시화하고, 도피적 생활의 일면을 드러낸다. 그런데 아이러니하게도 이 시기의 시들이 이찬의 대표작으로 남는다. 이러한 시기에 출판된 이찬의 첫 시집 『대망』(1937)을 펼쳐 보자. 이 시집은 크게 두 가지의 주제로 나눌 수 있다. 첫째는 옥중시편이고, 둘째는 북방 정서를 담고 있는 시들이다. 둘째 항목은 다시 ① 만주 이주, ② 북방 어촌, ③ 국경 마을의 풍경을 담고 있는 북방 정서의 시로 나눌 수 있다.

2. 옥중시

〈코프(KOPF)조선협의회〉 의장이었던 김용제(金龍濟, 1909~1989)는 기관지 『우리동무』[1] 편집장도 맡고 있었는데, 이 잡지의 창간준비호가 발행되기 직전인 1932년 6월 23일 일본 경찰에 검거되어 실질적인 역할을 담당할 수 없게 되었다.[2] 귀국하여 활발하게 시를 발표하던 이찬은 1932년 11월 박동수가 기획한 『문학건설』 창간에 적극 참여했다가, 1932년 11월 19일 소위 '별나라사건'으로 신고송과 함께 피검된다.[3] 이 같은 상황에서 일본에서는 『해공선』(1929)의 저자 고바야시 다키지(小林多喜二, 1903~1933)가 1933년 2월 20일 경찰서에서 학살당한다. 이 사건을 시작으로 프롤레타리아운동에 대한 대탄압이 시작되었다. 1933년 6월 기관지 『우리동무』에 참여했던 박석정과 김두용까지 수감되어 도쿄의 좌익 조선인 문학운동은 거의 파괴되기에 이르렀고, 1934년 코프의 활동은 정지된다. 이런 소식을 감옥에서 들었던 이찬의 수감생활은 참담하기 이를 데 없었을 것이다.

1934년 9월 4일에 만기 석방되어 일상생활에 복귀한 그는 3~4년 동안 작품 30여 편을 추려 모아 시집 『대망』(풍림사, 1937.11)을 엮어낸다. 이 시집은 그의 첫 시집으로 그의 시세계를 밝히는 데 중요한 근거를 제공한다. 특히 옥중에서 쓴 시를 모은 2부가 주목된다. 옥중에서 자신이 선택했던 사회주의운동이 일본과 조선에서 끝장나는 것을 들으면서 이찬은 절망했다. 게다가 일찍이 조혼한 아내와의 사이가 좋지 않아서[4] 그의 감옥생활은 더욱 편치 않았을 것이다.

    좁다란 비둘기통 어둠컴컴한 속에

---

1) 『우리동무』에 대해서는 大村益夫, 「コップ朝鮮協議會 「ウリ・トンム」」(『朝鮮近代文學と日本』, 東京 : 綠蔭書房, 2003)를 참조 바란다. 『우리동무』 창간준비호 1호(1932. 6.25)부터 1933년 8월호까지 그 내용을 소개하고 있는 이 논문은 "일본 파시즘에 저항하고, 일본 민주화운동 역사 속에서, 얼마나 많은 조선인이 희생되었던가"(42면)를 설명하고 있다.

2) 大村益夫, 『愛する大陸よ』, 東京 : 大和書房, 1992, 49~51면.

3) 이에 대해서는 논란이 많다. 윤여탁, 「이찬 시의 현실인식과 변모과정에 대한 연구」, 『한국현대리얼리즘시인론』, 태학사, 1990, 91면 참조.

4) 이찬은 결혼생활을 '결혼한 총각', '총각 아닌 총각'으로 표현하고 있다. 수필 「할 곳 없는 하소연」(『조선중앙일보』, 1936.7.16~21), 「대안·아편·3등기」(『조선문학』, 1936. 11), 「실연부」(『조선문학』, 1937.8), 「묘비」(『시학』, 1939.10) 등을 참조하기 바란다.

용수삿갓을 벗어들고 쭈쿠리고 서서
이젠가 저젠가 하며 차례 오기를 기다리는 나

곁에선 두셋패 한창들 들썩이나
열오른 머릿속에 열에 한마디 안들리고
심장의 고동만 날콩 볶듯 후둑인다

오 누가 왔을까 어째 왔을까
두세 가지 바깥 걱정에 사로잡혀 있는 요즘
혹시 …… 혹시 …… 하는 생각에 한없이 불안한 마음이여

문득
선칼로 끊은 듯이 잠묵해지고
삐걱이는 문소리
갈아드나는 자욱 소리 들리자
드르륵 …… 턱앞을 치받듯 올라가는 시커먼 널들창

순간
내 눈앞에 목책 건너
오오 꾸기어진 고이에 다 낡은 고무신 신고
하마 하마 엎어질듯이 구부리고 선 어머니

"오 어머니 언제 오셨수" 나도 모르게 떨려 나가는 목소리여
"응 오늘 아침에 …… 그새 병이나 ……"하며 끝도 못맺고
뚫어질듯이 내 얼굴을 들여다 보는 그
그의 얼굴을 내어다 보는 나

오오 북관 수천리 길을 터벅여왔음으론가
밤낮 내 걱정 근심에 눈물 한숨으로 지냈음으론가
국수장사 갈비팔로 말못할 그 고생했음으론가

(…중략…)

오 돌오는 길 돌층대를 오르다가
두세 번 걸치어 넘어졌다
눈물이 앞을 가려서……

오오 예 와서 삼년 철잡는 오늘까지
괴로워도 기막혀도 서러워도 아퍼도
도시 한번도 나본 적 없는 눈물이……

— 이찬, 「면회」(『대망』, 1937)에서

이 시에서 프롤레타리아문예운동가의 당찬 다짐을 볼 수는 없다. 신고송과 같이 겪은 수감생활5)은 이찬의 희망과 일을 하루아침에 빼앗아 갔던 것이다. 게다가 "움푹 들어간 눈 / 홀쭉 깍인 볼 / 헬쑥해진 낯빛"으로 아들을 찾아온, 병색이 완연한 어머니. 이런 불편한 몸으로 "국수장사 갈비팔이로 말못할 그 고생했"을 어머니의 야윈 모습은 문예운동가 이찬의 마음을 흔들어 버린다. 그래서 시인은 "도시 한번도 나본 적 없는 눈물"을 흘린다. 이런 와중이지만, 감옥에 있던 시기에 그의 미적 취향은 긴장된 수준을 유지하고 있었다. 그것은 산문에서도 볼 수 있다.

기억도 새로운 카프 末葉 우리들 몇이 悲哀의 城舍로부터 娑婆의 첫날을 맞이 하든 궂은 비 나리는 늦가을 밤 非全州旅行의 唯一한 벗 世永兄과 隔久한 彼此의 궁금을 풀다 우연히 그와 나의 다음과 같은 문답에 의해서였다.
"그래 그 새 새로 나온 친구는 많은 가요"
"뭐 별로……. 그러나 詩 쓰는 崑崗동무가 있는데 매우 有望하지"
이래 오늘에 이르도록 나는 그의 作品을 注意깊게 읽어오고 있다.6)

<hr>

5) 사상경 편, 『조선문인서간집』(삼문사, 1936)에 실린 박세영의 편지를 보면, 이찬과 신고송이 같이 수감해 있다는 사실을 추측할 수 있다.
6) 이찬, 「윤곤강의 시집 『대지』를 읽고」, 『朝鮮文學』, 1937.6, 101면.

이 이야기의 배경인 카프 말엽이란 1930년대 중반기이다. 1935년 4월 25일 서기장인 임화가 카프의 해산계를 동대문 경찰서 고등계에 제출하였으니, 그전 시기를 말한다. '비애의 성사'란 감옥을 말한다. 그리고 '전주여행'이란 제2 카프 사건 곧 전주사건을 말한다. 이찬과 박세영은 카프가 오래 가지 못할 것을 알고 있었다. 그러면서도 그들은 새로운 인물이 나오기를 기다린다. 그리고 윤곤강 시인이 계속 계급시를 쓰고 있다는 것을 알고 주의 깊게 읽고 있다. 이렇게 감옥에 있었지만 이찬은 시에 대한 관심을 포기하지 않았다. 또한 그의 옥중편지에서도 이찬의 시에 대한 조용한 열정은 구체적으로 드러난다.

> 형 시집을 편찬하겠다고요. 그러면 나의 시는 『신여성』의 「안해의 죽음을 듣고」, 『제일선』의 「잠 안오는 밤」, 『문학건설』의 「너의 들로 보내고」, 오 『별나라』의 『소년시』인지 (가능하다면) 「단오날」과 「바다로 가자」를 넣어 주시오 다른 것들은 넣지 말았으면 좋겠습니다.[7]

이 편지를 보면 그가 1934년에 옥중에 있었다는 것이 확실하다. 이찬이 당시 형이라고 불렀던 박세영 시인에게 자기 시 중에 철저히 계급의식을 바탕으로 쓰인 단편서사시 계열의 시를 넣어 달라고 부탁한다. 가난하게 자라 고생만 하다가 죽은 옥순이를 노래한 「아내의 죽음을 듣고」와 프롤레타리아운동을 하다 끌려가기도 하면서도 새로운 전망을 기다리는 「잠 안오는 밤」은 이찬이 카프시대에 발표했던 대표작이라 할 수 있다. 이외에 "다른 것들은 넣지 말"라는 말의 '다른 것'에는 초기 민족주의적 감상주의에 젖은 시들도 포함된다. 이 말을 볼 때, 그가 옥중에 있었지만 시를 창작하고자 하는 강한 욕구를 갖고 있었다는 것을 알 수 있다.

3년 가까이 감옥 생활을 하고 나와서 이찬은 몇 편의 옥중시를 남긴

---

7) 이찬, 「예술시감」, 『형상』, 1934.3.

다. 좀 길지만 대표적인 시 한 편을 전문 인용한다.

얼마나 기다렸든고
실로 얼마나 기다렸든고

오늘이 오기를
오오 오늘이 오기를

오늘을 생각할 때 내가슴은 날콩볶듯 후둑이고
오늘을 그리는 내 애는 모닥불에 찌타는 듯하였다.

반밤에도 잠만깨면 손꼽아 헤어보고
사오일 앞에 닥쳐왔어도 새삼스리 처보고

마치 맘다해 사랑하는 님
삼사년 머ㅡㄴ 타향있다 그의 돌오는 날과도 같은
오늘이며 오늘 만긔ㅅ날이여

오오 허구한 세월 삼년의 낮과 밤

그리고 쌓이고 뭉친 권태여 우울이여 다 어디로 갔나
웃음으로 맞어 콧노래로 보내어
삼추같은 하루가 오늘은 어느새 벌써 밤도 깊었다.

철장을 휘어때리는 비ㅅ바람소리
인왕산 산절에서 또드락이는 목탁소리
그리고 이따금 낭하를 삐꺽이는 야근(夜勤)의 자욱 소리뿐
기결 북켠 사동(四棟)은 숨죽은 듯이 고요하다

때저른 목침을 세워베고

퍼렁이불을 목녁까지 당겨덮고
두다리 뻗고 벵기(便器)앞 남쪽 벽살에 다가 붙어 누은 나

오오 잠이 오랴
조름인들 오랴

샐녘부터 와 기다리다 떨리는 목소리 눈물젖은 얼굴로 맞어주실 어머니여
씩씩한 자태 억센 손으로 달려들어 두 팔목을 걷어 잡어줄 친구들이여

오오 그리고 양ㅅ껏 먹고 싶은 담배여. 맛난 음식이여
마음껏 거닐고픈 정든 거리여 골목이여 잔디 밭, 숲.
새여 맑은 강 모래벌이여

이 생각 저 생각이 마치 선잠이나 깨인듯이
내 가슴 속에 머리처들고 아우성을 친다

눈은 점점 더 말뚱해만지고……
머리는 점점 더 해맑어만 오고…….

아 저 북행막차(車)ㄴ가
우렁차게 울려오는 기적소리…….

이젠 몇시간 밖에 안남었구나
오오 오늘 千九百三十四年 九月四日이여
　　　　　　　　　—이찬, 「만기」(『대망』, 1937) 전문

　　처음 시작되는 3연의 도입부는 출소, 1934년 9월 4일의 날을 간절히
기다리는 수인(囚人) 이찬의 마음을 정확히 전하고 있다. 특히 "오늘이
오기를 / 오오 오늘이 오기를"(2연)이라며 '오'자가 6번이나 반복되면서
시의 감탄적인 의미는 배가되고 있다. 또한 시 전체에 "오늘"이라는 단

어를 8번 반복하면서 석방을 기다리는 수인의 절박한 기다림을 반복해 표현하고 있는 작품이다. 이 시의 주인공은 1934년 9월 4일에 만기 석방된 이찬 자신이었다. 3년 가까이 감옥생활을 했던 이찬은 9월 4일 박세영과 어머니, 아내와 어린 자식의 환영을 받으며 출옥하여 다음날 귀향길에 오른다. 이제 그의 옥중시에 나타난 몇 가지 특성을 보자.

> ① 좁다란 비둘기통 어두컴컴한 속에
>   용수삿갓 벗어들고 쭈크리고 서서
>   이젠가 저젠가 하며 차례오기를 기다리는 나
>
> ──「면회」 1연

> ② 저게 누구냐
>   저게 누구냐
>   건넛방 북켠벽살에 웅크리고 붙어앉아
>   갓 들어온 나─를 바라다 보는 저 여자가!
>
>   아아 쏘─냐 쏘─냐……
>
> ──「해후」 1연

> ③ 샐녁부터 와 기다리다 떨리는 목소리 눈물 젖은 얼굴로 맞아주실 어머니여
>   씩씩한 자태 억센 손으로 달려들어 두팔목을 걷어잡어줄 친구들이여
>
> ──「滿期」 10연

시 ①은 구속된 후 어머니를 만나는 첫 면회의 감흥을 읊고 있다. ②는 북국에 있는 술집 처녀 쏘냐가 감방에 입감함에 따라 지은 시다. ③은 만기 출소하는 감흥을 시로 지은 것이다. 그러나 그가 쓴 옥중시에는 앞서 발표한 민중에 대한 시에 보이는 민중에 대한 짙은 사랑보다는 개인적인 감흥이 배어 있음을 알 수 있다. 본래 비인간적인 상황에서 비롯된 옥중시라는 갈래는 그 내용이나 수준이 다분히 자기도취에 빠

져 있는 경우가 많은데,[8] 이찬이 쓴 옥중시의 경우도 이웃을 향한 객관적인 감동으로 확대되기보다는 시인의 자기 감흥으로 읽히는 경우가 많다. 다만 ②에서 맞은편 감방에 갇힌 쏘냐의 이야기를 담는 대목에서 이웃에 대한 관심이 약간 나타날 뿐이다. 앞서 시 「면회」에서 나타나는 어머니에 대한 감상적 표현, 「만기」에 나타나는 조급한 마음 그리고 이웃에 대한 묘사가 적은 이런 류의 작품을 임화는 회고적 감상주의[9]라고 평했다.

앞서 언급했듯이, 이찬은 조혼을 하고나서, 서울과 도쿄에서의 유학생활, 3년 간의 수감생활을 하면서 어머니와 아내의 삶을 외면하고 살았다. 그래서 어머니는 "술장사"(「월야」), "국수장사 갈비팔이"(「면회」)로 생계를 꾸리면서 옥바라지해야 했다. 그는 자신을 기다려 준 가족들에게 책임감을 느꼈을 것이다. 만기 석방된 이찬은 일자리를 찾아, 관납상회와 북청문화주식회사(인쇄업) 그리고 양조장에서 근무했다. 이 지점에서 이미 이찬의 전향이 시작되었다고 보아야 할 것이다. 프로문학인이 전향하는 한 단계에 가족의 생계 문제가 중요하게 작용했다. 박영희는 1935년 이후 전향소설의 양상을 다음과 같이 기술했다.

이기영의 단편 「燧石」, 「설」이라든지, 한설야의 단편 「泥濘」 등에서 볼 수 있는 경향이었다. 이 작품에 나타난 주인공들에게는 의식생활로부터 현실생활에 옮긴 후에 일어나는 당면한 고뇌가 있었다. 가령 말하면 감옥에서 나온 사상청년은 먼저 먹고 살아야 할 실제적 생활 때문에 직업에 충실하여야겠다는 아주 세속적 인간으로 되는 것이다. 이런 것들을 속칭 轉向小說이라고 할 것이나 여하간 이러한 과도기의 인간형이 새로 생긴 것이었다.[10]

---

8) 임헌영, 「옥중시에 대하여」, 『민족의 상황과 문학사상』, 한길사, 1986.
9) 임화, 「담천한의 시단 1년」, 『문학의 논리』, 학예사, 1940, 639~640면.
10) 박영희, 『한국현대문학사』(미출판원고). 이 원고는 김윤식, 「전향소설의 한국적 양상」, 『한국근대문학사상사』, 한길사, 1984, 288면에서 재인용.

여기서 박영희는 '속칭 전향소설'이라 했지만, "먹고 살아야 할" 문제야 말로 전향의 동기가 아닐 수 없을 것이다. 이찬에게도 가족의 생계 문제는 작은 문제가 아니었다.

생계를 찾아 나섰건만 그의 삶은 그리 순탄치 않았다. 글을 쓰고 프롤레타리아운동을 했던 이찬은 경영을 위해 주판알을 굴리는 것은 그리 익숙지 못했다. 이러한 와중에서도 참을 수 없다는 듯이 3권의 시집을 연이어 펴낸 사실은 그의 시인적 자질을 웅변해 준다.

3. 만주 이주

한민족의 간도 이주 역사는 조선 후기로 거슬러 올라간다. 주로 기아와 궁핍에서 벗어나 보려고, 혹은 학정과 가렴주구(苛斂誅求)를 피하여 두만강과 압록강을 건너갔던 것이다. 이들의 집단 이주가 점차 문제가 되자 중국과 조선에서는 금지령을 내렸다. 하지만 밤에 몰래 강을 건너는 사람들은 여전했다. 러일전쟁(1904.2~1905.9) 이후 '정치적 난민'까지 늘어났다. 1918년 토지조사사업으로 조선인의 땅이 일본인에게 넘어가면서 1920년대에 이르러 조선 농민은 급격하게 만주·시베리아를 떠도는 유랑민으로 변해갔다.

남녀노소 30명의 시골 사람들이 남자와 이불보퉁이와 의복가지를 짊어지고 여자는 어린 것들을 업고, 머리에는 비와 쌀주머니를 이고 두 손에는 짚신짝을 들고 올목졸목한 어린 자식들을 앞뒤로 세우고 휘어치는 찬바람을 무릅쓰고 멀리 생면부지의 산골로 간다.

　　　　　　　　　　　　　　　　　　　　　　—『동아일보』, 1926.1.3.

1926년도와 1927년도 신문을 보면 「풍년을 등진 간도이주군(間島移住群)」과 같은 제목의 기사가 거의 매일 실려 있다. 일제의 수탈정책이 가속화되던 1930년대 중반부터 다시 강을 넘는 사람들이 폭발적으로 증가했다. 토착 지주들의 횡포도 대단했지만, 더 무섭고 흉포했던 것은 소위 '동척', 즉 동양척식회사였다.

바로 이 시기 이찬은 당시 만주 이주 문제를 시에 담아낸다. 그는 「북만주로 떠나간 월이」에서 유랑민들의 처량한 심사를 그려 낸다.

가구냐 말려느냐 가구야 말어
너는 너는 참 정말 가구야 말려느냐

이민이라 낼 아침 첫차에 실려
이역 천리 저 북만주 가구야 말려느냐

아 잡아보자 네 손길 이게 마지막이냐
이리도 살뜩한 널 내 어이 여의는가

야속하다 하늘도 물은 왜 그리 지워
너희는 부치든 논밭뙈기 다 빼낸단 말이냐

허다라도 행랑살이 내집 살림 절박치 않다면
내 너를 보내랴만 꿈속엔들 보내랴만

아아 다없고 황막한 그 땅 네 얼마나 쓸쓸하랴
철철 추위 혹독한 그 땅 네 얼마나 괴로우랴

사시장장 가여운 네 생각 내 어찌 견디리
자나깨나 그리운 네 생각 내 어찌 배기리

언제랴 내 일자리 얻어 집 형편 좀 피울 날

누가 믿으랴 여자 귀한 그 곳에서 널 그때까지 두마는 말

—이찬, 「북만주로 가는 월이」(『대망』, 1937) 전문

만주(滿洲)란 지명은 만추리아(manchuria)에서 유래된 말이다. 대개 중국의 동북 지역, 즉 지금의 연변 조선족자치주가 있는 흑룡강성·길림성·요녕성 등 3개 지역을 말한다. 위 시는 바로 이 만주 지역으로 이민가는 월이를 서정적 주인공으로 삼고 있다.

2연에서 "이민이라 낼 아침 첫차에 실려 / 이역 천리 저 북만주 가구야 말려느냐"(2연)며, 만주로 떠나는 월이를 아쉬워한다. 이때 '첫차'는 즐거운 여행을 의미하지 않는다. 당시 '철로길'이란 외형적인 화려함 속에 감추어진 말이었다. 조선 농민이 집단적으로 작대구걸(作隊求乞)하며 떼거리로 만주로 유이민을 떠나는 현상이 일어났던 것이다.

　　팥 되나 먹을 데 신작로 나고
　　쌀 되나 먹을 데 철로길 되네
　　아리랑 아리랑 아라리요
　　이 땅엔 거지만 늘어간다

—윤석중, 「거지행진곡」(『동아일보』, 1929.5.27)

윤석중의 말처럼, 철로길이 느는 것과 동시에 거지도 늘어 갔다. 1930년대의 기차는 '배고픈 이민'의 상징[11]이었다. 이러한 상황이니 아침 첫차를 타러 가는 월이에게 "북만주 가구야 말려느냐"라는 한탄은 잘 어울린다.

4연에서 "야속하다 하늘도 물은 왜 그리 지워 / 너희는 부치든 논밭떼기 다 빼낸단 말이냐"라며, 시인은 노동을 해도 보람을 못 찾는 당시 상황을 한탄한다. 동양척식회사는 전국의 모든 토지를 교묘한 방법으로

---

11) 김응교, 「한국 현대시의 '기차' 이미지」, 『사회적 상상력과 한국시』, 소명출판, 2002, 334~338면.

빼앗아 일본 이민들에게 양도하였다. 작게나마 제 땅을 가졌던 영세농민들은 일본인 소유의 토지를 대신 경작하는 소작인으로 전락하였고, 생활은 점점 곤궁해져만 갔다. 부채는 늘어만 가고 쌀독에는 양식이 바닥이 났다. 더 이상 자신의 고향에서 견디지 못하고 떠나갔다. 괴나리봇짐을 싸서 그 위에 달그락거리는 바가지를 매어 달고 소매에 눈물 닦으며 떠나갔다. 그들의 지향은 오로지 바람찬 북방이었다.

6연에서 "아아 다없고 황막한 그 땅 네 얼마나 쓸쓸하랴/ 철철 추위 혹독한 그 땅 네 얼마나 괴로우랴"라며, 이미 강 건너 만주 땅으로 들어선 유랑민의 망연자실한 정서가 들어 있다. 이찬은 산문에서도 당시의 만주 이주의 장면을 처참하게 묘사하고 있다.

> 나란히 늘어선 네다섯 대의 트럭 위에 마치 화물처럼 만적(滿積)한 노소남녀, 큰보따리 작은 봇짐들을 안고 끼고 그들은 약속이나 한 듯이 모두 무겁게 입을 다물고 주위의 이곳저곳만 응시하고 있다……차가 발동을 시작하니 어인일인가. 소위 낙천지(樂天地)의 장(獎)한 동정에 터져나오는 이 울음소리!……엿반대기를 들고 오는 노파가 있다. 꽁꽁 매었던 두루주머니를 끌고 동전 몇푼을 억지로 들이미는 중년 여인이 있다. "게삼아 잘 가거라" "잘 가거라. 초년아!" 하는 나이찬 계집애들의 목멘 부르짖음이 들린다.
> ─ 李燦, 「북관점경」(『조선일보』, 1937.4.16)

1931년 만주사변이 일어나고 이후 1930년대에는 전 조선에 걸쳐 광범하게 만주이주사업이 시행되고 있었다. 그 국책이민의 길은 행복한 길이 아니었다. 이미 사람은 사람이 아니라 짐짝과 다름없이 "화물처럼 만적(滿積)"되어, "목멘 부르짖음"으로 만주로 이주해야 했던 것이다.

이러한 만주 이주 풍경을 담은 것은 당시 하나의 흐름을 이루고 있었다. 함형수, 「차장쾌주(車中快走)─함경도에서」(『조선일보』, 1935.8.1), 임화, 「야행차속」(『현해탄』, 동광당서점, 1938), 황순원, 「밤차」(『현대조선시인선집』, 학예사, 1939) 등이 중요한 시들이다. 이러한 시들은 외로움·기차·밤의 이미지와 결합하여 시를 이루고 있다. 이 부분의 시 중 절창을 뽑으라면, 오장환의 「북방의 길」이 아닐까 싶다.

> 눈덮인 철로는 더욱이 싸늘하였다
> 소반 한 귀퉁이 옆에 앉은 농군에게는 송아지 냄새가 난다
> 어린애는 운다 철다구니 울 듯
> 차창이 고향을 지워버린다
> 어린애가 유리창을 쥐어뜯으며 몸부림친다
> ——오장환, 「북방의 길」(『현사』, 남만서방, 1939) 전문

"송아지 냄새"가 암시하듯, 방금 고향을 뜬 듯한 젊은 농부가 처량하게 이민 열차를 기다리고 있는 모습이 떠오른다. 겨울 혹한보다 싸늘하게 느껴지는 '눈덮인 철로', 어느새 스러져 사라지는 차창 밖의 고향풍경 그리고 점점 멀어져 가는 제 집을 돌아다보고 "유리창을 쥐어뜯으며" 몸부림치는 어린애의 애틋한 모습을 형상화하고 있다. 오장환의 위 시와 함께, 이찬의 「북만주로 가는 월이」는 '이민열차'의 전형적인 모습을 담아낸 수작이랄 수 있겠다.

4. 북방 정서와 어촌

보기 드문 북방 정서는 김소월·이용악·백석·오장환·김동환 등의 시에서도 잘 재현되고 있다. 또한 이찬 시의 경우에는 함경도 어촌 마을 풍경과 사람들의 삶을 그려내고 있어 주목된다.

> 함경도 동녘바다 조그만 어촌

어촌의 늦은가을 시월중순 밤

중천에 뚜렷이 걸린 명랑한 달
달빛아래 망망히 뻗은 하이얀 백사장

백사장가 기어드는 잔잔한 파도
파도 가까이 충천하는 검붉은 우등불

우등불뒤에 옹기종기 모여 앉은 사람들
늙은이·젊은이·안악네·어린이·애기 품은 시악씨……
누구하나 말도 않고 까딱도 않고
멍-ㅇ 하니 바라다 보는 머-ㄴ 수평선

수평선에 ㄴ 난들거리는 금파·은파뿐
아아 수평선에 ㄴ 난들거리는 금파·은파뿐

한시간·두시간…… 밤이 깊어 달이 기울고
문득 우렁차게 울려오는 남행 차ㅅ 고동

고동소리에 놀랜듯이 웨치는 한 시악씨
「애구 오늘밤에두 아니오는겝슴메」

되받어 「죽었따니까 죽어. 그 바람에 어찌 사니」하고
엎드려져 와-ㅇ 우는 이웃 안악네

안악네 따라 그 시악씨 울고…… 마침내 모다들 운다!
목 놓아 「○○야-……」「○○아바!」「난 어저람메-」「이아-덜 어쩌 갯
슴메」…… 부르짖기도 하며

그러면서도 간간히 눈을부비고 바라다들 보는 머-ㄴ 수평선
사흘래 바라다들 보는 머-ㄴ 수평선

수평선에 ㄴ 난들거리는 금파·은파뿐
아아 수평선에 ㄴ 난들거리는 금파·은파뿐
— 「대망」(『중앙』, 1935.6; 『대망』에 재수록) 전문

이 시는 세 단계의 장면을 그리고 있다. 먼저 함경도 한 어촌의 자연적인 풍경을 그리고, 다음으로는 함경도 토박이 말투로 돌아오지 않는 사람을 애절하게 부르는 가난한 어촌 마을의 풍경을 그려 낸다. 그리고 마지막으로 다시 어촌의 자연적 풍경을 그려냄으로 시를 마무리한다.

주목되는 점은 그가 중간에 함경도 토박이 말투로 직접적으로 당시의 시간으로 독자를 이끌고 가는 기법, 마치 한 편의 영화를 보는 듯한 기법을 시에 수용하고 있다는 점이다. 『중앙』(1935년 6월)에 발표했을 때 "수평선에 ㄴ 난들거리는"에서 "ㄴ"은 파도치는 물결의 형상화로 "난들거리는"이란 표현을 강조했다. "애구 오늘밤에두 아니 오는 겝슴메", "죽었따니까 죽어. 그 바람에 어지 사니", "난 어저람메 ……", "이아ㅡ 덜 어쩌갯슴메?"라며 부르짖은 여인들의 부르짖음이 함경도 말씨로 그대로 표현되어 있다. 이를 표준어로 표현하면, '애구 오늘밤에도 안 오는 가봐요, 죽었다니까 죽어 그 바람에 어찌 살아, 난 어쩌라고 ……, 이 아이들은 어떻게 하고요?'라고 쓸 수 있겠다.

함경도 사투리로 쓴 것과 표준어로 썼을 때의 분위기는 차이가 크다. 파도치는 백사장에서 애절하게 울부짖으며 통곡하는 함경도 아낙네들의 아픔은, 표준어보다는 당연히 함경도 사투리로 표현해야 그 비극성이 더욱 현실화될 것이다. 게다가 "수평선에 난들거리는 금파·음파뿐 / 아아 수평선에 ㄴ 난들거리는 금파·은파뿐"이라며 비극적 현실과는 달리 너무도 태연하고 아름다운 풍경의 대비로 말미암아 시의 비극성은 더욱 증폭된다. 이런 다양한 기법을 통해서 어촌 마을의 풍경을 그려 내는 그의 시는, 「대망」 외에도, '참담한 암흑 속에 등대'와 같은 지도자를 갈구하는 시 「등대」(『조선중앙일보』, 1936.1.26)와 「어화」(『낭만』, 1936.9),

「소묘」(『대망』, 1937.11) 등에서 도시화되어 가는 어촌에서 살아가는 민중의 아픔을 생생하게 그려 낸다. 북방 정서는 이후 시집에서도 계속 나타난다.

汽笛도 어러붙은 北國의 마을
南行車는 용히도 구을너 밤마다 지냈다

들먹이는 窓구멍에 거듭 침 바르는
그 處女의 心思는 무엇이겠느냐

훠여ㅡㄴ 한 車窓·車窓
미처 그속의 情景은 識別 못해도 좋았다

다ㅡ만 그때마다 그는
아아련한 南方의 한 개 乞女였어도 可하였나니

기ㅡㄴ 긴 겨울
北國은 눈으로 밟고 눈으로만 어둡고

그리운 말방울 記憶조차 머러지는
그 歲月과 함께
處女는 언제까지 少女가 아니었다

은근히 자랑삼는 머릿채
내 생 처음 밉살스럽든 저녁이 있었나니
뭇강아지의 벌눅한 코도 도시 오늘을 豫覺치 못했도다

함박눈 나리는 洞口 앞에 무덤이 두 개
어슬픈 傳說의 무덤이 두 개

順아 그 한 개 적은 무덤의 일홈은
그러나 傳說도 모르는구나

— 이찬, 「北國傳說」(『忙洋』, 1940) 전문

'기적도 얼어 붙은 북국의 마을'은 다름 아닌 시인 자신이 자란 고향일 것이다. 이 시에 등장하는 '그 처녀'는 이용악의 시 「전라도 가시내」에 나오는 여자처럼 남쪽에서 북쪽으로 떠밀려 간 유민(流民)이다. "알록조개 입맞추며 자랐나/눈이 바다처럼 푸를뿐더러 까무스레한 네 얼골"(이용악, 「전라도 가시내」)라며 이용악은 전라도의 어느 어촌에서 팔려와 북간도의 술막에서 만난 여인을 통하여, 민족의 수난을 그려 냈다. 이용악의 '전라도 가시내'는 이찬 시에 나오는 "아련한 南方의 한 개 乞女(처녀)"와 마찬가지 인생이다. 이찬은 함경도 북방에서 만난 "은근히 자랑삼는 머릿채"를 가진 여인을 그려 낸다. 그런데 그 여인의 삶은 아름다움만 있는 것이 아니라, 이름 모를 무덤을 배경으로 펼쳐진다.

이처럼 이찬에게 북방이란 단순히 아름다움만 있는 것이 아니다. 이찬이 그려 내는 북방 정서에는 식민지의 아련하고 슬픈 이야기들이 담겨 있다. 그것은 곧 1930년대 식민지의 암울한 풍경화였다. 이찬 시가 가장 생생하고 높은 리얼리즘의 성취를 이룬 대목은 바로 북방 정서를 그려 낸 이러한 시들이었다.

5. 국경 마을

이찬이 태어나고 자란 곳은 북만주에서 가깝고, 국경에 접해 있는 곳이었다. 이찬은 자연스럽게 국경 마을의 풍물과 정서를 시에 담았다. 이

러한 계열의 시에는 압록강을 배경으로 한 국경 지역의 적요(寂寥)한 긴
장감이 비감하게 감돌고 있다. 그리고 그 이면에는 희미하게 빈궁의식
내지 계급성이 포착된다. 1930년대 후반기에 이찬은 직장 일로 '국경출
장'[12)을 자주 다니면서, 국경 마을 이야기를 시에 담곤 한다.

준령을 넘고 또 넘어
북으로 七百리
여기는 압록강
江岸의 一小村

冬至도 못됐건만 이미 積雪이 尺餘
오늘도 휩쓰러치는 눈보라에 零下로 30여도

江은 첩첩히 平地인양 어러붙고
일대에 밤은 깊어 오가는 행인의 삐꺽이는 지욱소리도 끝이었다.

江가에 한 개 비뚜루선 장명등
희미한 등ㅅ불아래 간혹 나타나는 무장삼엄한 日警들
오늘 밤은 몇이나 마적떼가 처든다 하느냐

오오 江건너 아득히 휘연한 北滿平野
이름모를 村村에 어렴풋이 꿈벅이는 점점한 燈火여

순아 여흰지 三년 너는 오직이나 컷겠니
오늘밤은 몇번이나 우리고향 오리강변
꿈에 소스라쳐 깨느냐

오 어듸서 울려 오는가 애련한 胡弓소리
산란한 내마음 더욱이나 산란쿠나

---

12) 「소식란」(『조선문단』, 1936.7)과 기행수필 「북관천리」(『조선중앙일보』, 1936.8.25) 참조

따러라 이 컵에 또 한잔을
루쥬 어여쁜 입을 갖은 짱꼬로 시악씨야
오호 나는 이 한밤을 마셔서 새이런다

— 「국경의 밤」(『조광』, 1936.2) 전문

북한에서는 이 시를 동만주 빨치산을 예감했던 걸작으로 평가하고
있다.13) 현재 북한문학사에 인용되고 있는 이 시는 원전과 다르게 개작
(改作)되어 있다. 이에 관해서는 이 책 4부의 「'리찬'의 개작시」에서 분
석하겠으나, 이찬의 분신인 시의 화자는 너무도 퇴영적이며 실의와 낙
담에 빠져 있다. "따러라 이 컵에 또 한잔을/루쥬 어여쁜 입을 갖은 짱
꼬로 시악씨야/오호 나는 이 한밤을 마셔서 새이런다." 이것은 식민지
체제에 대한 불만의 한 형태일지는 몰라도 그 극복을 위한 투쟁적인 의
지의 표출일 수는 없는 부분이다. 무장투쟁의 위력과 인민에 대한 믿음
을 지닌 서정적 주인공이 왜 산란한 마음으로 술만을 마셔야 하는가.
북쪽의 논리로는 설명할 길이 없다. 또 한 편을 보자.

시월중순이었만
함박눈이 퍼―ㄱ 퍽……
堡城의 밤은 한치 두치 적설 속에 깊어간다

깊어가는 밤거리엔 「誰何」ㅅ소리 잦어지고
鴨綠江 구비치는 물결 귓ㅅ가에 옮긴 듯 우렁차다

江岸엔 錯雜하는 警備燈・警備燈
그빛의 閃閃하는 森嚴한 銃劍

砲臺는 산벼랑에 숨죽은 듯 엎드리고

---

13) 박종원・류원, 『조선문학개관』 2, 사회과학출판사, 1986, 90면; 김하명・류만・최탁
호・김영필, 『조선문학사(1926~1945)』, 과학・백과사전출판사, 1981, 464면.

그 기슭에 나룻배 몇척 언제나의 渡江을 整備코있다

오호 北滿의 十五道講 말없는 山川이여
어서 크낙한 네 秘密의 문을 열어라

여기 오다가다 깃드린 설움 많은 한 사나이
맘껏 沈通한 歷史의 한 瞬間을 울어나 볼까 하노니
　　　　—「눈나리는 堡城의 밤」(『조선문학』, 1937.1; 『대망』, 25면) 전문

　1연에는 국경의 소도시 보성에 눈 내리는 밤이 그림처럼 그려져 있
다. 수하소리 들리는 밤거리에서 화자가 바라보는 압록강에는 일본군의
경비등과 포대가 걸려 있지만, 강을 건너려는 나룻배 몇 척이 숨죽이고
있는 상황이다. 여기서 나룻배가 일본군의 나룻배인지, 독립군의 나룻
배인지, 혹은 무슨 장사아치의 나룻배인지 명확하지 않다. 다만, "설움
많은" 화자가 "맘껏 침통한 歷史의 한 순간을 울어나 볼" 거라는 결말
에서 독자는 시인이 품은 민족적인 애상을 체험하게 된다.

　또한 '펑펑'이 아니라 '퍼−ㄱ 퍽' 내리는 '함박눈'이라는 상징은, 표
면적으로는 서정적인 장치로 보이지만, 이면적으로는 담박에라도 일본
군의 무기를 덮어 버릴 듯싶은 도발적인 기세를 풍기고 있다는 해석도
어느 정도 가능하다. 이렇게 보면 위 시의 민족적인 애상은 더욱 증폭
된다. 그래서 그런지 북한문학사에는 이 시가 "항일무장투쟁의 불패의
위력과 그에 대한 인민의 신뢰"[14]를 노래한다고 평가한다. 북한문학사
에 인용된 이 시는 '퍼−ㄱ 퍽'이 '펑펑'으로 '誰何'가 '누구냐!'로 그리
고 시 해석의 열쇠가 되는 마지막 연도 개작되어 있고 해서, 시의 해석
도 "항일유격대의 적극적인 군사정치활동에 위압된 원쑤들의 불안과
공포에 대한 시적 형상을 통하여 노래하고 있다"라고 평가한다. 그러나

---

14) 사회과학원 문학연구소, 『조선문학사(1926~1945)』, 사회과학출판사, 1986, 464면.

이 같은 평가는 원작품을 개작15)한 이후의 평가이므로 논의를 별도로 해야 한다.

그렇다하더라도 이 작품은 「국경의 밤」에 비해 수작이다. 여기에는 적어도 국경 지방의 삼엄한 현실이 몇 개의 행을 통해 응축되어 있다. 그 가락 역시 전자처럼 산만하지 않다. 뿐만 아니라 이 작품은 무장 유격대에 대한 의식의 자취를 느끼게 하는 면이 있다. "오호 북만의 十五도구 말없는 山川이여 / 어서 크낙한 네 비밀의 문을 열어라". 여기서 '비밀'이란 앞의 몇 개 행들이 국경 지역의 삼엄한 군사 배치를 나타낸 것으로 추정되는바 무장 활동에 관계되는 경우다. 이 작품은 적어도 그런 부분을 내포하고 있는 것이다. 이런 점에서 이 작품은 1930년대 후반기에 접어든 후의 항일무장투쟁에서 제재의 일부를 택한 시라고 할 수 있다.

6. 회고적 감상주의와 '완벽의 성'

그러나 첫 시집 『대망』에서 이찬이 표현한 북방 정서의 시에는 프로 시에서 보이던 적극적이고 낙관적인 전망이 거의 보이지 않는다. 다만 서경묘사에 그치거나 관조적인 자세에서 약간의 비판성을 담고 있다. 그러나 박세영은 시집 『대망』에 대해 극찬을 아끼지 않는다.

그의 詩는 大陸的인 것이 線이 굵고 정열적인 것, 개념적인 아니고 사실적

---

15) 이런 개작의 경향은 북한문학사에는 일반적인 바, 가령 「국경의 밤」도 많이 개작되어 있다(박종원·류원, 『조선문학개관』 2, 사회과학출판사, 1986, 90면). 특히 1930년대 후반의 작품이 개작의 주 대상(이상경, 「문학의 역할 외면한 정치적 교양물」, 『한길문학』, 1990.10 참조)이었다.

인 것, 表現方法이 궁색하지 않고 능숙한 것, 그리고 視野가 크며 觀察을 지극히 냉정한 立場에서 하야 作者의 날카로운 판단이 그의 詩로 하여금 完璧의 城에 이르게 한 것이다.[16]

박세영의 말대로 북방 정서를 볼 때 대륙적인 정서를 느낄 수도 있다. 그리고 시야가 크고 냉철한 입장을 볼 수도 있다. 하지만 '완벽의 성'에 이르렀다는 평은 뭔가 문학 이외의 평가가 덧붙여진 것이 아닌가 생각하게 한다. 실상 이찬과 박세영은 카프 조직 안에서도 지극히 친한 사이였다. 이찬의 첫 시집을 위해 박세영이 나선 것도 그렇고, 이찬의 어머니가 병에 시달리는 것을 염려하는 박세영의 서신[17]을 보면 그들이 얼마나 친한 관계였다는 것을 알 수 있다. 서울 출신이었던 박세영이 볼 때, 함경도 출신의 이찬이 쓴 작품은 보다 대륙적이고 사실적으로 보였을 수도 있다. 이렇게 볼 때 '완벽의 성'이라는 평가는 이러한 문학 외적인 평가의 영향이 있었다고 생각된다.

그런데 사실 『대망』의 시세계는 절망이나 한탄 같은 '회고주의적 감상주의'에 닿아 있다. 옥중시는 주관주의에 함몰되어 있고, 북방 정서를 담은 시는 회고주의적 감상주의에 갇혀 있는 한계상황. 그럴 만한 처지였다는 것은 그의 일상생활을 짚어 보면 알 수 있다. 일상생활에 복귀한 이찬은 관납상회와 북청문화주식회사(인쇄업), 양조장에 근무했다. 그러나 사는 일이 순탄치만은 않았다. 그의 부부생활은 행복하지 않았으며, 그의 친구 이정구가 시로 써서 보냈듯이 그의 처지는 각박하기 이를 데 없어, 한때는 청운의 꿈을 안고 도쿄로 떠났던 청년 이찬은 "월급 사십원에 매인 채 / 아침 여덟시부터 밤 열시까지 / 그렇게 격무에 시달리"고 살고 있으며, 이제는 "탁자 앞에 파―랗게 목숨을 매고 있"[18]는

16) 박세영, 「이찬 시집 『대망』을 읽고」, 『동아일보』, 1937.12.6.
17) 徐相庚, 『朝鮮文人書簡集』, 三文社, 1936, 22면.
18) 이정구, 「인고―李燦에게 주는 시」, 『풍림』, 1937.1.

처지가 돼버린 것이다.

아닌 게 아니라 옥중시 외에 다른 시는 패배주의까지 보인다. 이는
답답한 일상생활에도 원인이 있지만, 더 큰 원인은 카프마저 1935년 5
월에 공식적으로 해체되어 그가 조직 활동에 거의 참여하지 못하고 있
다는 자책감에서 비롯된다. 때문에, 실천적인 활동을 하지 못하는 답답
함과 동지에 대한 부끄러움을 자책하기도 한다.

　　　다람쥐
　　　다람쥐
　　　대아지 둥아리ㅅ속
　　　조그만 다람쥐

　　　다람쥐는 오늘도 달린다
　　　돌기만 하는 쳇바퀴
　　　달리고 달리고 또 달려도
　　　돌기만 하는 쳇바퀴

　　　오호 쳇바퀴도 이즈러진 일년의 날이여
　　　그러나 다람쥐
　　　안타까운 네 눈동자엔
　　　아즉도 뜨을에의 갈망이 사러지지 않었구나
　　　　　　　　　　　　　　　　—「渴望」(『문예가』, 1937) 전문

여기서 다람쥐는 시인 자신이다. 실천적인 활동에 전력투구하지 못
하는 자신을 다람쥐라는 객관적 상관물로 비유하면서 자조적으로 읊고
있는 것이다. 다만 마지막 연에서 "아직도 뜰에의 갈망이 사라지지 않
었"다고 하여 안타까운 의지를 표명하고는 있지만, 이즈음의 시를 보면
자조적이고 부끄러움을 탄식하는 시 외에 다른 실천적인 모습을 찾을
수는 없다. 이 시 외에도 가족에 대한 회고주의에 젖은 작품도 많이 발

표한다. 이러한 경향에 대해 임화는 이렇게 지적한 바 있다.

  이 내성적 경향의 나머지 잘못하면 한 개 懷古的 感傷主義로 일탈하기 쉬
운 위험 그것이다. 이것은 이미 李燦君의 시에서 보는 시적 영역의 身邊雜事
的 한계로의 퇴거와 영탄적 음율에 의하야 표시되고 있다. 이곳에는 진실한
낭만주의 대신에 感傷主義가 자리잡기 쉬운 것이다.[19]

  임화는 인용된 문장에 앞서 감정(感情)과 감상주의(感傷主義)를 구분하
고, 감정이란 능동적이고 감상주의는 관조적이라고 표현한다. 즉 '감정
이란 관조적 감상이 아니라 행동에의 충동인 것'인데, 이찬의 시는 관
조적 감상에 머무는 감상주의에 자리 잡고 있는 것이다. 이런 경향은
앞서 밝혔듯이, 이찬의 초기 시부터 보이는 현상이다. 그 주관적인 감상
주의가 카프의 해산과 무기력한 신변으로 말미암아 더욱 폐쇄적이고
절망적인 감상주의를 보이고 있는 것이다. 임화는 그러면서도 이찬에
대해 기대를 갖는다.

  進步的인 諸勢力이 일시적 후퇴의 그림자가 이들의 詩에는 역력히 반영되
어 있다. 이 반영은 대부분 비극적 패배에 대한 아픈 肉感과 그 가운데서도
아직 모든 것을 放棄하지 않고 자기의 약점을 추고하고, 그것으로 새로운 길
을 摸索하고 다시 歷史的 前進의 태도로 이러서랴는 비장한 격투가 그 기본
적 성격이 되어 있음은 불가피한 일이다.[20]

  임화는 글 후반부에서 이찬에 대해 좀 더 결의를 다질 것을 주문한다.
그러나 자기 체험의 옥중시와 비극적인 북방 정서가 담긴 첫 시집 『대
망』은 박아지의 말따나 "눈물 없이는 읽지 못할"[21] 내면화된 감상주

---

19) 임화, 「曇天下의 詩壇 一年」, 『신동아』, 1935.12, 171면(『문학의 논리』, 학예사, 1940,
   640면).
20) 위의 글, 173면.
21) 박아지, 「『대망』을 읽고」, 『동아일보』, 1937.12.16.

옥중시, 만주 이주, 북방 어촌, 국경 마을 79

의의 시집이었고, 그 이후 1930년대 이어 출판된 두 시집에서도 마찬가지로 이찬은 임화의 기대에 부응하지 못한다. 임화가 말했던 '새로운 길'과 '역사적 전진의 태도'를, 1940년대에 들어가면서, 이찬은 엉뚱하게도 천황주의에서 찾는다. 그것은 이미 그의 길이 아니었다. 그러한 의미에서 역설적으로 이찬이 가장 솔직하게 내면을 그려 냈던 첫 시집 『대망』, 그중에 북방 정서를 그려 낸 작품들이 이찬 문학의 가장 높은 경지를 보여 주었다 하겠다. 이렇게 볼 때 임화가 회고적 감상주의에 젖어 있다고 지적한 이찬의 첫 시집은, 아이러니하게도 이찬 문학의 '완벽의 성'(박세영)을 보여 준다 하겠다.

시집 『대망』에서 박세영 말대로 대륙적이며, '완벽의 성'을 가깝게 보여 주었던 대목은 북방 정서를 보여 준 시들이다. 필자는 이 글에서 이찬의 북방 정서의 시를 ① 만주 이주를 소재로 한 시, ② 북방 마을과 어촌 마을을 대상으로 한 시, ③ 국경 마을을 대상으로 한 시로 나누어 설명했다. 그에게 북방 정서란 대단히 중요한 것이었다. 이찬은 이 무렵 『삼천리』에서 연속 시리즈 좌담회로 연재했던 「향토문학 좌담회」에 참여한다. 1940년 9월호 좌담회는 「관북, 만주 출신 작가의 '향토문화'를 말하는 좌담회」라는 제목이었는데, 참여자는 함흥 출신의 이북명, 함흥 출신의 한설야, 도문 출신의 현경준 등이었다. 여기서 이찬은 "조선문단의 수확 중 관북 및 만주 작가가 끼친 작품의 특징은 어떤 점에서 가치와 특징이 있습니까"라는 질문에 다음과 같이 답한다.

제 故鄕은 北靑입니다만 近四五年間은 職業關係로 所謂 三水甲山 一帶와 鴨綠江沿岸 北滿方面에 거진 살아오다싶이하고 그예 지금은 이地域 한 住民의 榮業까지도 제것으로 하고있는데 年來 마음은 항상 이豊澁한 藝術的處女地에 戀戀하여 내一生一代의 豪壯悽絶한 한篇의 長篇敍事詩라든가 이偉大한 大自然과 獨特한 言語風習에 多恨한 이곳 人文歷史와 悲凉한 生活諸相을 읽어 쇼―롭의 『고요한 동』 같은 厖大한 스케일의 한개力作을 가져보려 하는것인데 여기 드러 公開할만한 努力이란 아직 별로 해오는바 없고

구태여 말하자면 期會있는대로 그들 山間窮民들의 來歷과 日常에 特히 肉
體的接近을 꾀하고있다는 것 뿐이올시다22)

이 짧은 글에서 이찬이 얼마나 북방 정서가 녹아든 작품을 중요하게
생각했는지 알 수 있다. 그는 북청 부근의 "예술적 처녀지"를 정말로
"일생일대의 호장처절(豪壯悽絶)한 한 편의 장편서사시"로 만들고 싶어
했다. 그가 예로 들었던 "쇼-롭의 『고요한 동』"은, 러시아 작가 숄로호
프(Sholokhov, Mikhail A, 1905~1984)의 장편소설 『고요한 돈강(Tikhii Don)』을 말
한다. 1928년 제1부 발표부터 1940년에 제4부가 완결되기까지 실로 십
수 년이 걸렸던 이 장편소설은 러시아 민족의 일대 서사시라고도 할 대
표적 걸작이다. 숄로호프는 이 한 작품으로써 세계적인 작가가 되었다.
톨스토이의 『전쟁과 평화』에 비견할 만한 방대한 스케일의 소설에서
작가는 혁명에서 참된 사랑과 윤리란 무엇인가, 격변기의 역사 속에서
개인이란 도대체 어떠한 존재인가라는 문제를 테마로 삼았다. 숄로호프
는 이 작품으로 세계문단에서 주목을 받아 1965년 노벨문학상을 받았
다. 이찬은 바로 이러한 대작을 꿈꾸었다. 그를 위해 그는 "이 위대한
대자연과 독특한 언어 풍습"을 읽고 싶다고 했다. 그런데 안타깝게도
그는 북방의 예술적 처녀지에 주목하지 않고, 환상적인 남방(南方)에로
의 도피를 꿈꾸게 된다. 다음 장에서 우리는 그의 비관과 도피적 낭만
주의를 보게 될 것이다.

---

22) 이찬 外 9인의 작가, 좌담회 「관북, 만주 출신 작가의 '향토문화'를 말하는 좌담회」,
『삼천리』, 1940년 9월호, 348면.

비관·도피적 낭만주의와 모더니티

시집 『분향』(1938), 『망양』(1940)

1. 절망의 내면화

이찬이 2년이 넘는 옥고를 치르고 다시 문단에 복귀했을 때 시대 상황은 이미 그가 수감되기 이전의 상태가 아니었다. 이미 일제의 파시즘은 1931년 만주 침략, 1937년 중일전쟁을 거쳐 1941년 태평양전쟁으로 진군(進軍)하면서 진보주의자들에게 숨 쉴 틈을 주지 않았다. 1930년대 후반에 들어서면서 프로시는 내면화(內面化) 또는 내성화(內聲化)의 길로 향했다. 시대의 압박에 도저히 대응할 수 없었던 시인들은 무력하게 '검열의 시대'를 맞이해야 했다. 따라서 정치적인 내용보다는 주관성을 극대화한 내면화 또는 내성화의 시를 쓸 수밖에 없었다. 이로 인하여 현실에 대한 객관적인 인식보다는 주관적인 절망을 토로(吐露)하는 시가 많이 나타났다.

내면의 육성이 주류가 된 상황 속에서 이찬은 1935년 이후 아이러니하게도 매우 활발하게 시를 발표하기 시작한다. 그중에서 1938년과 1940년 사이에 발표된 작품이 제2시집 『분향』과 제3시집 『망양』에 수록되어 있다. 『분향』은 그 서문에서 밝힌 대로 "대부분 미발표 작품"[1]인 50여 편의 시가 수록되어 있다. 제1시집을 내고 불과 3~4년 사이에 100여 편에 가까운 작품을 쓴 셈이다. 이때 이찬이 발표한 시의 경향을 두 가지 유형으로 나눌 수 있다.

첫째는 절망을 극대화한 '비관적 낭만주의'의 시편들이다. 이찬은 자신이 참여했던 운동이 뿌리째 뽑혀 나가는 상황을 체험해야 했다. 공산당재건운동의 실패, 1931·1934년 두 차례에 걸친 카프 검거사건, 무엇보다도 그에게 큰 충격은, 그가 갇혀 있는 동안 카프가 해산되어 버렸던 일이다. 카프의 해산과 함께 거의 모든 동지가 체포되거나 철창에 갇혀 있거나 전향하는 상황을 목도해야 했다. 이러한 상황에서 절망하고 비관(悲觀)하는 너무도 당연한 것이었다.

둘째, 도피로 향하는 '도피적 낭만주의'이다. 이 시집은 비극적인 현실에서 벗어나 낭만의 세계로 도피함으로써 이찬이 보다 민족 현실에서 멀어지는 과정을 보여 준다. 나아가 적극적으로 식민지 현실과 타협하는 전향(轉向)의 단초를 이 유형에서 볼 수 있다. 이러한 시들은 동시에 기법적으로 모더니즘을 실험하고 있다. 이찬은 이제까지 썼던 단편 서사시 기법에서 새로운 형식적 실험을 한다. 이것은 첫 시집 『대망』과 다른 면모로 나타난다.

물론 비관과 도피는 큰 차이가 있을 수 있다. 비관하기에 도피하게 될 것이다. 그런데 이찬의 시는 '괴로운' 비관과 '즐거운' 도피가 대비되어 나타난다. 이 글에서 보이는 이찬의 변화는 그가 비극적 현실에 너무 절망했기에 선택한 내면적인 도피이기도 했다. 그리고 그 변화는

---

1) 이찬, 『焚香』, 한성도서주식회사, 1938, 1면.

더욱 심화되면서 대동아전쟁을 찬양하는 되돌리기 힘든 전향으로 이어진다. 이 과정은 그가 갖고 있던 근대적 리얼리즘적 인식론을 근본적으로 수정 혹은 완전히 철회하는 것이었다. 전향으로 가는 과정에 놓인 변화는 상당한 정도의 자발성이 작용하고 있었다는 것을 이 장에서 보게 될 것이다.

2. 비관적 낭만주의

억압적 현실에서 그가 참을 수 없다는 듯이 3권의 시집을 연이어 펴낸 사실은 그의 시인적 열정을 보여 준다. 일제 파시즘의 억압 아래 카프가 해산되고 상황이 악화되자 카프의 대표적인 인물인 임화가 낭만주의를 선택했던 것처럼 이찬의 시 또한 카프시대에는 상상할 수 없었던 절망적인 모습을 보인다.

> 오 모든 것은 지나간 세월과 함께 자취도 없는 꿈이든가
> 어이없다 기가 차다 내 오늘날 한 개의 가라지 신세될 줄이야
>
> 참으로 참으로 나는 한 개의 가라지
> 죽도 밥도 못되는 한 개의 가라지
> ──이찬, 「가라지의 설움」(『조선문학』, 1936.6)에서

가라지는 두 가지 의미로 볼 수 있다. 첫째, 가라지는 현대 사전에는 '강아지풀(Foxtail)'이다. 둘째, 『이찬 시전집』(소명출판, 2003)에서는 '거러지'・'거지'로 해석하고 있다. 그런데 시에서 "죽도 밥도 못되는 한 개의 가라지"라고 한 것을 보면 '독보리'로 일컬어지며 먹을 수 없는 강아지풀을 말하는 것이다. 또한 마지막 연에서 "아아 어느 날 어느 때 꺾어져

도 쪼드라져도"라고 표현한 것을 보면 '강아지풀'로 해석하는 것이 마땅하다. 카프가 해산되고 동지들이 뿔뿔이 흩어진 것에 좌절하고, 더 이상 계급투쟁 활동을 할 수 없었을 때, 이찬은 자신의 신세를 한낱 강아지풀 같은 존재로 비유하고 있다.

더 이상 경향시(傾向詩)를 쓸 수 없었던 그에게 카프시대는 "지나간 세월과 자최도 없는 꿈"이었고, 그가 쓰는 시는 "죽도 밥도 안 되는" 독보리 강아지풀 같은 것일 뿐이었다.

그렇다고 살아 있다는 의미를 주는 시를 안 쓸 수 없었다. 단편서사시의 형식으로 진보적 세계관을 담아 왔지만 이제 그런 식으로 시를 쓸 수 없었다. 계급시를 더 이상 쓸 수 없는 상황, 막힌 현실, 이러한 상황에서 이찬은 과거의 자신을 잊어야 했다. 노동자를 그려 냈던 이찬은 이제 비탄에 빠진 자화상을 적나라하게 발가벗긴다. 3인칭이 아닌 1인칭 주어의 시를 쓰기 시작한 것이다.

> 낯서른 사무상모에서 헛풍을 떨어
> 행이 몇 푼어치 얻어갖고 돌아서려니
> 도려 무엇을 잃은 듯 허허한 마음
>
> 만저보고 찾아봐야 있을 것 다 있지만
> 아하 다만 불현듯
> 남몰래 잃어지는 나를 발견하던 그 순간이여
> ──「잃어지는 나」(『분향』, 한성도서주식회사, 1938) 전문

낯선 사무실에 들러 사무 보는 책상 모서리2)에서 허풍을 떨고, 돈 몇 푼 벌어오지만 버는 것보다 뭔가 잃어가고 있는 '나'를 발견하는 시인의 고백이 담겨 있다. 19살 때 '잃어버린 화원'(「이러진 화원(花園)」, 『신

---

2) 이동순·박승희 편, 『이찬 시전집』(소명출판, 2003, 621면)에서는 '사무상모'를 '사무 보는 책상 모서리'로 추정하고 있다.

시단(新詩壇)』, 1928.8)을 찾겠다면 당찬 모습을 위 시에서는 찾아 볼 수가 없다. 나 외의 대상에 희망을 가진 건 벌써 과거가 되었고, 나 자신을 망각해가는 시절을 이찬은 겪고 있다. 달라져가는 '나'와 과거의 '나' 사이에서 그는 "외로운 베갯모에 남모르게 흐느낀 적도"(「자멸」) 있다. 그래서 그는 과거의 '나'를 잊으려 한다. "마셔서 모든 시름 잊을 수 있다면 / 때도 잊고 몸도 잊고 들지 않으리"(「주색」)라며, 잊기 위해 술에 취하기도 한다. 그래도 괴로워서 "생각해야 별 수 없기 / 생각조차 버리었다"(「오열」).

이러한 이찬의 태도를 임화·안용만과 비교하여 최두석 교수는 "상황이 어려울 때 비관에 빠져 괴로워하는 경우가 이찬이라면, 좌절감을 극복하려고 고투하는 자세를 보이는 경우가 임화이고, 상황과 무관하게 낙관적인 태도를 보이는 경우가 안용만이다"[3]라고 분석하면서, 이찬의 시를 '비관적 낭만주의'라고 규정했다. '비관적 낭만주의'는 분명 1930년대 후반기 이찬 시의 한 특징을 보여 주고 있다. 다만 이 단어로 1930년대 이찬 시 전체를 규정하기에는 한계가 있으나, 부분적으로는 너무도 타당한 표현이다. 이찬은 비관을 넘어 저 너머 세상을 그리며 도피와 모더니티를 꿈꾸기 때문이다. 그의 비관은 과거의 '나'를 장사 지내기도 한다.

파리 감히 콧등에 자웅(雌雄)하는 실예론 시절
묘지에 우거진 풀·나무·더욱 경건을 잃었다

뜨을 새도 경원(敬遠)하는 삼복·염천아래
비석이여 우울히 선채 무슨 애수에 잠기였는요

부질없는 세월이 삐투러진 네 갓모를
소리없이 흐를 제

---

3) 최두석, 「1930년대 후반의 낭만적 시경향」, 『시와 리얼리즘』, 창작과비평사, 1996, 245면.

때로 네가슴에 스미던 아늑한 추모의 향연(香煙)조차
슬며-시 자취를 감추었나니

아하 네-이제야 상념하는가 무한한 공막(空漠) 속에
갈온 인세(人世)의 그-아수한 情을-

—「묘비」 전문

이 시에서 말하는 '네[너]'라는 서정적 대상은 시인 자신일 것이다. 계급시를 쓰던 시절에 타인을 위해 추도시를 발표했던 이찬은 이제 여기에 없다. 그것은 '슬며시 자취를 감춘' 옛날이야기다. 그러한 추모는 "때로 네 가슴에 스미던 아늑한 추모의 향연조차 / 슬며시 자취를 감추었"다. 이렇게 이 시는 과거의 자신과 현재의 자신을 단절시키기 위한 조시(弔詩)였다. 이찬 자신을 향한 추도시였다.

이미 자신을 장사 지냈기에 그는 비굴하게 살아가는 자신을 비웃고 조소한다(「이사람을 보아라」, 『망양』, 1940). 그리고 자신에게 절망적인 비웃음을 보낸다.

차-단 베란다에 턱을 괴이고
저무는 거리 위에 그를 대한다

하룻날이 반수차(頒水車)를 밀고 먼 굽이로 사라진 뒤
소소히 띠끌처럼 젖어드는 어설픔이여

가망없는 빈 거리를 어설픔만이 호올로
저를 못이겨 턱 괴이고 그를 대한다
오늘도 무안한 밤하늘을
기다림이 낯 붉히고 돌아가거든

말가니 가신 밤아 웃어라 웃어라

배를 쥐고 허리 잡고 웃어라 웃어라

웃다가 지치거든 지혜론 벽아
달력처럼 그 이마를 네 가슴에 달어주렴

한 장·한장
비통(悲痛)의 한 밑바닥이 들어날 때까지

핫 핫 핫 핫
나도 웃고 싶단다 웃고 싶단다
　　　　　―「나도 웃고 싶단다 웃고 싶단다」(『망양』, 박문서관, 1940) 전문

　그에게 하루는 그저 할 일 없이 지나가는 "어설픔"일 뿐이다. '나'를
장사 지낸 이찬은 어처구니없이 살아 있는 자신을 비웃는다. "비통의
한 밑바닥"이 들어날 때까지 "핫 핫 핫 핫" 비웃기로 한다. 이것은 자기
비판이 아니다. 그저 자기 포기일 뿐이다. 비관적 낭만주의에 몸을 던진
시인은 절망의 감정을 숨기지 않고 그대로 드러낸다. 이찬에 비교해서
임화는 전혀 다른 태도를 보인다.

　　임화는 어떠한 상황이 오더라도 희망을 버릴 수 없다는 자세인 데 반해, 이
　　찬은 희망을 잃고 슬퍼하는 자세를 취한다. "희망을 갖는다는 것은 어려운 일
　　이다 / 더욱이 옳은 희망을 실천한다는 것은……/ 그러나 희망을 버린다는 것
　　은 더욱 어려운 일이다 / 비록 죽엄이 일체를 무덤 속에 파묻는 때라도"(「단장」)
　　가 임화의 시구라면, "삭풍이 늠렬한 광야에 엄마 잃은 망아지 같이 / 희망이여
　　희망이여 / 내 너를 웨기며 우는고나"(「희망」)는 이찬의 시구이다.[4]

　최두석은 임화와 비교하여 이찬의 비관적 낭만주의를 뚜렷하게 부각
시켰다. 이찬이 절망적 순간에 자기 포기가 아니라, 철저히 자기비판을

---

4) 위의 책, 257면.

했다면, 절필했거나 친일문학에 들어서지 않았을 것이다. 그러나 그는 자신을 지켜 낼 수 없었기에 자신을 포기해 버리고, "백치의 행복"(「오열」)을 선택한다. 이 선택과 가까웠던 것은 개인의 안위를 노래하는 도피적 낭만주의와 사회적 책임을 방기(放棄)하는 속류 모더니즘의 길이었다.

3. 도피적 낭만과 모더니티의 혼성

희망도 없이 절망의 나락 속에 떨어질 수밖에 없었던 이찬이 선택한 것은 프롤레타리아시가 아니라, 자신의 절망에 대한 시일 수밖에 없었다. 그 절망의 괴로움에서 그는 '즐거운 도피'를 찾아 나선다. 절망에서 벗어났을 때 거기에는 환상적 유토피아, 아니 유토피아적 환상이 기다리고 있었다. 이 지점에서 이찬의 도피적 낭만주의는 모더니즘적인 기법과 만나게 된다.

①쏟칠 데 없는 울분이
  연긔가 되어

  미도리 코코아
  연긔가 되어

  Tearoom Elise ─

  너는 오늘밤도
  갖 화장한 시악시 이마같이 뽀오이얗구나

빛 잃은 샨테리아
그렇다고 너는 별로 우울헐 게 없다

—「Tearoom Elise」에서

②물결애 안타까워 껴안을 듯 드나고
갈매기 한나절을 떠날 줄 몰라 오르려 내리며……

아하 내 마음 모래불 울리는 NOSTALGIA
버리여진 조개껍질 NOSTALGIA

—「자국」 3~4연

③내마음 울울할 때ㄴ
휘ㅅ바람 불며 더듬어 가고 싶다
멀—르니 赤道의 中心 熱帶의 그 나라로—

바람도 잠자는 오렌지ㅅ빛 하늘 및
느러진 椰子樹 조으는 그늘 속에
가림없는 알몸둥이ㄹ 꺼림없이 내던지고
빠나나·코코아·올니브·파인애플의 훈훈한 향기에 싸혀
그으—ㄱ한 無我의 꿈을 맺어보고 싶다.

아 페플色 黃色이 蒼白한 달밤을 갖어오면
多恨한 슬라이·키—타 미끄러지는 음율에 젖어
깜둥이 게집아이의 뜨거운 헤ㅅ바닥을 핥으며
자즈러지는 포옹과 미칠듯한 춤으로
맘끝 내 靑春을 불태워 보고 싶다.

아하 내 마음 울울할 때
휘ㅅ바람 불며 불며 더듬어 가고픈 곳
머—ㄴ 熱帶의 나라
그리운 그리운 지역이며

—「그리운 地域」 전문

인용한 시들은 시집『분향(焚香)』에서 뽑았다. 앞서 카프 시절에 발표한 시들과 비교하면 너무나 대조적이다. 카프시대의 시들이 목적의식을 지닌 시라면, 위의 시들은 전혀 다른 모습을 보이고 있다. 카프시대의 시들은 노동자를 그리든 절망하는 자신을 그리든 현실세계를 대상으로 했었다. 그런데 이제는 가보지 못한 남방을 그리는 환상의 문학을 보여준다.

낭만적 환상의 가장 큰 위험은 아무런 근거 없는 환상의 유희로 끝나는 것이다. 이러한 의미에서 이찬의 도피적 낭만주의는 1920년대『폐허』와『백조』에서 그려 냈던 퇴폐적 낭만주의5)와 유사하다. 임화의 혁명적 낭만주의가 역사와 노동자를 향해 있다면, 이찬의 '도피적 낭만주의'는 개인의 무력감에 기초한 상상력의 유희일 뿐이다. 그의 낭만적 환상은 아무런 근거가 없는 도피적 환상이었다. 그러한 환상을 뭔가 의미 있게 만들기 위하여 그는 '모더니즘적 기법'을 빌린다. 그리고 이후에 일본이 지향했던 점령지 남방을 만났을 때 그는 '도피적 환상'이 의미가 있었다고 생각했을 것이다.

물론 그의 실험은 갑작스러운 것이 아니다. 그가 21살 때인 1930년에『학지광』4월호에 발표한「해질녁의 내 감정」이란 시에는 '감각파의 수법을 본받아서'라는 부제가 붙어 있다. 또한 시 형식에 대한 이 무렵의 견해를 보면 "그같은 短詩形이라면 寸鐵殺人의 端的效果가 있을 것이매 生도 日來 試驗해보고자 하는 바로 이에 우리들의 詩調는 勿論이요 日本 內地의 短歌, 俳句, 西洋의 소네트 등에서 많은 榮養을 攝取해야 될 줄 압니다"6)라고 말했듯이 그는 짧은 단형시라든지 서양시의

---

5) 조연현은 한국의 낭만주의를 "『백조』동인들의 稚氣滿滿 漠然한 센치멘탈을 기초로 하여 이 땅의 초기의 낭만주의적 경향은 일대 조류를 형성하였다"(『한국현대문학사개관』, 정음사, 1964, 144면)며 그 경향을 다양하게 나누어, 퇴폐적 경향(황석우), 서정적 경향(주요한·김안서·김소월), 정신주의적 경향(변영로), 감각적 경향(이장희), 관념적 경향(오상순·한용운·남궁벽), 저항적 경향(이상화) 등으로 설명했다.
6) 李燦,「형식은 알맞지 않다」,『풍림』, 1937.3.

장점을 응용하는 실험을 중요하게 인식하고 있었다.

1930년대 후반기 이찬 시의 모더니즘적 성격은 몇 가지로 설명할 수 있다. 첫째, 이 무렵 비극적이고 내성적인 시인의 취향은 모더니즘적 세계관과 맞아떨어졌다. 루카치(Georg Lukacs)는 모더니즘의 주관적·내면적 성향이 비역사성과 비사회성에서 연유한다고 비판했다.[7] 물론 이는 모더니즘의 다양한 경우를 모두 설명하지는 못한다. 그렇지만 프롤레타리아운동이 실패하고 희망을 잃은 이찬의 시를 보면 그에게 더 이상 역사성이나 사회적 비판을 찾아보기는 힘들다. 가령, 시 ①은 시인이 '엘리제' 카페에 주위 사물, 곧 코코아 연기, 빛 잃은 샹데리아, 손때 묻은 테이블 커버를 쳐다보면서 자신의 심경을 읊은 시다. 시인의 시선은 지독히 음울하며 "왜 그리 부질없게 초조로이 세월을 되빛이고 있는게요"라고 자책할 정도로 비관적이다. 이런 모습은 자신이 그렇게도 혐오했던 도쿄 유학생들, 바로 '나날이 더해 가는 반동화'[8]에 젖은 룸펜인텔리겐치아의 모습과 다를 게 없다.

> 모더니스트의 시는 사회의 일부 특수계층 — 교양이 있고 문학적 흥미의 추구에 종사하는 특권계급 — 에 호소한다는 의미에서 일종의 '계급'시다. 그것은 시인이 발명한 독특한 언어로써 시인 자신의 개인적 공상을 표현하려는 것인데, 아마도 예술에 있어서의 개인주의 전통의 최후단계를 표시하는 것이리라.[9]

1936년에 최재서가 말한 대로 이찬의 시는 이미 프롤레타리아의 정서를 대변하는 계급시가 아니라, 그 반대를 대변하는 "문학적 흥미의 추구에 종사하는 특권계급"을 그려 내는 계급시가 되었다.

둘째, 모더니즘의 특징인 도피적인 성격이 강하게 나타난다. 윌슨

---

7) Georg Lukacs, "The Ideology of Modernism", *Realism in Our Times : Literature and the Class Struggle*, New York : Harper and Row, 1971, pp.31~32.

8) 李燦, 「동무에게 보내는 편지」, 『학지광』, 1930.4, 745면.

9) 최재서, 「문학과 모랄」(1936), 『최재서 평론집』, 靑雲出版社, 1961, 35면.

(Edmund Willson)은 엘리어트나 조이스 같은 모더니스트들의 작품을 높이 평가하면서도 그들이 사회가 가장 위기에 도달했을 때 그 위기에 대항 하기보다는 예술의 심미 혹은 예술의 상상력 속에 도피했다[10]고 비판 했다. 이찬의 경우도 비슷하다. ②에 이르면 당시 유행하고 있던 이국적 취향을 읊던 모더니즘 시들을 답습하고 있는 것을 볼 수 있다. ③에서 는 가본 적도 없는 적도의 땅을 마치 고향 그리듯 그리워하고 있다. 이 찬이 꿈꾸는 '적도'는 이상화가 꿈꾸던 '침실'(「나의 침실로」)의 도피적 의 미[11]와 가깝다. 낭만주의의 원리는 '세계와 자아의 단절'에서 시작된다. 낭만주의자는 현실과 단절된 이상화(理想化)를 꿈꾼다. 현실세계와 시인 의 자아가 균열되어 있는 것은 모더니즘의 특징이기도 하다. 이 지점에 서 이찬의 도피적 낭만은 기묘하게 모더니즘 기법과 만나고, 친일문학 으로 향한다. 똑같이 남방을 그리워하는 두 편의 시를 비교해 보자.

①아 페플色 黃色이 蒼白한 달밤을 갖어오면
　　多恨한 슬라이·키-타 미끄러지는 음율에 젖어
　　깜둥이 게집아이의 뜨거운 혜ㅅ바닥을 핥으며
　　자즈러지는 포옹과 미칠듯한 춤으로
　　맘끝 내 靑春을 불태워 보고 싶다.
　　　　　　　　　　　　　　　　　—「그리운 지역(地域)」(1938)에서

②불타는 赤道直下 무르녹는 椰子樹그늘 오리브 코코아 파나나 파인애
　　플·薰薰한 향기에 쌓인—
　　(…중략…)
　　깜둥이 나의女人아
　　어서 너의 키-타를 들어…

---

10) Edmund Willson, "A Study in the Imagenative Literature of 1870~1930", *Axel's Castle*, New York : Charles Sciner's Sons, 1969, pp.1~25.
11) 김응교, 「비판적 낭만주의 시인, 이상화」, 『사회적 상상력과 한국시』, 소명출판, 2002, 231면.

미친듯 情熱에뛰는손끝이여 우는듯 웃는듯 多感한
음률이여

— 「어서 너의 키-타를 들어」(『조광』, 1942.6)에서

①은 그저 환상적인 도피처에 불과하다. 그런데 이찬의 첫 친일시인 ②는, 다음 장에서 언급되겠으나, 태평양전쟁 초기에 일본이 점령했던 실제 지역인 자바, 인도네시아 지역을 말한다. 이찬이 찾던 환상적 유토피아는 1940년대에 이르러 실제적인 유토피아로 이어진다. 시인이 현실과 완전히 단절되면 다다이즘이나 초현실주의로 갈 것이다. 이찬은 카프 친구들을 잃고 현실과 단절된 채 절망과 도피에 몰입하였다. 그는 초현실·초근대의 세계로 나아가다가 친일의 황도문학(皇道文學)을 만나게 된다.

셋째, 기법적으로 모더니즘의 성향을 보이고 있다. 이러한 도피를 위해서 그는 자기가 살고 있는 현실에서 쓰지 않는 단어를 시에 담아낸다. ①에서 "미도리 코코아", "Tearoom Elise-", "샨테리아", ②에서 "NOST-ALGIA", ③에서 "빠나나·코코아·올니브·파인애플", "슬라이·키-타" 등과 같이 이찬은 이국정서의 단어를 사용한다. 이 단어들은 16세기 후반 이후 포르투칼이나 스페인 사람을 통해 전해진 동남아시아의 풍습을 생각나게 하는 단어들이다. 이러한 단어를 통해 시인은 현실에서의 일탈을 꿈꾸었던 것이다. 이 지점에서 이 시기의 이찬 시는 모더니즘의 대표시로 알려져 있는 정지용의 「카페 프란스」와 닮아 있다.

『오오 패롵(鸚鵡)! 꿋 이브닝!』

『꿋 이브닝!』(이 친구 어떠하시오!)

鬱金香 아가씨는 이밤에도
便紗 커-틴 밑에서 조시는구료!

나는 子爵의 아들도 아모것도 아니란다.
남달리 손이 히여서 슬프구나!

나는 나라도 집도 없단다
大理石 테이블에 닷는 내뺨이 슬프구나!

오오, 異國種 강아지야
내발을 빨어다오
내발을 빨어다오

—「카페 프란스」(1926.6)에서

"패롵(鸚鵡)! 꾿 이브닝", 곧 '앵무새(Parrot) 굿모닝'으로 인사 나누는 이 시의 배경은 '카페 프란스'라는 곳이다. 그런데 위에 인용한 이찬 시 ① 을 보면 그 배경이 "Tearoom. Elise —"다. 정지용 시에는 "鬱金香 아가씨는 이밤에도/便紗 커—틴 밑에서 조시는구료!"라고 시중드는 여급이 등장하는데, ①에는 "너는 오늘밤도/갓 화장한 시악시 이마같이 뽀오이얗구나"라며 역시 여급이 등장한다. 정지용은 그 여급을 "鬱金香 아가씨" 곧 튤립꽃 아가씨[12]로 표현하고 있는데, 이찬은 "갓 화장한 시악시"로 표현한다. 정지용의 시에서 "오오, 異國種 강아지야/내발을 빨어다오"라는 표현이 나오는데, 이찬의 시 ③에서는 "깜둥이 게집아이의 뜨거운 헤ㅅ바닥을 핥으며/자즈러지는 포옹과 미칠듯한 춤으로"라는 표현이 나온다. 모더니즘적 표현 방법을 쓸 때 다른 시인으로부터 영향 관계를 피하기는 힘들었을 것이다. 이러한 단서를 볼 때 이찬은 정지용의 「카페 프란스」 등의 시에서 시의 착상을 얻었을 가능성도 있다.

사실 이찬뿐만 아니라. 1930년대 중반에 들어 시단에 진출하기 시작

---

12) 사나다 히로코(眞田博子)는 "鬱金香"을 일본어로 "チューリップ" 곧 튤립으로 읽는다하면서 "鬱金香 아가씨"를 튤립처럼 이쁜 아가씨로 해석하고 있다. 眞田博子, 『최후의 모더니스트 정지용』, 역락, 2002, 117~118면.

한 신진시인들, 가령 이용악·백석·장서언·김조규·장만영·양운한·민병균·이병각 등의 중요시인들 대부분이 모더니즘의 영향 아래 있었다. 물론 이들은 모두 정통 모더니스트라고 하기는 어렵지만, 모더니즘의 자장에서 자유롭지는 못했다. 이찬 역시 모더니즘의 영향에 물들었으며 그의 관념은 김기림·정지용·김광균의 모더니즘과 비슷한 경향을 드러내고 있는 듯이 보인다.

그러면서도 주의해서 볼 점은 이찬 시가 모더니즘적이며 도피적 낭만주의를 보여 주면서도 동시에 이전에 쓰던 기법대로 민족의 궁핍한 삶에 주목하고 있다는 점이다. 모더니즘 취향의 시를 발표하는 이찬이 같은 시기에 북방 정서를 노래하는 「국경일절」(『청색지』, 1938.11), 「백두산부감도」 같은 시를 가벼이 평가할 수는 없다. 그렇다 할지라도 그의 시가 "불행과 절망을 한시라도 잊어버리기 위하여 남방의 도시를 헤매"[13)는 무게에 압도되어, 바로 전 시기에 계급 현실과 북방 정서에 주목하던 리얼리스트의 진가를 보이지 못하는 것은 분명하다.

그는 지독한 자기 상실에 시달리고 있었다. 1930년대 후반기에 이찬은 스스로 최고의 깃발로 여겼던 현실주의를 스스로 포기하는 자기모순을 노정했으며, 늘 혐오하던 모습에 스스로 잠겨든 것이다. 그래서 마침내는 "소경이 되고 싶다 / 귀머거리가 되고 싶다 / 그만 미친 녀석까지 되버리고 싶다 / 보도 듣도 못하고 / 생각조차 없다면 / 아아 등 덮고 배부른 오늘에 / 무삼 괴롬 있으리"[14)라고까지 자조한다.

이찬의 도피적 낭만주의가 모더니티와 만난 것은 혼종(hyrid)의 산물이었다. 이찬의 모더니티는 서구의 자본이 지향하는 것을 모조하려는 '식민지 모더니즘'이었다. 이찬이 선택한 모더니티는 환상적인 동경(憧憬)이었다. 세계인이 되고자 했던 도피적 낭만주의의 꿈이었다. 이 시대의 모더니즘은 집단에서 분리된 채 지성과 감각으로 근대문명에 직면하고자

---

13) 윤곤강, 「'분향'을 읽다」, 『분향』, 1938(1987년 기민사판, 117면).
14) 李燦, 「苦衷」, 『풍림』, 1937.5.

했던 만큼 오래지 않아 건강성과 멀어져 소외·퇴폐성·도피의 징후를 드러내는 한편, 사조적으로 인생파·자연파 등에 자리를 내주면서 친일적인 암흑기에 국민문학으로 변모[15]하는데, 모더니즘의 기법을 흉내 냈던 도피적 낭만주의자 이찬도 예외는 아니었다. 결국 이찬의 모더니즘 실험은 식민지 근대성이 낳은, 이것도 저것도 아닌 '튀기'가 되었다.

이러한 연관 관계에서 볼 때, "그의 이데올로기적 편향에서 온 시의 타락한 모습과 이데올로기를 배제했을 때 건강한 예술의 모습을 보게 된다"는 홍문표의 평가[16]는 전혀 틀린 말이 된다. "암흑 가운데 明日의 희망을 노래하기 위하야 대부분의 시인이 끌어내는 懷古的 逑懷過去에 대한 과장적인 詩作은"[17] 임화의 말마따나 결코 정당한 부분도 아니며, 건강하지도 않은 것이다. 비교컨대 그가 쓴 프로시의 세계가 낙관주의적 비극성을 지니고 있다면, 이 시기 이찬의 도피적 낭만주의와 속류 모더니티의 혼성적인 시는 다만 "인간을 나약하게 만들고 굴종과 소극성으로 이끌어 가는 비관주의적 비극성"[18]을 보일 뿐이다.

4. 전향의 과정

혼다 슈우고(本田秋秀)는 외국의 여러 사상, 특히 사회주의사상이 천황제의 고쿠타이(國体)사상으로 바뀌는 것을 전향(轉向, conversion)이라고 했

---

15) 서준섭, 『한국모더니즘문학 연구』, 일지사, 1988, 230~249면 참조.
16) 홍문표, 「동무와 엘리제의 변주」, 『시문학』, 1989.9, 72면.
17) 임화, 「진보적 시가의 昨今―프로시의 거러온 길」, 『풍림』, 1937.1, 17면. 이 글에서 임화는 자신을 포함하여 리찬, 윤곤강의 최근 시는 소시민성의 폭로이며, 자신의 무력함을 제시한 것이라고 평가한다.
18) 까간, 『미학강의』 1, 새길, 1989, 198~202면.

다. 그는 전향을 분류하여, ① 공산주의자가 공산주의를 포기하는 전향, ② 진보적 합리주의사상을 포기하는 전향, 가령 일본에서 서양 합리주의를 믿던 사람이 천황제(天皇制)를 택하는 전향, ③ 사상적 전향을 모두 말하는 넓은 의미의 전향을 설명하면서, 첫 번째와 두 번째 경우가 1930년대 일본에서 벌어진 전향의 핵심이라고 말했다.[19] 일본의 전향과 달리, 조선인이 전향한다는 것은 ①을 하든 ②를 하든, 전향은 곧 일제 파시즘에 굴복하는 것이었다. 전향자는 곧바로 적극적인 친일 작가가 되었는데, 그 대표적인 인물인 백철은 다음과 같은 전향선언문으로 1930년대 후반기 문학에 충격을 주었다.

공판정에서는 대부분이 온건한 어조로 문학의 진실에 돌아갈 자신의 태도를 진술하였다. 이것은 카프가 정치주의를 버리고 문학의 건설에 귀환할 것을 결정한 시기와 동시에 피검된 사실을 이해하고 나면 조금도 부자연한 태도가 아니고 실로 당연한 진술이다. 문학인이 과거와 같은 의미에서 정치주의를 버리고 맑스주의자의 태도를 포기하는 것은 비난할 것이 아니라 문학을 위하여 도리어 크게 讚歌해야 할 현상이라고 나는 누구 앞에서도 공연히 선언하고 싶다.[20]

백철과 박영희[21]는 너무도 떳떳하게 전향(轉向)을 선언했다. 이찬은 이런 전향선언을 보았을 때 무엇을 느꼈을까? 전향선언문에 대해 이찬의 직접적인 반응은 확인되지 않는다. 첫째, 그는 자존심을 갖고 버티려 했을 것이다. 그의 시들은 궁핍한 현실을 잊지 못하는 이가 역설적으로 드러낸 내성적인 상처였다. 백철처럼 터놓고 전향선언문을 내놓기에 그의 지난 시절은 너무 소중했다. "오랜 수형 생활과 카프의 좌절을 맛본 후에 일상적인 삶 속에서 부끄러움을 인식한다는 것이 얼마나 어려운

19) 本田秋秀, 『轉向文學論』, 東京 : 未來社, 1957, 216면.
20) 백철, 「출감소감-비애의 성사를 나와서」, 『동아일보』, 1935.12.27.
21) 박영희, 「최근문예이론의 신전개와 그 경향」, 『동아일보』, 1934.1.2~1.12.

가를 고민하는 이찬의 시세계"[22]라는 윤여탁의 표현은 당시 카프 시인이 겪었던 좌절과 그 극복을 위해 몸부림치는 이찬의 처지를 너무도 잘 이해하고 있다. 이러한 절망적 몸부림은 이찬뿐만 아니었다. 임화는 "오오, 암흑의 끝없는 洞窟"(「암흑의 정신」)이라고 했다. 박세영은 "너의 젊음은, 너의 바램은 어디로 갔느냐"(「종소리」)라고 탄식했다. 이렇게 절망으로 내성화(內性化)된 시들은 프로시 후예들의 감출 수 없었던 최소한의 신음 혹은 자존심이었다.

자존심으로 버틸 수 없게 되었을 때, 그는 내내 절망하고 도피했다. 그는 쳇바퀴 도는 다람쥐였고, 남방에의 여행 혹은 도피를 꿈꾸는 낭만주의자였다. 「모닥불」(1936)에서 열거법을 통해 민족공동체를 살려내고[23] 「가즈랑집」(1936)을 통해 평안도 샤머니즘을 살려내면서 일제강점기의 민족의 운명을 진솔하게 표현[24]했던 백석(白石, 1912~1995)처럼 차분하게 시를 쓰기에는, 이찬의 절망이 너무 컸다. 이찬의 1930년대 후반기는 전향으로 향하는 과도기였다. 이찬의 절망은 그를 사이비 모더니즘으로 끌어내리고, 나아가 친일문학으로 나가게까지 했다.

결국, 그는 당대의 절망에서 벗어나려고 몸부림치다가, 또 벗어나지 못하여 비관과 도피의 낭만주의에 멈춘다. 이때 그의 모더니즘 실험은 단순한 기법적 흉내에 그치고 말았다. 그 실험은 자신이 살고 있는 사회경제적 토대와 무관한 일종의 피상적인 흉내에 불과했다. 그래서 1930년대 말과 1940년대 초에 발표된 이찬의 모더니즘 실험은 별다른 문학사적 의미를 얻지 못하는 범속한 것이 되었다.

사실 진정한 모더니스트들은 부르주아사회에 대한 급진적 부정을 감

---

22) 윤여탁, 「파시즘의 진군 앞에 선 시문학」, 『리얼리즘의 시 정신과 시 교육』, 소명출판, 2003, 68면.
23) 김응교, 「백석 「모닥불」의 열거법 연구」, 『현대문학의 연구』 24호, 한국문학연구학회, 2004.
24) 김응교, 「백석 「가즈랑집」에서 평안도와 샤머니즘」, 『현대문학의 연구』 27호, 한국문학연구학회, 2005.11.30.

행했던 이들이었다. 그러나 개인만을 중요시 하는 속물 모더니즘은 곧 교양속물로 순치되었다. 이후에, 천황제 파시즘과 근본적으로 동거하는 가짜 모더니즘들을 우리는 우리 문학에서 보게 된다. 반면에 오장환과 같은 진정한 모더니스트들은 '모더니즘 이후'를 치열하게 모색했으며, 해방 직후 조선문학가동맹에 합류한다.25) 이찬은 어정쩡하게 모더니즘을 흉내 냈다. 그 절망과 도피적 환상은 더욱 깊어지고, 그 변화는 대동아전쟁을 찬양하는 되돌리기 힘든 전향(轉向)으로 이어진다. 전향으로 이어지는 과정에서, 우리는 그가 피하려 했으나 어쩔 수 없는 내적인 자발성을 확인했다. 그가 전향하는 과정을 요약하면 다음과 같다.

첫째, 이찬은 좌절된 프롤레타리아운동에 대해 절망을 한다. 이찬은 프롤레타리아운동을 통한 비전을 더 이상 기대할 수 없었다.

둘째, 먹고 살아야 할 생계 문제에 봉착하여 '절망'과 '도피'를 경험하고 있는 이찬의 모습을 우리는 그의 시를 통해 읽었다.

셋째, 이찬의 남방(南方)에 대한 도피적 낭만주의는 친일문학을 통해 현실로 구현되었다는 것을 다음 장에서 확인할 것이다. 이러한 내적 변화의 과정을 볼 때, 그가 선택한 친일문학은 단순한 포즈가 아니라고 생각된다.

이찬은 더 깊은 좌절의 수렁에 빠져 들어간다. 1940년대 이후에 이찬은 친일시 「어서 너의 키―타를 들어」와 「송출진학도(送出陣學徒)」 등의 친일작품을 발표하기 시작한다. 그것은 부분적으로 위장된 포즈였을까? 위장된 전향이었을까? 내면적으로 완전한 자기 좌절과 자기 포기였을까? 이찬은 백철이나 박영희처럼 전향선언문을 발표하지 않았지만, 작품을 통해 완전히 전향하는 모습을 보인다. 다음 장에서 그 모습을 확인해 보자.

---

25) 최원식, 「서울 · 東京 · New York」, 『문학의 귀환』, 창작과비평사, 2001, 195면.

친일의 논리, 아오바 가오리

: 1942~1945

이찬의 일본어 시와 친일시

1. 이찬의 일본 체험

　이찬의 친일에 대해 가장 먼저 언급한 첫 번째 사람은 임종국이다. 그는 이찬의 친일문학 목록[1]을 처음으로 제시했다. 그러나 창씨개명을 하고 쓴 작품 등 몇몇 친일 작품을 소개하지 않았으며, 작품에 대한 분석도 없다.

　두 번째로, 김용직 교수는 "이 무렵에 쓴 李燦의 詩 역시 그들 요구에 의해 쓴 것이다. 그리고 이것은 우리 문학의 한 오점일 뿐이므로 그렇게 처리할 수밖에 없다"[2]고 평가하면서, 이찬의 친일시는 강요에 의해 쓰인 것으로 파악하고 있다. 그러나 이것은 "그들 요구에 쓴 것"이라

---

1) 임종국, 『친일문학론』, 평화출판사, 1993, 476면.
2) 김용직, 「국경의식과 계급시－李燦」, 『韓國現代詩人硏究』, 서울대 출판부, 2000, 512면.

는 증거가 없으므로 추정에 불과하다. 시는 물론이거니와 이찬의 희곡 「세월」과 「보내는 사람들」을 보면, 단지 강요에 의한 것이 아닌 분명 '내적인 자발성' 때문이었음을 확실하게 볼 수 있다.

세 번째로, 민족문학작가회의가 발표한 성명서 「모국어의 미래를 위한 참회-친일문인 명단 및 친일문학 작품목록을 발표하며」(2002.8.14)에, 전쟁 동원과 내선일체를 잣대로 한 42명의 친일작가3) 명부에 이찬 이름이 올라 있다. 여기에 제시된 그의 친일 작품은 다음과 같다.

1942.6　　시 「어서 너의 키-타를 들어」, 『조광』

1943.3　　시 「병정」, 『신세대』

1943.6~8　희곡 「세월」, 『조광』

1944.1.19　시 「송 출진학도」, 『매일신보』

1944.2　　시 「송 출진학도」, 『신세대』

1944.3　　시(일본어) 「그나마 잘 죽어서」, 『동양지광』

1944.8　　희곡 「보내는 사람들」, 『신시대』

1944.10　　시 「잔사」, 『동광』

먼저 무덤과 비석4)까지 있는데도 사망 일자를 물음표로 한 것은 이찬에 대한 확실한 정보가 선정자들에게 부족하지 않았나 싶다. 또한 이찬의 희곡 「이기는 마을」(『춘추』, 1944.10)과 일본어로 발표한 글5) 중에 교

---

3) 친일문인 명단 42명은 다음과 같다. 이에 대해 김용제가 평론가로 분류된 예 등 논쟁이 지금도 진행되고 있다(「친일문학 작품목록 최초공개」, 『실천문학』, 2002년 가을).
　▷ 시 분야(12명) : 김동환·김상용·김안서·김종한·김해강·노천명·모윤숙·서정주·이찬·임학수·주요한·최남선.
　▷ 소설·수필·희곡 분야(19명) : 김동인·김소운·박영호·박태원·송영·유진오·유치진·이광수·이무영·이서구·이석훈·장혁주·정비석·정인택·조용만·채만식·최정희·함대훈·함세덕.
　▷ 평론 분야(11명) : 곽종원·김기진·김문집·김용제·박영희·백철·이헌구·정인섭·조연현·최재서·홍효민.
4) 북한 '신미리 애국열사릉'에 묻힌 인물들이 소개된 「애국열사명단」(『역사비평』, 1991년 겨울)에 보면, "리찬 동지 혁명시인 1910.1.15~1974.1.15"로 기록되어 있다.

훈적인 친일시 「아이들 놀이(子等の遊び)」(『國民文學』, 1944.2)가 빠진 것도
아쉽다. 그러나 이찬이 '아오바 가오리(靑葉薰)'라는 창씨명으로 발표했
던 희곡 「세월」, 「보내는 사람들」이 그의 작품목록에 들어간 것은 이
성명서가 처음이다.

네 번째로, 이찬이 '아오바 가오리(靑葉薰)'라는 창씨명으로 발표했던
희곡 「세월」을 친일문학의 전형(典型)으로 본 김응교의 논문6)과 서평7)
이 있다. 희곡 「세월」 연구는 한 작품에 대한 연구였고, 시가 아닌 희곡
에 대한 분석이었다. 서평은 원고 길이가 짧아 충분한 논의를 담을 수
없었다.

그래서 이러한 연구 성과를 보충하기 위해 세 가지 시각에서 그의 친
일시를 살펴보려 한다. 친일시를 연구하기 전에, 그가 친일문학으로 가
게 되는 과정을 간단히 추적해 보려 한다. 친일 혹은 전향에 이르는 과
정은 앞 장에서 다룬 바 있다.

본론에서는, 희곡 「세월」 이전에 발표된 한글로 쓴 첫 친일시 「어서
너의 키―타를 들어」(『조광』, 1942.6)부터 일본어 친일시까지 검토해 보려
한다. 여기서 이찬이 과연 '내적인 자발성'으로 친일시를 썼는가를 확인
할 수 있을 것이다. 또한 그가 얼마만치 시대의식에 민감했는가도 볼
수 있을 것이다. 특히 이찬의 일본어 시 「아이들 놀이(子等の遊び)」(『國民
文學』, 1944.2), 「그나마 잘 죽어서(せめてよく死に)」(『東洋之光』, 1944.3)는 이
제까지 연구된 바가 없고 처음 소개되는 새로운 자료이다.

결론에서는, 이찬의 친일문학에 대한 남북한의 입장을 논하고자 한

---

5) 일본어 시, 「子等の遊び」(『國民文學』, 1944.2), 「せめてよく死に」(『東洋之光』, 1944.3).
   일본어 평론 「白南雲の『自治運動に對する社會的考察』を讀みて」(『朝鮮思想通信』,
   1927.3.8~9)이 있다. 이외 일본어 기사 「李燦氏(詩人)業務打合せのため入城黄金町曙
   旅館滯在中」(『京城日報』 夕刊, 1944.1.24) 등이 있다. 이 목록은 大村益夫・布袋敏博
   編, 『朝鮮文學關係日本語文獻目錄―1882.4~1945.8』(綠蔭書房, 1997)에 있다.
6) 김응교, 「아오바 가오리, 이찬의 희곡 「세월」과 친일문학―이찬 문학 연구(5)」, 『민
   족문화연구』, 고려대 민족문화연구소, 2004.12.
7) 김응교, 「잊혀진 이찬 시의 복원」, 『실천문학』, 2004년 봄.

다. 이찬은 친일시를 썼는데도 불구하고, 북한에서 끝까지 영웅대접을 받고, 혁명열사릉에 묻히게 된다. 어떻게 친일작가가 공화국에서 인정을 받게 되었을까 하는 문제를 마지막으로 논해 보려 한다.

1910년, 일제가 조선을 강제로 병합했던 해에 태어난 이찬에게 '일본'이란 생애의 반을 지배하는 상징적인 단어이다. 따라서 이찬의 작품에서 '일본'이 어떻게 표상(表象)되고 있는가 하는 것은 중요한 문제이다.

11살의 소년 윤동주가 연변의 명동소학교를 다니고 있었고, 김좌진 장군이 피살당했던 1929년, 만20세의 이찬은 일본에 유학한다. 릿쿄(立敎)대학을 거쳐 '다이쇼(大正) 10년 와세다대학 고등사범과 영어과'에 입학한다. 와세다대학 교무부에서 발행(大村益夫 교수 확인, 1999년 10월 13일)한 「조사결과보고서」를 보면, 분명히 '영어과'를 '4월'에 입학한 것으로 기록되어 있으며, 이 책 부록 17에 있는 자료 원본에도 전공란에 '영어'라는 도장이 확실하게 찍혀 있다. 그런데 공화국에서 낸 시집 『리찬 시선집』(조선작가동맹출판사, 1958)의 후기를 보면, "20세에 일본 『와세다대학』에 가로문학을 전공하다가 학비 곤란과 일제의 박해로 학업을 중단하고"라고 쓰여 있다. 그것은 당시 공화국에서 국제주의를 주장하면서 소련과의 관계를 강조하는 배경에, 이찬이 자신의 전공을 '러시아 문학'이라고 했을 것으로 추정[8]되지만 정확한 그의 의도를 알 길은 없다. 이즈음 이찬은 「무산자사」와 관계를 맺으면서, 이미 도쿄에 와 있던 시인 임화를 만나 교제한다.

1930년(21세) 2월 말에 귀국한 이찬은 가정교사 등을 하며 지낸다. 이 무렵의 심정은 '1930년 4월 13일 북청(北靑)에서'라는 부기가 붙어 있는 시 「고향에 돌아와서」에 잘 나타나 있다.

8) 김응교, 「리찬 시와 수령형상문학—리찬 시 연구(3)」, 『다매체 시대의 한국문학』(한국문학연구학회), 국학자료원, 2002, 234면.

해도 못지나 바랭 다시 짊어 메고 아서이도 돌아온다

    첫날 밤 "애비도 없는 너를 기어이 공부시키갯드니 씨값 집세 그리구 네가 쓴 빚이 ……"하며 목메어 끝도 못맺는 어머님 말씀에

    억지로도 도로 가리라 은근히 하던 속궁리는 스르르 오새 얼음장같이 사라지고

    도리어 얼마나 애타시랴 그 마음 헤아려서 왁ー 목놓고 울고 말아…·

                      ー「고향에 돌아와서」(『조선일보』, 1930.4.16)에서

    도쿄 유학생이었던 시인은 적응하기 어려웠던 도쿄 그러고 나서 3년 간의 일본생활을 뒤로 하고, "해도 못지나 바랭 다시 짊어 메고" 고향에 돌아온다. 하지만 어머니의 기대에 부흥할 길 없는 처지에 아픈 회한만 짓씹는다. 이 시를 발표하고 며칠 뒤, 이찬은 1931년(22세) 4월 25일 연회전문에 입학한다. 완전히 귀국하여 학교를 다닐 생각이었는가 싶었으나, 9월 10일 제적되었다. 그의 연세전문 성적표는 어떤 과목도 수강하지 않은 백지(白紙)로 남아 있다. 이름만 기록되어 있는 것으로 봐 등록만 하고 수강하지 않았던 것이다. 이어 5월에 도쿄로 다시 돌아간다. 더불어 일본에서 동지사(同志社)에 이찬은 편집위원으로 신고송과 더불어 참여하고, 나프와 카프에도 관계했다.[9] 당시 발표했던 시로는 화염을 토하는 용공로 앞에서 '앙상한 기계같이' 움직이는 노동자를 묘사한 「기계(機械)가튼산아히」(『大衆公論』, 1930.3), 「일군의 노래」(『學之光』, 1930.4) 등이 있다. 이찬의 계급시는 이러한 시들로부터 본격화되었다고 볼 수 있겠다.

    1932년(23세) 2월 〈코프(KOPF)조선협의회〉로 〈동지사〉가 발전적인 해소를 할 때, 안막·박석정과 함께 해소 선언 기초 의원으로 참가한다. 5월에 귀국하여 송계월 등과 교류를 맺으면서 카프 중앙위원으로 선출되었고, 11월 박동수가 기획한 『문학건설』 창간에 참여했다. 결국 생활 근거지를 도쿄로 했던 기간은 1929년부터 1932년 5월 귀국하기까지, 20살

---

9) 高峻石, 『在日朝鮮人革命運動史』, 拓植書房, 1985, 127면.

에서 23살까지 약 3년 간의 젊은 시절이었다. 그가 일본에서 완전히 귀국했을 때는 1930년대 초두였고 임화나 김남천 등은 이미 귀국한 후의 일이었다.

첫 친일시 「어서 너의 키-타를 들어」(『조광』, 1942.6)를 발표하기까지 그의 사상을 친일로 바꾸어 놓았던 것은 무엇일까? 좌절감이 아니었을까. 더 이상 전망이 보이지 않는 프롤레타리아운동 때문이 아니었을까. 이찬은 좌익으로 활동하다가 귀국했고, 1932년 11월 19일 '별나라사건'으로 신고송과 함께 일경에 체포되었다. 그 후 기세 꺾인 카프에 관계한 다음 2년 몇 개월이라는 짧지 않은 기간 동안 감옥에 갇힌다. 2년 10개월 간의 감옥 생활 중에 발표할 수 없었던 시를 한꺼번에 발표하기 시작하여, 세 권의 시집을 낸다.

프롤레타리아운동의 실패는 더 이상 사회 변혁을 일으킬 수 없다는 좌절감을 이찬에게 안겨 주었다. 유학까지 다녀온 자가 생계를 위해 구차하게 살아가는 것도 만족스럽지 못했다. 1934년(25세) 9월 4일 만기 석방하여, 경찰의 압력으로 다음날 북청으로 귀향하게 된다. 생계를 위해 관납상회와 북청문화주식회사(인쇄업) 및 양조장에서 일한다. 날카로웠던 그의 사회 인식은 점차 무디어져 간다. 바로 이때부터 친일의 길로 다가선다.

한 작가의 사상이 완만히 혹은 급격히 변하는 데에는 어떠한 계기가 있기 마련이다. 어떤 작가는 작품 이외에 명확히 노골적인 친일 행위를 한 경우도 있다. 가령 친일조직인 대동민우회에 가입하면서 전향서를 발표했던 시인 주요한은 1938년 12월 24일 수양동우회를 대표하여 국방헌금조로 4천 원을 종로서에 기탁했다.[10] 이찬의 경우는 주요한처럼 확실한 친일 행위가 보이지 않는다. 작품 외에 어느 다른 자료에서 이찬의 친일 '행위'를 보기는 어렵다. 필자가 갖고 있는 자료로는 그의 작

---

10) 임종국, 『친일문학론』, 평화출판사, 1993, 378면.

품만이 확실한 친일 행위로 보인다. 다만 그의 삶과 작품을 추적해 볼 때 몇 가지 변화 과정을 볼 수 있다. 좌절된 프롤레타리아운동에의 절망, 둘째 가족을 부양하고 살아야 할 생계 문제, 셋째 남방(南方)에 대한 도피적 환상을 갖고 새로운 '화원'으로 일제를 선택하는 등 새로운 군국주의로 향한 전향(轉向) 과정을 앞 장에서 논증한 바 있다.[11]

무엇보다도 1941년 12월 8일 일본의 진주만 공격 이후에 그의 시는 결정적인 변모를 보인다. 이찬의 친일은 그의 첫 친일시 「어서 너의 키 -타를 들어」(『조광』, 1942.6)를 통해 확인할 수 있다. 전에 갖고 있던 프롤레타리아의 해방에 대한 그의 열정은, 희곡 「세월」의 주인공처럼 대동아공영권을 향한 열정으로 바뀌어 버린다.

2. 태평양전쟁과 한글 시

1) 초전 승리를 찬양하는 친일시

첫 시집 『대망(待望)』(1937)에서 보였던 계급적 경향성은 사라지고, 시집 『분향(焚香)』(1938)·『망양(茫洋)』(1940)은 비관과 도피의 낭만주의에 젖어 있다. 이후 친일시를 발표하기 시작한다.

　　戰勝의 깃발 나부끼는 다양한 하늘을 나의날이 풍선처럼 부프러 올러

　　놓아다오 놓아다오
　　내 진정 날고 오노라 날고오노라

---

11) 이 책 97~100면.

불타는 赤道直下 무르녹는 椰子樹그늘 올리브 코코아 파나나 파인애플·
薰薰한 향기에 쌓인—

그것은 쟈바라도좋다 하와이라도좋다
그것은 濠洲라도좋다 蘭印이라도좋다

나는 將軍도싫노라 總督도싫노라
나는 다만 지극히 너와 親할수있는 한개 에드란제—로 足하노니

깜둥이 나의女人아
어서 너의 키—타를 들어 …

미친듯 情熱에뛰는손끝이여 우는듯 웃는듯 多感한
음률이여

들려다오 마음껏 — 解放된 네 種族의
참으로 참으로 그 기쁜 그 노래를

오 오래인忍苦에 허클어진 네머리칼을 쓰다듬으며 쓰다듬으며
나도 아이처럼 즐거워보련다 이웃잔체날처럼 즐거워보련다
　　　　　　　—「어서 너의 키—타를 들어」(『조광』, 1942.6) 전문

　이 시를 단지 남방 정서를 드러낸 낭만적인 시로 읽을 수도 있다. 그
저 남방 민족의 부락 축제에 참가하여 흥겨워 하는 풍경으로 볼 수도
있다. 3연의 시구는 바로 그전에 발표했던 시 「The Rail」, 「휘장 나린 메
인·스트」 등과 비슷하다. 그런데 이와 비슷한 구절이 이찬의 친일희곡
「세월」에도 나타난다. 「세월」에서, 전선으로 가는 등장인물이 "南方으
로 가게 됐습니다"라고 자랑스레 말한다. 스스로 자원하여 해군으로 나
가는 감동적인 장면이다. 이때 '이(李) 선생'이 등장한다. 이 선생은 작가

인 이찬 자신이다.[12) 이 선생 역시 시골 사람들에게 "昭和十九年度부터 徵兵制가 實施되며 內鮮一體가 名實相符 具現되고 있는 것은 大端이 기쁜일이올시다"라며 내선일체를 찬양한다. 이때 이(李)가 시를 읊는다.

> 南方 南方
> 불타는 赤道直下
> 거기 南十字星 빛나고
> 椰子樹그림자 두루녹는곳
> 올리브·코코아·파인·파인애플의 薰薰한香氣
> 미끄러지는 스타이키-타의 多惱한 음률
> ──「세월」(『조광』, 1943.8, 139면)에서

이(李)가 읊고 있는 이 시 구절은 바로 「어서 너의 키-타를 들어」 3연에 과일 이름, 올리브·코코아·파인애플, 순서도 같다. 이찬의 문체적 습관이 그대로 드러난 대목이다. 그리고 이어지는 4연에 나오는 자바와 하와이는 단순한 풍경 묘사가 아니라, 태평양전쟁 때 일본의 초전전승 지역을 말하는 것이다.

1연의 "전승(戰勝)"이니 "해방"이니 하는 단어는 더욱 직접적인 정치성을 담고 있다. "戰勝의 깃발"이라는 말도 단순히 하나의 수사로 읽을 수가 없다. 그 깃발은 단순히 한 군데에서 펄럭이는 것이 아니라 "다양한 하늘(지역)"에서 펄럭이고 있다. 또한 이 "전승의 깃발"이란 표현은, 8연의 "解放된 네 종족"이라는 표현과 만나게 된다. 승리의 깃발이 펄럭이는 것은 남방 민족에게 "해방"을 주었다는 뜻이다. 어떤 '전승'이고 어떤 '해방'이었을까. 위 시가 발표되기 2개월 전 『조광』(1942년 4월)의 권두언을 보자.

---

12) 김응교, 「아오바 가오리, 이찬의 희곡『세월』과 친일문학─이찬 문학 연구(5)」, 『다매체 시대의 한국문학』(한국문학연구학회), 국학자료원, 2002.

只今 全國民의 感激속에서 南方共榮圈建設의 大事業은 着着進行되고 있다. 新嘉坡(싱가폴-인용자)를 爲始하여, 스마트라·안다람島·쟈바·比律賓이 이미 陷落되였고 코레히돌마저 皇軍의掌中으로 드러올 것은 다만 時間問題로 남었으며 그들의 最後據點 濠洲가 또한 世界無比의 帝國航空家앞에 오직 戰慄에 싸여있다.[13]

1941년 12월 8일 하와이 진주만 공격 후에 일본은 파죽지세로 남방의 섬들을 점령했다. 개전과 동시에 일본군은 1942년 1월에 필리핀 마닐라, 2월에 싱가폴, 인도네시아에 상륙했고, 나아가 스마트라 섬, 3월에는 자바 섬과 미얀마(현재 '미얀마')를 점령하여, 개전 후 불과 4개월 만에 동쪽 솔로몬 군도로부터 서쪽 버마까지 점령했던 것이다.[14] 1942년 3월까지 일본군은 뉴기니아에 상륙하여 오스트레일리아를 공격할 차비를 차렸다. 5월에는 미얀마를 점령하고 인도를 정복할 생각까지 하고 있었다.[15] 이렇게 하여 남방의 석유 자본을 획득한 일본은 대동아전쟁을 백인식민주의에 대항하는 '인종주의전쟁'이었다고 설파하여 대동아공영권론(大東亞共榮圈論)[16]을 계속 강조했다. 그리고 남방 지역에 대해 친밀도를 높이려는 좌담회 「남방공영권의 풍속문화를 말함」(『조광』, 1942.6)도 있었다. 1942년 6월, 미드웨이 해전에서 일본 해군이 미군에 의해 항공모함 4척을 잃을 때까지, 일본군은 태평양전쟁을 완전히 주도하고 있었다. 1942년 6월 일본의 점령지는, 바로 4연에 강조된 자바, 하와이, 호주, 인도네시아였다.

이어서 "나는 다만 너와 친할 수 잇는 한개 에드란제- 라도 足하니라"(5연)고 한다. 여기서 '에드란제-'란 프랑스어로 '레트랑제(l'etranger)'이고, '이방인(stranger)'이라는 뜻이다. 이방인의 입장에서 보아도 남방에

---

13) 권두언, 「北方을 守護하자」, 『朝光』, 1942.4, 21면.

14) 上田正昭·山本四郞·井上滿郞 共著, 『新日本史』, 文英堂, 1983, 439면.

15) John Whitney Hall, 박영재 역, 『일본사』, 역민사, 1984, 384면.

16) '대동아공영권'은 1938년 코노에 후미마로(近衛文麿) 수상이 일본·만주·중국 등을 통합한 동남아시아를 포함한 경제권을 만들자며 선언했던 말이다. 김응교, 「야스꾸니 신사와 사까모토 료오마」(『창작과비평』, 2004년 봄)를 참조.

서 맞는 전승(戰勝)과 해방의 날은 즐겁기만 하다. '전승의 깃발'이 나부
낄 때, 풍선은 부풀어 오른다. 그리고 깜둥이 여인을 향해 "解放된 네
種族의 / 참으로 참으로 그 기쁜 그 노래를"(7연) 부르며 즐거워한다.

8연에 '해방된 네 종족'이라는 단어도 예사롭지 않다. 최근 우익교과
서에서도 태평양전쟁의 초전(初戰) 승리는 "수백년에 걸친 백인 식민지
지배에 굶주려 있던 현지의 사람들의 협력이 있었기 때문에 가능했던
승리였다. 이 일본의 초전 승리는, 동남 아시아와 인도의 많은 사람들에
게 독립에의 꿈과 용기를 키워주었다"며, 태평양전쟁의 목적은 "자존자
위와 아시아를 구미의 지배에서 해방시켜(강조는 인용자), 그래서 「대동아
공영권」을 건설하는 것"[17]이라고 쓰고 있다. 이찬은 이러한 역사적 이
해를 그대로 시에 담아냈던 것이다.[18]

대부분의 태평양전쟁 연구서들은 1941년 12월 8일 개전부터, 1942년
6월 미드웨이 해전의 패전에 이르기까지를 일본군의 제1기 승리 시기로
보고 있다. 제2기는 과달카날 섬 철퇴에서 1944년 7월 일본군의 마리아
나 제도 포기와 도조 내각의 총사직까지이다. 제3기는 마리아나의 패배
에서 1945년 8월의 패전까지이다.[19] 이렇게 볼 때 「어서 너의 키-타를
들어」는 제1기의 일본군 초전 승리를 찬미하는 역사적인 친일시다.

2) 문명 비판과 전쟁 동원의 시

전쟁을 소재로 하고 있다 하여 모두 친일시라 할 수는 없다. 전쟁터
에 있는 병사의 일상을 서정적으로 묘사한 시를 보자.

---

17) 『新しい歴史教科書』, 扶桑社, 2001, 276~277면.
18) 역사적 상황을 민첩하게 시에 담아내는 이찬의 태도는 이후 북한에서도 이어진다.
   북한에서 그는 베트남전쟁, 쿠바사태 등 세계적인 문제가 생길 때마다 '안테나'처럼 빠
   르게 시로 형상화했다. 김응교, 『사회적 상상력과 한국시』, 소명출판, 2002, 218~221면.
19) 由井正臣, 「태평양전쟁」, 『일본근대사론』, 지식산업사, 1981, 318~326면.

I.
끼니마다 그는 飯盒(항고ー)를 강아지에게 갈넛다
강아지는 알고있었다

차운새벽 煖爐앞자리는 으레 강아지에게 밀었다
그러한때면 零下로도三十余度 哨舍안
입김도 뽀오아니 어러들었다.

마츰내 강아지가 죽든날……
그러나 그는 「銃닦는日課」를 잊이않었었다.

II.
故鄕소식은 언제나 무고하고
그의片紙는 편지마다 건강했다.

날을있는 酷寒이 高熱을 깃드렀을 때
熱에뜬 그의입에서 처음으로 어린그아들의 이름을 들었다.

III.
눈나리는 驛頭에서 그를 보냈다
장승같이 네릴줄모르는 그의擧手우에
눈은 내리고

하염없이 내리는 눈속에
再會없을 그의얼골이 말도없이 멀리 사라져갔다
　　　　　　　　　　　　　　　　ー「병정」(『신시대』, 1943.3) 전문

　　전쟁터에서 끼니마다 반합(飯盒, 항고ー)의 먹을거리를 강아지와 나누
는 병사의 삶이 한 장의 사진처럼 명확하게 상상된다. 추운 날 강아지
가 죽었지만, 병사는 묵묵히 총을 닦는다. 편지에 건강하다고 쓰지만,

실은 잔혹한 한파 속에 고열을 앓으면서 어린 아들을 부르는 병사의 안타까운 모습도 투영된다. 그리고 나서 III에 이르러 "그의 거수(擧手) 위에 / 눈은 내리고" 다시 만날 기약이 없는 그는 말없이 멀리 사라진다. 마치 한 편의 영상처럼 병사의 일상이 표현되고 있다. 물론 이 시를 다른 각도에서 읽으면, 전쟁의 비극만을 알리는 문명사적 비판시로 읽을 수도 있다.

한편, 이 시가 발표된 1943년 3월은 어떤 시절인가. 1942년 6월 미드웨이 해전에서 일본군이 패한 후, 1942년 8월 미국군이 솔로몬 제도의 과달카날 섬에 상륙하여 일본군을 봉쇄하여, 결국 1943년 2월 일본군은 2만 명의 사상자를 내고 과달카날 섬에서 철퇴했고, 대륙에서도 점점 수세에 몰리는 '우울한' 소식이 들려왔던 시기였다. 이렇게 본다면 패배를 거듭하고 있는 일본군의 정황을 묘사한 시로 볼 수도 있겠다. 그렇지만 이 시에서 우리는 노골적인 친일 성향을 보기는 어렵다. 이 정도의 시만 발표했다면 이찬을 친일시인이라고 할 수 없었을 것이다. 그러나 우리는 보다 직설적으로 전쟁 참여를 권하는 이찬을 만나게 된다.

하이하니 눈 깔린 적은 驛頭에
봄날인양 다양한 햇살이 서려
車窓 車窓 車窓도 빛나고
이러한 자리에서 一場 演說을 試함은
「吾人의 無上한 영광!」일지나
소리여 어서 사라지라 敬礼만이 있으라
굳게 담은 자들의 입술에 겸손히 世代의 微苦笑가 숨어 있노니

낡은 집의 懷疑도 저들에겐 없노라
지난 길의 逡巡도 이미 아스러진 이애기노라
다만 끓어 오르는 義血이여 불타는 감격이여

손을 들어 가만히 얹어 보고픈 믿엄직한 저 어깨들

일억의 운명을 메고
全東亞의 興廢를 지고
北邊의 끝 南溟의 하늘 대륙, 胡地로……
그러면 다녀오라 사랑하는 나의 형제청년반도여

터지는 만세속에
旗물결을 헤치며
차는 움즉인다 차는 떠난다
아 떠나는 고향산천에 최후로 남기는 결코 슬프지않은 씩씩한 擧手!
나는 진정 「사나히의 아름다움」에 처음으로 눈시울을 젖히었노라
　　　　　　　　　　—「頌, 출진학도」(『신시대』, 1944.2) 전문(강조는 인용자)

　이찬의 시에는 눈 내리는 날 출진(出陳)하는 시가 많다. 북방 지역 출신이라 그렇기도 하거니와 그의 시에서 눈(雪)이란 특별한 의미를 갖는다.[20] 이 시 역시 "하이얗게 눈이 깔린 적은(작은—인용자) 驛頭에서" 출정을 앞두고 있는 학도들의 모습이 그려지고 있다. 창문 창문마다 고개를 내밀고 있는 병사들과 역두에서 깃발을 흔들며 만세를 외치는 출병식의 모습은 영화에서 자주 보던 영상이다.

　1연만 보면 읽는 이에 따라 해석을 다르게 할 수도 있다. "世代의 微苦笑가 숨어 있노니"라는 표현은 '세대의 미묘한 쓴웃음[苦笑]'이란 뜻일까? 여기까지만 읽으면 전쟁 참여를 권유하는 시가 아니라, 전쟁 참여에 대해 '쓴웃음'으로 비판하는 전쟁 반대의 시로 읽을 수도 있다. 그러나 "다만 끓어 오르는 義血이여 불타는 감격이여"(2연 3행)라는 표현에 이르면, 이 시는 전쟁 참여에 명예를 갖는 학병들의 노래로 바뀌게 된

────────────────

20) 북방 출신인 이용악과 백석의 시에도 '눈'은 특별한 의미를 보인다. 특히 이용악의 「눈 나리는 거리에서」(『조광』, 1942.3)는 위에 인용한 이찬의 시처럼 친일 성향을 보이고 있다.

다. 그리고 '쓴웃음'은 비웃음이 아니라, 전쟁에 대한 각오를 내비치는
다짐의 쓴웃음이 된다. 그래서 "일억의 운명을 메고 / 全東亞의 興廢를
지고 / 北邊의 끝 南溟의 하늘 대륙, 胡地로……/ 그러면 다녀오라 사
랑하는 나의 형제청년반도여"(3연)라는 다소 직설적인 표현은 자연스럽
게 어울려 보인다.

시가 발표되던 시기는 바로 징병제가 실시되던 시기였다. 소설가 장
혁주는 "조선에 지원병제가 실시되고 뒤따라 징병제가 실시된 것이다.
반가웠다. 가슴이 설레이도록 기뻤다"21)라고 했다. 시기에 맞추어 이찬
은 징병제를 찬양하는 시를 발표했던 것이다. 이때 고향산천에 "슬프지
않은 씩씩한 거수"를 남기며 떠나는 병사들의 모습은 이찬이 볼 때 아
름다웠다. 이렇게 이찬은 그들 "사나히의 아름다움'에 눈시울 적시면서,
전쟁동원론을 옹호하고 있다.

3. 황국 국민과 일본어 시

이찬의 일본어 시 중에서 「아이들 놀이(子等の遊び)」(『國民文學』, 1944.2),
「그나마 잘 죽어서(せめてよく死に)」(『東洋之光』, 1944.3)가 있다. 먼저 원시
를 읽고 한글 번역을 달아본다.

春近き 夜半を さめて ふと 思ふ
遠き とほき 古里の 亡き 母の墓

---

21) 장혁주, 「岩本志願兵」, 『每日新報』, 1943.8.24~9.9(김재용·김미란 편역, 『식민주의
와 협력』, 역락, 2003, 171면 재인용).

町を 東に 小川を 渡り 小山を 越え
蒼凉たる 野末の みずぼらしき 一つ 塚

二度とは 歸り來じと 離郷の 秋暮
わすれかたみの 碑 うちたて それに
しるせし 我が 最後の 言の葉よ

「泣きながらも 泣きながらも よくは 逝 きしと
ああ 如何に 薄幸な 我が母なりしか」

ぬれた ホホに 冷々と 沁み入る 十年の歳月!
名無く 財無き この子の母の墓 誰が顧みし

春來て 花咲けと 生ひ茂る 雑草の中
ここぞと 虫のみ すくひ 虫のみ すたき…

ああ 國の 命を かけての この 戰の日
母よ 無能の子 せめて よく死に やはらげむ 切なき せつなき
汝が恨
　　　　　　　　　　―「せめてよく死に ～亡き母へ～」(『東洋之光』, 1944.3) 원문

봄이 가까워 한밤을 새우고 문득 생각하네
멀디 먼 고향의 돌아가신 어머니 무덤

마을을 동쪽으로 시냇물을 건너 동산을 넘어
청량한 들녘끝의 초라한 한 개의 묘지

다시는 돌아오지 말자고 고향을 떠나던 가을 저물녘
잊지 못할 기념으로 비(碑)를 세워 그 비에
표시하는 내 최후의 말이여

「울면서도 울면서도 잘도 떠나 간다고
아아 아무튼 불행한 내 어머니였네」

젖은 뺨에 냉랭한 십년의 세월!
이름 없고 돈도 없는 이 아들의 어머니 묘 누가 돌아볼꼬

봄이 와서 꽃이 피우라고 울창한 잡초 속에
여기 라며 벌레만이 자라고 벌레만이 떼지어 우나니 …

아아 나라의 운명을 건 이 전투의 날
어머니여 무능한 아들 이나마 잘 죽어 부드러워지나니 절실한 절실한
내 한(恨)
　　　　　—「그나마 잘 죽어서─돌아가신 어머니에게」(인용자 번역)

　뛰어난 일본어 표현으로 쓰인 이 시는 읽는 사람에 따라 다양한 해석
이 가능하다.[22] 6연에 이르기까지 죽음의 아픔을 무덤 이미지를 이용하
여 그려 낸다. 전쟁 동원의 시가 아니라, 오히려 전쟁의 비극을 표현하
는 시로 읽을 수도 있다. 그러나 어떻게 죽었는지, 어디서 죽었는지가
나타나면서 시적 전환(Dramatic diversion)이 생긴다. 6연과 7연을 보자.
　그는 "나라의 목숨을 건 이 전쟁의 날／어머니여, 무능한 아들 그나마
잘 죽어서"라는 말로 죽음을 미화하고 있다. 여기서 나라[國], 즉 일본제
국주의 말하며, 무능한 아들이 일본을 위해 목숨을 걸고 전쟁에서 죽는
것이 "그나마 잘 죽"은 것이라는 뜻이 된다. 이렇게 볼 때 이 시는 조선
인이 일본[本國]을 위해 싸워 죽는 것은 "그나마 잘 죽"는 것이라는 '내선
일체의 황국신민화론'을 역설하는 작품으로 해석된다. 이처럼 전쟁 참여

---

22) 필자는 「이찬의 일본체험과 친일시」를 '와세다대학 조선문화연구회'(2004년 1월 24
　일)에서 발표했었다. 이 시에 대해 오오무라 마스오, 호테이 토시히로 교수(이상 와세
　다대학), 남부진 교수(시즈오카대학) 등 각기 다른 해석을 해주었다. 참여했던 일본인
　연구자들은 이찬의 일본어 표현이 뛰어나다고 평가했다. 여러 지적을 해주신 분들께
　감사드린다.

의 의미를 부각시킨 이찬의 작품은 소녀 정신대의 활동을 고무하는 여 '교문을 나서는 여학생들에게'라는 부제가 달린 시 「전사(餞詞)」(『조광』, 1945.2.14) 등이 있다.

이제 이찬의 일본어 시를 한 편 더 보자.

膝深の雪空地で
子供の いくさ遊び—

こぶしほどの 塊 にぎりしめにぎりしめ なげつけ
なげかえし
風無き吹雪の中に 彼我も分たぬ 激戦ひとしきり…

やがて 手まねの 休戦喇叭なりて 各々 雪まみれ
の 列にもどりぬ
眉頭に でつかいコブの子 一方の殿につく

知らず 勝は何方なりや ただ隊長
別れを告げて後 はじめて 其の子に
かけより いたはりて おんぶし歸るを見る
兄ならむ 其の背の上で 暫く かぼそき泣聲走る

ああ 全ては 忍ぶ 我が戰いの道
既に この子等の 中に 有り!

—「子供の遊び」(『國民文學』, 1944.2) 원문

무릎 깊이 눈이 쌓인 빈 터에서
아이들의 전쟁놀이—

주먹만한 덩어리 꽉 쥐어 쎄게 쥐어 후려던지고
던져돌아오고

바람 없는 눈보라 속에 저편 이편을 모르는 격전만 한참이다…

마침내 손을 모아 휴전 나팔을 불고 각각 눈투성이
의 열로 돌아갔다
눈썹 위로 아주 큰 혹이 생긴 아이 다른 편에 들어간다

모른다 어느쪽이 승리했는지 단지 대장이
그만 하자고 한 뒤 처음으로 혹 난 아이에게
달려가서 괜찮느냐며 업어서 돌아오는 것을 본다
형일 것이다 그 등 위에서 잠시 가냘프게 우는 소리가 달린다

아아 모든 것을 참는 우리 전쟁의 길
이미 이 아이들 속에 있나니!

　　　　　　　　　　　　　　—「아이들 놀이」(인용자 번역) 전문

　5연을 빼고 읽으면, 이 시는 그저 눈싸움을 묘사한 소품일 뿐이다. 그러나 문제는 5연이다. 당시 아동을 지금의 아동으로 보면 안 된다. 당시 아동이란 단어는 대동아공영권의 논리와 군사적 필요에 따라 교묘하게 '황국국민(皇國國民)'으로 호명되었다. "半島의 兒童은 지난날의 兒童과 同一視할수업는 크나큰 任務를 가진 寶貝로운 存在…… 오늘의 兒童이야말로 日本精神을 막바루 그生命에다 불어너흘수잇는 皇國國民"[23]이었던 것이다. 황국국민을 위한 '국가 이념'은 반복적으로 확산시키면서, 즐겨부르는 동요에 "우리들은 大日本의 일꾼이란다 / 大日本을 빛내일 일꾼이란다" 같은 표현이 강조되었던 시대[24]였다. 이런 시를 읽어보자.

23) 이원수, 「農村兒童과 兒童文化」, 『반도노광』, 1943.1, 15면.
24) 김화선, 「일제말 전시기의 아동문학 및 아동담론 연구」, 『친일문학의 내적 논리』, 역락, 2003.

여섯살난 애기가 兵丁이다
닭하구 전쟁하는 兵丁이다

바가지 모자 쓰고
병뚜껑 훈장(勳章)달고
부지깽 칼을 찼다.

장난감 기관총 치켜들고
닭은 쫓는다
적(敵키)이라 추격(追擊)한다

담모퉁에 숨어 서서
타타타타 타타타 타타타타
닭한테다 총을 쏜다

여섯살난 애기가 兵丁이다
닭하구 전쟁하는 兵丁이다
　　　　　　—韓巴嶺, 「애기兵丁」(『소년』, 1940.7, 63면25)) 전문

　여섯 살짜리 아이가 닭 한 마리를 적(敵) 비행기로 삼아 전쟁놀이를
한다. 물론 이런 놀이는 어느 시기라도 있기 마련이다. 하지만 당시는
구체적인 적이 정해진 놀이가 교과 과목으로 되어 있었던 시대였다. 전
쟁 동원을 위한 이데올로기가 노래와 놀이 등으로 만들어져 교육되었
던 시대였다. 당시 실제생활에서도 아이들이 송진 채취에 동원되거나
근로보국의 훈련을 받았다는 사실은 익히 알려져 있는 사실이다. 아이
들이 당장 병정은 될 수 없지만 언젠가는 훌륭한 '일본의 병사'가 되겠
다는 꿈을 갖도록, '암시적 전쟁놀이'를 가르쳤던 시기였다.
　이러한 배경을 생각해 볼 때, 이찬의 「아이들 놀이」에서 "아아 모든

　25) 위의 책, 203면 재수록.

것을 참는 우리 전쟁의 길 / 이 아이들 속에 있나니"라는 표현에는 이미 대동아공영권을 향한 기대가 가득 차 있는 것이다. 당시 아이들은 장차 일본의 군인이 되어 대동아공영권의 용사가 될 '황국 국민'이었다. "朝鮮의 우리들은 戰線將兵의 武運長久를 비는 동시에 우리는 새 東亞를 세우는데 가장 씩씩한 어린勇士가 되어야"[26] 한다는 사실은 당시 아이들에게 일반적인 다짐으로 강요되었다.

예를 들어 이광수의 단편소설 「병사가 될 수 있다」에서는, 늘 군복을 입고 놀기 좋아하는 7살짜리 아이가 병에 걸려 죽어 가면서 "왜 조선인은 병사가 될 수 없어요?"라며 호소하는 장면이 반복된다. 1944년 조선인 징병제가 시작되기 몇 개월 전에 쓰인 이광수의 소설[27]에 나오는 아이와 이찬의 시에 나오는 아이는 서로 멀리 떨어져 있지 않다. 이렇게 볼 때 이찬의 「아이들 놀이」라는 시는 전쟁 동원을 찬양하는 시가 된다. 이 시는 2002년에 발표된 친일문학 성명서의 작품 목록에 포함되어 있지 않다. 이후 보충되어야 할 친일시로 생각된다.

4. 친일과 면죄부

우리는 이 글에서 이찬의 친일 작품에 대해 몇 가지 사실을 알게 되었다. 첫째 이찬의 「어서 너의 키-타를 들어」는 일본의 초반 승리기를 가장 극명하게 반영하고 있는 친일시임을 확인했다. 아울러 다른 한글 친일시를 통해 그의 시가 문명 비판 등 여러 방식으로 전쟁 참여를 반영하고 있다는 것도 확인했다. 둘째, 일본어로 쓴 시들은 직접적이기 보

---

26) 「地那事變三週年」, 『소년』, 1940.7.
27) 이광수, 「병사가 될 수 있다」, 『신태양』, 1943.11.

다는 간접적으로 전쟁 동원을 찬양하고 있음을 확인했다. 1940년대 그의 시를 분석하면서 그의 시가 친일의 성격을 극명하게 품고 있음을 알수 있었다. 이러한 이찬을 남한과 북한은 각각 어떻게 평가하고 있는지살펴보며 글을 마무리 하려 한다.

남한에서는 이찬을 '1930년대 시인'이자 한편으로는 '친일작가'로 평가하고 있다. 한편 이찬은 북한문학사에서 세 사람밖에 없는 '혁명시인'(조기천 · 리찬 · 김혁)까지 되었으며, 영웅대접을 받고, 마지막에는 혁명열사릉에 묻히게 된다. 어떻게 된 것일까?

해방이 되자마자 조선인민공화국 중앙위원회에서 결정한 정강 정책방침은 "① 일본제국주의의 법률제도 즉시폐기. ② 일본제국주의와 민족반역자들의 토지를 몰수하여 농민에게 무상분배함. 단, 비몰수토지의소작료는 삼칠제로 실시함. ③ 일본제국주의와 민족반역자들의 광산 공장 철도 항만 선박 통신기관 금융기관 및 기타 일절 시설을 몰수하여국유로 함"[28] 등 13개 조항이었다. 이것은 친일인사가 월북을 단념해야할 만한 강경한 내용들이었다. 이러한 강경한 친일제거정책이 있는데도불구하고 어떻게 이찬은 살아남아 '혁명시인'이라는 칭호까지 얻을 수있었을까.

이찬의 친일문학에 대해 논한 북한의 연구 결과를 필자는 본 적이 없다. 다만 이찬 자신이 쓴 수필에서 당시의 자기 활동을 부끄럽게 생각한다는 흔적이 몇 번 나온다. 가령, 소련의 작가들이 총을 들고 반일운동을 했던 사실에 대해, "얼굴을 붉게 하는 것"이었다고 자책하는 장면[29]이 나온다. 또한 이찬의 '반동 행위'에 대해 논쟁이 있었다는 것을「태양의 품에 영생하는 혁명시인」[30]이라는 글에서 알 수 있다. 당시 기

---

28) 朝鮮人民共和國中央人民委員會, 「政綱政策方針」(1945年 9月 14日), 『매일신보』, 1945.9.19.

29) 李燦, 「쏘베-트 作家會見記」, 『文化戰線』 제3집, 1947.3.25, 81면.

30) 「태양의 품에 영생하는 혁명시인」(『조국』, 1983.10.9~13). 이 자료를 주신 김학렬 선생님(일본 조선대학교 전 교수)께 감사드린다.

자였던 이찬은 「김일성 장군 찬가」라는 시를 '1946년 4월 함흥시 민주회관'의 연회장에서 김일성 앞에서 읽었다. 이때부터 이찬은 사랑을 받게 되어, 김정숙 동지가 직접 물색해 준 '대동강의 경치 아름다운 선교동 근방'에 살게 된다. 1946년 여름 「김일성 장군의 노래」가 완성되어 연주되었다. 그리고 1947년 4월 25일, 조선인민혁명군 창건 15돌을 기념하는 자리에서 이찬은 '인민정권이 주는 첫 표창'을 받는다. 그렇다고 이찬의 시에 대한 비판이 없었던 것은 아니다. 한 신문에 이찬의 "해방 후에 발표된 몇편의 시 작품들에 대한 단편적인 시구를 가지고 제 나름대로 분석하고 마구 공격을 들이대"(『조국』, 12면)는 평론이 있었다고 한다. 이에 대한 김일성은 논평이 실린 신문을 찾아 읽고 이렇게 말한다.

> 위대한 수령님께서는 한동안 깊은 생각에 잠기셨다가 리찬동무는 반동작가가 아닙니다. 라고 결연하신 음성으로 말씀하시였다. 그리고 그이께서는 곁에 선 일군에게 ≪그는 우리와 함께 공산주의까지 변함없이 갈 사람입니다≫라고 확인에 찬 어조로 말씀하시면서 빨리 이밤에 시인을 찾아가 이 사실을 전하라고 이르시였다.[31]

이후 이찬에 대한 비판적인 평가는 사라지고 말았다. 이른바 '김일성 면죄부'를 받게 되었던 것이다. 그의 친일시들은 북한 문단에서 사라지고, 식민지시기에 쓰인 이찬의 시들은 김일성을 예고하는 시들로 개작되고,[32] 이찬은 혁명시인이 되었다. 이찬은 북한이 20세기 최대 걸작으로 자랑해마지 않는 다부작 극영화 〈민족과 운명〉에 실명 주인공으로도 등장한다. 이 영화는 고등중학교 시절 연상의 여인을 사랑해 결혼까지 하게 되는 이야기이다.

이렇게 친일 행위를 평가하는 방식은 남쪽과 북쪽에 차이가 있다. 이찬을 평가하는 남북한의 차이가 곧 두 정치체제의 인문학적 차이를 드

---

31) 위의 글, 12면.
32) 김응교, 「리찬의 개작시 연구」, 『사회적 상상력과 한국시』, 소명출판, 2002.

러내는 것이다. 이러한 문제를 있는 그대로 살펴보는 것이 통일문학사를 세우기 위한 기초 작업일 것이다. 이 논문이 그러한 논의의 기초 돌이 된다면 다행이겠다.

아오바 가오리, 이찬의 희곡 「세월」

1. 이찬과 일본

이찬에 관해 주목할 만한 연구들이 축적되어 가고 있다. 나아가 『이찬 시전집』(이동순·박승희 편, 소명출판, 2003)이 출판되면서 이찬 연구는 한 발 더 나서게 되었다. 여기에 북한의 연구자들과 공동 연구를 한다면 이찬 연구는 더욱 깊어질 것이다. 다만 2003년까지의 연구 중에 '이찬과 일본'에 관해 연구된 글은 없다. 특히 이찬의 희곡에 대한 연구는 한 편 도 없다.

이 글의 연구 목표는, 이찬이 '일본'을 그의 작품에서 어떻게 표상하고 있는지 살펴보는 것이다. 그의 작품에서 어떤 방식으로 친일(親日) 성향이 나타나는가를 살펴보는 것이다. 그의 친일 성향은 그의 희곡 「세월」(1943)과 「보내는 사람들」(1944)에서 최고조로 나타난다. 이 과정의 작품들은 어떻게 친일 성향을 나타내고 있을까?

이러한 문제들을 살펴보기 위해 연구 대상으로 희곡 「세월」(『조광』, 1943.6·8)을 분석해 보려 한다. 연구 방법으로는, 희곡 「세월」의 필자·갈등·주제라는 측면에서 분석하려 한다. 일본과 관계되는 전기적 자료는 작품 분석에 필요한 경우에만 인용하려 한다. 이 글은 일제 말 이찬의 희곡 「세월」에 대한 첫 연구이다. 이 글을 통해 이찬의 작품이 품고 있는 친일문학적 요소와 그의 숨겨진 이력(履歷)이 한 굴곡 드러날 것이다.

2. 아오바 가오리의 「세월」 분석

1) 필자 아오바 가오리=이찬=李燦

이찬은 일제 말 친일 성향이 뚜렷한 3편의 희곡 「세월」, 「보내는 사람들」, 「이기는 마을」(『춘추』, 1944.10)을 발표한다.

먼저 「세월」의 저자 '아오바 가오리(靑葉薰)'가 이찬의 창씨개명이라는 사실을 가장 처음 알린 것[1]은 평론가 김재용이 참가한 「친일문학인 명단 공개」(민족문학작가회의, 2002년 8월 14일)이다. 이 성명서에 '이찬=아오바 가오리'라는 표기는 없다. 하지만 희곡 「세월」을 이찬의 작품 명단에 올려놓음으로 이찬의 창씨명을 처음 알린 첫 번째 논거가 되었다. 이후 『이찬 시전집』[2]에도 「세월」을 리찬의 작품 연보에 올려놓음으로,

---

1) 임종국의 『친일문학론』(평화출판사, 1963. 476면)에 이찬의 친일문학 작품연보가 소개되어 있으나 아오바 가오리가 쓴 「세월」, 「보내는 사람들」은 없다. 임종국 선생이 리찬의 창씨명을 몰랐을 리는 없을 것이다. 아마 '아오바 가오리'의 작품을 만나지 못했던 것이 아닌가 추측된다.

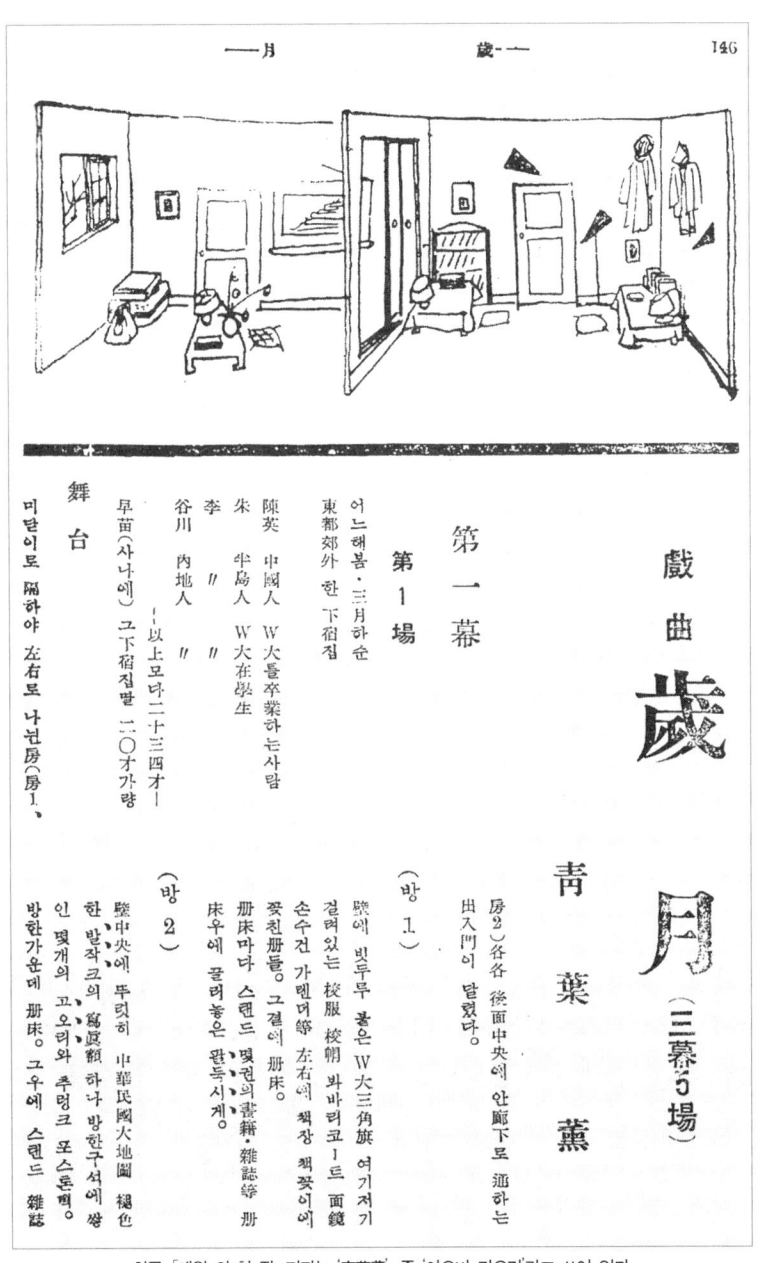

희곡 「세월」의 첫 장. 저자는 '青葉薰', 즉 '아오바 가오리'라고 쓰여 있다.

이찬의 창씨명이 아오바 가오리임을 암시하고 있다. 문제는 이찬이 '아오바 가오리'라는 것이 알려져 있기는 하지만 이제까지 명확한 문헌적 근거를 찾지 못했다는 점이다.

이찬이 '아오바 가오리'라는 명확한 근거는 「문인창씨록(文人創氏錄)」(『大東亞』, 1943.3, 22면)에 나타난다. 사실, 「문인창씨록」이라는 자료가 없더라도, 「세월」을 읽어 보면 이찬이 쓴 작품이라는 것을 금방 알 수 있다. W대학 유학생들의 삶을 다루고 있는 이 희곡에서, "W대학" 주인공들이 파티를 하기 위해 "大學新宿進出"(『조광』 91호, 147면)라며 신주쿠에 모두 모이는 것으로 보아, 지금도 주소지가 신주쿠구(新宿區)에 위치하고 있으며 신주크 중심가에서 가까운 와세다(Waseda)대학인 것이 분명하다.

비단 약력을 추론하지 않더라도 주인공인 "半島人 李"가 이찬 자신이 투영된 인물이라는 것은 「세월」의 문체를 보면 알 수 있다. 모든 문체는 물론이고, 이 글 뒤에서 밝히겠지만 특히 제2부에서 등장인물 '李'가 읊는 시를 보면 이찬의 문체가 그대로 드러난다는 사실이다. 더욱 확실한 증거는 글 끝에 "이草稿는 國境·惠山鎭思想國國防団의 所請에 依하여 不過四五日의 急迫한 時日을 앞두고 拙務의 小暇를 틈타 얽었던 것"(『조광』 91호, 153면)이라는 표현이다. 앞서 살펴본 시 「어서 너의 키-타를 들어」 끝에도 "혜산진에서"라고 적혀 있다. 1940년 이찬의 주소지는 "咸南 水山郡仲坪場"3)으로 그는 함경남도에 거주하고 있었다. 함경남도 혜산진은 그의 고향 북청과 가까운 곳으로, 1945년 해방이 되자마자 그가 북으로 가서 함남군 혜산군 인민위원회 부위원장을 했던 곳이다. 이 모든 사실을 볼 때, 「세월」의 저자는 이찬, 곧 '아오바 가오리(靑葉薰)'임이 분명하다. 이렇게 볼 때 "아오바 가오리=이찬=작품

---

2) 이동순·박승희 편, 『이찬 詩전집』(소명출판, 2002, 606면). 그런데 이 책은 「세월」의 발표 호수를 잘못 표기하고 있다. 『조광』 '91~92호'에 발표된 글을 '92~94호'로 잘못 표기하고 있다.

3) 人文社編輯部編, 「文筆家住所錄」, 『昭和十五年版·朝鮮文藝年鑑』, 1940, 137면.

として沈影、金一海等、男優及び監
督諸氏の報酬は、如何なものであら
うか、こと極祕に屬する事柄なるも
茲にこつそり公開せば概ね左の如き
ものちやないかなと云ふ噂その儘

女優

△文藝峰　百八十圓
△金素英　百六十圓
△金玲玲　百二十圓
八洪清子　百四十圓
八卜惠淑　百五十圓
△送貞愛　百二十圓

男優

△金一海　百七十圓
△韓銀珍　百八十圓
△徐月影　百八十圓
△李錦龍　百八十圓
△金漢　百七十圓
八南承民　百三十圓

△朴昌赫　百二十圓
八徐載悳　百四十圓
△南弘一　百圓

文人創氏錄（其一）

香山光郎（李光洙）
東文仁（金東仁）
松村紘一（朱耀翰）
金村八峰（金基鎭）
芳村香道（朴英熙）
金村古昔（金相鎔）
江原寅愛（鄭芝溶）
東村寅善（鄭寅燮）
大岡芝溶（徐恒錫）
松岡恒錫（白鐵）
白矢一世（白貞植）
桐生世雄（　）
野口稔（張赫宙）
方山春海（方仁根）
牧山春洋（李石薰）
礎田煥洋（李石薰）

○

▲

青葉薰（李燦）
和山永秀（崔永秀）
伊蘇野潤（尹石重）
大山化（崔仁化）
石原仁（石仁海）
李家仁岳（李庸岳）
木下俊（許俊）
木下仁化（　）
膝山雅夫（張貞心）
結城浩子（　）
金村龍濟（金龍濟）
和田龍賢（楊美林）
玄岡世德（玄德）
韓宇世光（韓黑鷗）
青木世洪（洪鐘羽）
白山青樹（金東煥）

（以下次號）

회살표(▲)를 보면, 이찬의 창씨명이 '아오바 가오리(靑葉薰)'임을 알 수 있다. 「文人創氏錄」을 전해 주신 호테이 토시히로(布袋敏博, 와세다대학) 교수에게 감사드린다.

안의 인물 '李'"라는 등식이 성립된다. 이렇게 「세월」은 필자 자신을 화자로 직접 등장시킨 특이한 작품이다. 곧 「세월」에 숨겨 있는 주요인물 '李'의 의도는 작가 아오바 가오리(=이찬)의 작가의도와 직결된다고 할 수 있겠다.

2) 갈등—민족주의와 대동아공영권

이제 희곡 「세월」에 나타나는 인물들의 갈등 관계를 살펴보자. 먼저 등장인물을 살펴보자. W대학에 다니는 학생 4명, 곧 중국인 진영(陳英), 반도인 이(李)와 주(朱) 그리고 내지인 다니가와(谷川)가 등장하고, 여기에 하숙집 딸 사나에(早苗)가 등장인물이다.

이야기는 중국인인 진영(陳英)이 대학을 졸업하고 중국으로 돌아가, 일본과 싸우고 있는 장개석 쪽에 설 것인가에 대해 갈등하는 장면에서부터 시작된다. 여기서 중국인 진영은 매우 중요한 문제적 개인으로 나타난다. 진영은 작품에서 두 가지 기능을 하고 있다.

첫째, 대동아공영권 앞에 갈등하는 인물이다. 1부에서 진영이 중국으로 돌아가 일본군과 싸울 것처럼 암시되고 있다. 그는 중국이란 민족을 택하는 것과 일본의 대동아공영권을 택하는 문제 사이에 서 있다. 이에 대해 반도인 주(朱)는 줄기차게 대동아공영권을 주장한다.

> 그광막한옥토 그무진장의 資源에 先進日本의 文化와 技術이 골고루 沈透되고 그部隊가 全的으로 迎合된다면 그 땅의 그 悲慘한 쿠리! 풍경도 一掃되려니와 이땅의 우리같은 所謂룬펜도 있어지지는않을게 아닙니까.
>
> —「세월」(『조광』 91호), 148~149면

일본의 선진 기술과 중국의 자원이 결합되면, 중국의 '쿠리(苦力, クー

リ一)', 즉 비참한 생활을 영위하는 노동자들도, 일본에 사는 룸펜들도 일자리를 얻게 될 것이라는 말이다. 짧은 표현 속에 대동아공영권(大東亞共榮圈)이 내재해 있다. 여기서 대동아공영권의 논리를 잠깐 살펴보자. 1938년부터 논해 왔던 대동아공영권은 1942년 초 서태평양에서 미얀마에 이르는 광대한 점령지에 대하여, 도조 수상이 공식적으로 발표했던 정책이다. 그 내용은 일본을 중핵으로 하여 동아시아에 공존공영의 질서를 확립한다는 것이었다. 그러나 실제의 일본 점령정책은, 자원의 획득과 군대의 자활을 첫째로 하고, 현주민의 독립운동을 억압하는 데 중점을 두었다. 대동아공영권의 실태는 일본을 중심으로 하는 식민지체제일 따름이었다. 1943년 5월에 결정한 점령정책에서는, 미얀마와 필리핀은 독립시키지만, 그 밖의 지역은 일본의 영토로 하고, 중요 자원의 공급지로 개발하기로 했다. 이러한 일본의 점령정책에 대항하여, 각지의 민중이 저항운동을 일으켰다. 인도차이나의 베트민이나 필리핀의 훅바라합과 같은 민족해방조직이 발전했다. 중국의 점령지에서는 팔로군(八路軍)이나 신서군(新西軍)이 광대한 해방구를 건설하여, 패전까지의 약 1억의 중국 민중을 해방시켰다.[4]

인용문의 "人種的으로 緊密한 유대를 띄고 있는 全東亞의 國家와 國家가 서로 손에 손을 맞잡고 相扶相助有無相通 文字 그대로 共存共榮하려는 것, 생각하면 大東亞共榮圈의 이데아란 아름다운 것"이라는 말은 당시 일본 제국이 가장 강조했던 사관이었다. 이에 반하여 중국군을 택하게 되는 진영은 '이상적 세계로 나아가는 데에 장애가 되는 훼방꾼(blocking character)'[5]이 아닐 수 없다. 작가의 의도는 훼방꾼을 참여자로 바꾸는 것이다. 이를 위해 반도인 주(朱)는 진영(陳英)을 계속 설득한다.

---

4) 由井正臣, 「태평양전쟁」, 『일본근대사론』, 지식산업사, 1981, 322면.
5) 이재명, 「박영호 회곡 〈별의 합창〉에 나타난 친일적 성향」, 『친일문학의 내적 논리』, 역락, 2003, 163면.

人種的으로 緊密한 유대를 띄고있는 全東亞의 國家와 國家가 서로 손에손을맞잡고 相扶相助有無相通 文字 그대로 共存共榮하려는것, 생각하면 大東亞共榮圈의 이데아란 아름다운 것이아닌가 그것을 다만 옛날政治家들의 朝三暮四로만 敬遠함은 지나친 淸敎徒的潔白이라고 생각되는것이네 (…중략…) 우리半島 朝鮮이 걸어온길 內鮮一体에까지이른 行程을 詳考할때 나는 日本帝國의 八紘一宇의 善意에 깊은信賴를 갖기를 君들게 권하고 싶은것이네
　　　　　　　　　　　　　　　　—「세월」(『조광』 91호), 151면

여기서 작가는, 반(反)서양을 실천하여 동양의 단결을 도모하자는, 일제의 '내선일체'와 '대동아공영권'의 논리를 그대로 드러낸다. 반도인 주(朱)가 끈질기게 설득하는 가운데 중국인 진영이 갈등하며 술잔을 기울이는 장면에서 제1막은 끝난다.

이러한 주장을 하는 W대학교의 등장인물들과는 달리, 이찬의 도쿄 유학 시절은 프롤레타리아 계급투쟁에 대한 열정이 달아오르고 있었다. 실제 그가 유학 시절 썼던 글을 보자.

　　우리의 유일한 기관지요 前衛的 지도적 任務에 노력하는 〈無産者〉는 엇더하냐. 發禁에 또 發禁, 우없는 경제적 곤궁과 被壓에 탄식하고 있다. 카페 바에서 웨드레쓰의 값싼 웃음을 살 돈은 있어도 裕福한 우리 학생 분들의 故國을 위한, 인류를 위한, 우리의 일에는 一文의 寄助가 없다 개탄함은 활동하는 어느 동무의 말이다. 더욱히 近日에도 五六人의 동무가 끌려 갔다가 행이 나오기는 하얏다만 그러나 林和兄만은 아직 그 속에서 呻吟하고 있다.[6]

탄압을 받으면서 어렵게 출판해낸 『무산자』가 프롤레타리아운동 내부적으로 '일국 일당원칙'에 위배한 분파 행동으로 비판을 받고 있었던 시절, 그 고통이 윗글에 투영되어 있다. 안팎으로 고통을 받으면서도 열정이 느껴지는 글이다. 유학 시절 이찬은 '무산자사'와 관계를 맺으면

---

6) 李燦, 「동무에게 보내는 片紙」, 『學之光』, 1930.4, 745~746면.

서, 이미 도쿄에 와 있던 시인 임화와 함께 계급적인 문제를 고민한다. 이찬의 도쿄 유학 시절은 「세월」과 전혀 다른 모습이었다.

둘째, 중국인 진영은 내선일체론(內鮮一體論)을 상징하는 사랑의 대상으로 역할하고 있다. 당시 많은 친일문학에서 내지인과 식민지인의 결혼이나 사랑은 내선일체를 위한 중요한 소재였다. 이광수의 소설 「진정 마음이 만나서야말로」, 「그들의 사랑」은 내선일체의 문제를 사랑과 결혼이라는 매개로 소설화한 작품[7]이었다. 「세월」의 경우를 보자.

무苗 (두손에 낯을 파묻으며) 가서요 가요 더아무말슴도말고 …
陳 (무苗의 어깨에 떨리는손을 얹으며) 우지마우 사나에. 나는 모든 것을 다 이야기하고 싶은 것이오. 그러나 더 말할수 없는 것이오
무苗 (느끼며) 가시거든 消息이나 …
陳 (기 ─ ㄴ 숨을 쉬면) 사나에 새삼스러히 傳할 무슨消息이 있겠소. 그 무슨 有形의 消息을 約束함은 거즛이겠지요. 그러나 다만 당신을 진정으로 사랑하였고 진정으로 사랑하면서도 떠나가지 않을 수 없었든 中國의 한 젊은이가 당신에게 있었다는 것만이 人類로서 잊을 수 없는 이 時代의 記憶과 함께 永遠히 당신 記憶의 한귀퉁에 남겨주시기를 바라는 것이오
무苗 (머리를 다시 冊床우에 파묻으며) 아아 英氏 …
─「세월」(『조광』 91호), 제1부 152면(강조는 인용자)

부수적 인물 사나에는 중국인 진영을 사랑하는 연인이다. 진영은 일본인 사나에를 "진정으로 사랑하면서도 떠나가지 않을 수 없는" 인물이다. '중국인으로서' 이별할 수밖에 없는 진영을 보내며 사나에는 '책상 위에' 머리를 파묻고 울 수밖에 없다. 두 사람의 사랑은 결혼에까지 이르지는 않지만, 관객들에게 어떤 설렘을 갖게 한다.

반도인과 내지인의 사랑과 결혼, 혹은 중국인과 내지인과의 결혼은 내선일체의 실현을 위한 대표적인 소설적 소재로 쓰여 왔다. 가야인 김

---

7) 이경훈, 『이광수의 친일문학연구』(연세대 국어국문학과, 1994), 222~246면.

유신이 그 누이를 정복국 신라의 김춘추와 결혼시켜 한 집안을 이루고 삼국통일을 완수한다는 최재서의 친일소설 「민족의 결혼」이나, 반도인 원구와 니시모도 박사의 딸 미찌꼬와의 사랑을 논한 이광수의 소설 「그들의 사랑」이 그러하다. 특히 이광수의 소설 「대동아」(『녹기』, 1943.12)는 일본인 교수집에서 하숙하는 중국인 유학생 범우생이 일본인 교수의 말에 감동받고 대동아공영권을 위해 헌신한다는 내용으로, 범우생과 일본인 교수의 딸 아케미와의 사랑이 암시되어 있어, 그 내용이 이찬의 「세월」과 유사하다 하겠다.

마침내 「세월」의 결말부에서 중국인 진영은 포로로 잡히고, 사나에는 야전병원의 간호사로 만나게 되고, 이 두 사람은 대동아공영권의 사상에서 다시 만나게 되는 것으로 희곡은 끝맺는다.

3) 주제—황국신민과 국어(日本語)교육

제2막의 무대는, "어느 해 가을" 조선 어느 마을의 "조그만 시골 공회당"이다. 무대에는 걸상이 달려 있는 책상, 벽에 걸린 칠판에는 백묵, 칠판 지우개가 있다. 교탁 앞에는 접이식 의자가 두어 개 있는 교실이다. W대학 출신의 반도인 주(朱)와 이(李)는 "국어(日本語)강습소 선생"으로 등장한다. 김첨지, 큰집 할머니, 왕 서방, 보배 어미, 은순, 옥회 등 견습생이 앉아 있다. "자 그럼 공부하기 전에 國民儀禮를 擧行합시다"라는 말로 첫 대사가 시작된다.

> 「모다 起立」, 「東쪽으로 向하십시요」
> 「きをつけ!」「宮城に向つて最敬禮」
> 「なおれ」「出征勇士の武運長久祈願並に戰沒將兵の英靈に對する默禱·默禱初め」

사이 – 「默禱やめ」
「皇國臣民の誓詞齊唱」

— 「세월」(『조광』 92호), 134~135면

"차렷!", "궁성을 향해 경례", "바로!", "출정용사의 무궁장구 기원 및 전몰 용사의 영령에 대하여 묵도, 묵도 시작", "묵도 중지"라는 대사로 시작되는 2막은 1막과 달리 첫 장면부터 일본어로 대사가 나온다. 이렇게 이 희곡은 대화문 자체를 통해 듣는 사람에게 일본어와 함께 천황숭배의 정신을 교훈시키려는 목적이 뚜렷하게 드러나 있다. 이어서 관객들도 함께 자연스럽게 「황국신민의 맹서」를 함께 외우도록 되어 있다.

朱「我らは 皇國臣民なり」
一同 뒤받어 齊唱
朱「忠誠 以つて 君國に 奉ぜん」
一同 뒤받어 齊唱

'주'가 선창하고, 이어서 등장인물들이 모두 따라하는 식으로 하여 세 가지 항에 이르는 「황국신민의 맹서」를 모두 외우고 있다. 총독부 학무국에서 교학쇄신(敎學刷新)과 국민정신 함양을 도모한다는 미명(美名)으로 제작한 「황국신민의 맹세」는 미나미 지로(南次郞) 총독이 1937년 10월 2일에 결재하면서, 모든 학교나 집회에서 낭송 제창하도록 강요되었다. 희곡 「세월」의 첫 장면처럼 인도자가 맹세하면, 청중이 따라서 제창하여, 조석(朝夕)으로 황국 신민의 각오를 하게 했던 것이다. 이 맹세는 1939년 1월호 이후 모든 잡지의 첫 면 면지 혹은 판권에 실어야 했다. 게재치 않을 때는 불온문서 취급을 당하는, 출판물 검열의 제1조건이었던 것이다(이하 괄호 안은 필자의 번역이다).8)

---

8) 임종국, 『친일문학론』, 평화출판사, 1963, 46~47면 참조.

皇國臣民ノ誓詞 지원

一、我等ハ皇國臣民ナリ忠誠以テ君國ニ報ゼン

(우리는 황국 신민이니 충성으로 천황의 나라에 보답한다)

二、我等皇國臣民ハ互ニ信愛協力シ以テ團結ヲ固クセン

(우리들 황국 신민은 서로 신애 협력하여 단결을 굳게 한다)

三、我等皇國臣民ハ忍苦鍛鍊力ヲ養ヒ以テ皇道ヲ宣揚セン

(우리들 황국 신민은 인고 단련의 힘을 길러 천황의 도를 선양한다)

첫 장면 「황국신민의 맹세」를 통해, 「세월」의 주제는 강력히 부각된다. 예컨대 주(朱)와 이(李)가 '국어[日本語] 강습소 선생'으로 등장할 때 '국어 강습소'라는 말에서 '국어(國語=日本語)'라는 표현에는 정치적 의미가 숨어 있다. 다나카 카쓰히토(田中克彦) 교수의 말처럼 "'국어'(國語)는 결코 일상적인 말이 아니라, 메이지시대부터, 서양 사정 등을 배워, 숙고한 결과 만들어진, 문화정책상의 개념"9)이었다. 특히 '국어'라는 표현 이전에 1840년부터 '황국어(皇國語)'라는 표현10)이 있었던 것은 유념해 볼 만한 일이다. 이렇게 국어 교육에는 천황의 이미지가 철저히 투영되었고, 국어를 통해 중앙집권의 길은 탄탄해져 갔던 것이다. 조선인들을 '황민'으로 교육시키는 주(朱)의 태도는 열정에 넘친다.

「세월」에는 가끔 일본어 대사가 나오지만, 박영호의 희곡 「별의 합창」(1945.2) 등이 전체 대사의 1/3이 일본어 대사인 것과 비교하면 그리 많은 편은 아니다. 그런데 중요한 점은 이찬이 「세월」에서 꼭 필요한 대목에는 일본어로 표현하고 있다는 점이다. 그 일본어의 내용은 내선일체와 대동아사상에 기초해 있다. 그것도 아주 재미있게 표현하고 있다. 일본어 문장을 번역하는 큰집 할머니의 대사를 보자.

큰집 할머니 저―「닙뽕」은 일본이라 「다찌아가루」는 일어났다. 그 담은 모

---

9) 田中克彦, 『ことばと國家』(岩波新書 175), 岩波書店, 1981, 115~116면.

10) 위의 책, 116면.

르고 에一또 「베이에이」는 미국 영국이라 「다오스」는 뭐라더라 그렇지 넘어트
리는 거라. 또一 이거 이건 다 모를데라 「겐一쥬밍」은 거기 백성이라 또 「다
스게」는 돕는거고 「미찌비꾸」는 뭐라드라 오一라 오라 언젠가 손주여석 손짓
손직해가며 배우든소리구만

한 단계 넘어, "손구락으로 내려 집혀가며" 할머니는 일본어를 번역
해낸다. 연극을 통해 번역 방법을 교육시키고 있는 것이다.

　　「일본」, 「일어났다」니 일본이 일어났다는 말일게구 「에이베이」, 「다오스」는
　　그렇지 뭐요 미국과 영국을 넘어트린다는 거지. 「거기백성」을 「돕고」, 「인도한
　　다」는 그대로 알소리고 「大東亞共榮圈」 「날이 밝는다」는 大東亞共榮圈이
　　돼서 우리 世上이 밝아진다는 말 아니유.
　　　　　　　　　　　　　　　　　　　　　　—「세월」(『조광』 92호), 136면

이 과정을 보면, 조선인이 일본어를 억지로 배운 것이 아니라, 자발
적으로 즐겁게 '국어(日本語)'를 배우고 있는 것으로 재현되고 있다. 등
장인물은 더 이상 반도 조선인이 아닌 '황국신민(皇國臣民)'으로 즐겁게
생활하고 있는 것이다.

사실 '국어(國語=일본어)'를 조선인에게 주입시키려는 정책은 훨씬 그
이전인 1910년 조선합병이 이루어질 무렵부터 시작되었다. 1911년 조선
교육령에 의해 설치되어진 '조선어 및 한문'이라는 과목이 있었는데, 실
제로는 한문만을 혹은 한문해석을 위해 단순한 조선어를 가르치는 데
에 지나지 않았다. 결국, '조선어'는 '국어(國語=일본어)' 교육을 위한 보
조수단이었을 뿐이었다.[11] 또한 1910년에 식민지 동화정책을 위해 작성
된 「교화의견서(敎化意見書)」를 보면, 조선인을 일본인으로 '동화'시키기
어려운 네 가지 의견이 나오는데, 그 중에 세 번째 의견은 "그들 조선민

　　11) 이연숙, 「植民地朝鮮における 「民族語抹殺政策」」, 『「國語」という思想』, 岩波書
　　　　店, 1996, 252면.

족은 명확한 자각심을 갖고 있고" 그래서 "그 민족적 자각심은 일본민족의 동화적 감화에 최대의 장애가 된다"12)라고 지적하고 있다. 이런 흐름에 따라 1937년에 최초의 '국어(日本語)' 지면이 신문에 등장한다.

신춘의 지면 대약진을 기하여 본사에서는 학예기사의 一부를 확장하여 새로이 國語面을 창설하게 되었다. 조선이 구투를 탈(脫)하여 겨우 四세기— 각방면에 있어서의 전면적 진출은 실로 경탄할 바 있는 것이다. 이러한 내외 사정을 정관할 때, 오인은 그 원동력이 「국어교육」에 있음을 깨달을 수 있을 것이다.13)

윗글에서 나오는 '국어(國語)'는 한글이 아니라, 일본어를 말한다. 미나미 지로(南次郎) 총독의 끈질긴 식민지 문화경영은 드디어 조선어 신문의 한 면을 일본어로 쓰게 만들었다. 임종국은 "이것이 조선어 지면을 일본어가 침략한 최초의 경우"14)라고 했다. 이렇게 일본어를 통해 식민지인을 '동화(同化)'시키려는 시도는 아이누·오키나와·타이완·조선에 시종일관된 사상이었다. 식민지인을 '일본인'으로 바꾸기 위해, 프랑스의 식민지 동화정책을 연구했던 야나이하라 타다오(矢內原忠雄)와는 논문 「군사적·동화적인 일본과 프랑스의 식민지정책에 대한 고찰」(『國家學雜誌』, 1937.2)에서 일본어 교육의 중요성을 이렇게 지적했다.

타이완사람 혹은 조선사람, 아이누 혹은 남양군도 사람에게 우선 일본말을 가르치고 이를 통해 그들이 일본정신을 갖도록 해야 한다. 사회적·정치적 자유는 그들 모두가 일본어를 하고 또 일본정신을 가진 완전한 일본인이 된 다음의 일이라는 것이, 우리 식민지 원주민 동화(同化)정책의 근본정신이다.15)

---

12) 이연숙, 「「同化」とはなにか」, 위의 책, 259면 재인용.
13) 사설, 「國語面創設に就いて」, 『每日申報』(1937.1.12).
14) 임종국, 『친일문학론』, 평화출판사, 1963, 46면.
15) 이연숙, 「일본어에의 절망」, 『창작과비평』, 1999년 가을, 108면 재인용.

'동화정책(同化政策)'을 위해 가장 중요한 근본은 '국어(日本語)'를 주입시키는 것이었다. 그를 위해 가장 실제적인 형태가 '일본어 학교'를 건설하는 것이었다. 북쪽 만주에서 남쪽 인도네시아에 걸쳐 육해군은 진공하자마자 '일본어 학교'를 건설했다. 일본어 학교는 만주사변과 청일전쟁 이후 생긴 독특한 교육 기관이었다. 조선에서는 강습소 형태로 이루어졌는데 이 모습이 「세월」에 잘 나타나고 있다. "이 학교는 일본예법, 일본정신을 체득"시켰다. 일본어 보급의 목표는 "대동아 건설에 있으며, 이때 대동아건설이란, 일본이 역사의 주체가 되는 것이며, 곧 '일본적 동아(日本的 東亞)'를 건설하는 것"[16]이 핵심이었다. 이렇게 「세월」에 나타난 국어 강습소의 모습은 대동아 건설을 위한 사상전의 한가지였다.

 다시 「세월」로 돌아가자. 국어 수업이 끝날 즈음에 주(朱)는 "저는 군속(軍屬)이 되어서 南方으로 가게 됐습니다"라고 말한다. 그 스스로 해군이 되어 전선으로 나가는 감동적인 장면이다. 주 선생 대신에 그 친구인 '이 선생'이 선생으로 등장한다. 이 선생 역시 시골 사람들에게 "昭和十九年度부터 徵兵制가 實施되며 內鮮一體가 名實相符 具現되고 있는 것은 大端이 기쁜일이올시다"라며 내선일체를 찬양한다. 그리고 수업을 마친 시골 사람들과 작별을 고한 뒤, 주와 이는 담배를 붙여 문다. 이때 이(李)가 시를 읊는다.

> 南方 南方
> 불타는 赤道直下
> 거기 南十字星 빛나고
> 椰子樹그림자 두루녹는곳
> 올리브・코코아・파인・파인애플의 薰薰한香氣
> 미끄러지는 스타이키一타의 多悩한 음률
>
> —「세월」(『조광』 92호), 139면

---

16) 釘本久春, 「日本語學校論」, 『戰爭と日本語』, 龍文書局, 1944, 167~184면.

이(李)가 읊고 있는 이 시 구절은 이찬의 시에서 자주 등장하는 구절이다. 가령 "빠나나·코코아·올리브·파인애플의 훈훈한 향기에 쌓여/그윽한 무아의 꿈을 재어보고 싶다// 이 퍼플색 황색이 창백한 달밤을 가져 오면/다한(多恨)한 슬라이·키—타 미끄러지는 음률에 젖어"(「그리운 지역」, 시집 『분향』에서)라는 구절과 같거나 닮은 단어들이 나열되고 있다. "불타는 赤道直下 무르녹는 椰子樹그늘 오리브 코코아 파나나 파인애플·薰薰한 향기에 쌓인—"(「어서 너의 키—타를 들어」, 1942.6)이라는 표현에서도 과일 이름의 순서가 같다. 이 대목이야말로 이찬의 문체적 습관이 그대로 드러난 대목이다. 작가가 아주 내놓고 작중화자 '이'가 곧 작가 이찬임을 드러내고 있으니, 텍스트의 안과 밖의 경계가 지워진 셈이다. 여기서 우리는 등장인물 '이'가 '이찬'의 투영임을 알게 된다.

등장인물 '李'의 대사가 이 대목에서만 보인다는 것도 재미있다. 이 극본의 주인공은 단연 주(朱) 군이다. 이찬은 자신의 모습이 투영된 이 군을 주인공으로 내세우지 않고, 주 군을 내세워 친일론의 웅변자로 형상화시키고 있다. 마치 자기는 직접 참여하지 않는 것처럼 보이려 했을지 모른다. 그러나 주 군의 논리에 맞장구치는 인물은 이찬의 형상인 '李' 군이다. 사실 일제강점기에 이찬은 작품을 발표할 때 늘 "李燦"이라는 한자로 표기했다. 재미있는 사실은 『인문평론』에 시를 발표할 때는 「세월」의 등장인물처럼 "李"라는 가명을 썼던 것이다. 결국, 자신을 감추려던 이찬은 스스로 창조해낸 인물 주 군을 통해 친일론을 주장하고, 자신 역시 그에 동의함으로 더욱 치밀한 친일문학을 만들어 내고 말았다.

사실 일본어를 가르치고 친일을 열변하는 유학생의 모습은 본래 이찬의 모습이 아니었다. 원래 그가 귀국하여 고향에 갔을 때 어떠했는지 실제 모습은 정반대였다.

한해도 못지나 바랭 다시 짊어 메고 아쉬이도 돌아온다

첫날 밤 "애비도 없는 너를 기어이 공부시키잿드니 씨값 집세 그리구 네가 쓴 빚이 …"하며 목메어 끝도 못맺는 어머님 말씀에

억지로도 도로 가리라 은근히 하던 속궁리는 스르르 오새 얼음장같이 사라지고

(…중략…)

차라리 술이라도 흠뻑 켜고 하염없이 거리를 비틀치며 쏘대고 싶으나

게다가 어디라 다르리 말로 뒤따라는 그 그림자 성이 가시구나

으헤리 만나면 "왜 안가우" 아는 이의 실없는 물음도 짜증남이나

그래도 나이 스물에 하나이어서 철이라고 든지라 더욱

이것저것 모조리 참고 이 악물어 참고 간다 ×××회관으로 —

이제 머지않은 우리 기념날의 차림하기 위하여

　　　　　　　　　—이찬, 「고향에 돌아와서」(『조선일보』, 1930.4.16)

시의 화자는 이찬 자신이다. 1930년(21세) 2월 말에 귀국하여 가정교사 등을 하던 그의 짧은 귀국 소감이다. 뉴욕 증권거래소의 주가는 폭락하고, 세계 대공황에서 자유로운 땅이 없었던 1929년, 자본주의적 모순이 터질 만큼 한계점에 이르러 금융불황이 시작되고, 수천만의 임금노동자가 실업자가 되어 가던 때였다. 바로 이때 이찬은 도쿄에서 "바랭 다시 짊어지고" 고향으로 돌아온다. 하지만 어머니의 울음 앞에 아픈 회한만 짓씹는다. 1930년 가을에 곡식 가격이 폭락해 가는 조선으로 돌아온 그는 절망할 수밖에 없었다. "애비도 없는 너를 기어이 공부시키잿드니 씨갓 집세 그리고 네가 쓴 빚이……"라며 목메어 우는 어머니와 "꽁달 담배조차 돌려 피우는" 처지에 시인은 괴로워한다.

시의 마지막 두 행을 주목해 보자. 그가 회관으로 가는 이유는 「세월」에서처럼 '국어'를 가르치기 위해서가 아니라, 5월 1일에 있을 메이데이 노동자 "기념날"을 준비하기 위해서였다. 이때 그에게는 분명 프롤레타리아운동을 위한 분노와 운동력이 있었다.

이 시를 발표하고 난 1년 뒤, 이찬은 1931년(22세) 4월 25일 연희전문

에 입학한다. 완전히 귀국하여 학교를 다닐 생각이었는가 싶었으나, 9월 10일 제적되었다. 그의 연희전문 성적표에는 어떤 과목도 수강하지 않은 백지(白紙)일 뿐이다. 이름만 기록되어 있고 등록만 하고 수강은 하지 않은 것으로 되어 있다. 만주사변이 일어나 뒤숭숭하기만 했던 1931년, 연희전문에는 등록만 하고, 며칠 뒤 5월에 도쿄로 돌아가 학교생활을 다시 했던 것이다. 더불어 그는 〈동지사(同志社)〉에 신고송과 함께 편집위원으로 참여하고, 나프와 카프에도 관계했다.17) 당시 발표했던 시로는 화염을 토하는 용공로 앞에서 '앙상한 기계같이' 움직이는 노동자를 묘사한 「기계(機械)가튼산아히」(『大衆公論』, 1930.3), 「일군의 노래」(『學之光』, 1930.4) 등이 있다. 이찬의 계급시는 이러한 시들로부터 본격화되었다고 볼 수 있겠다.

1932년(23세) 2월 〈코프(KOPF)조선협의회〉로 〈동지사〉가 발전적인 해소를 할 때, 이찬은 안막·박석정과 함께 해소 선언 기초 의원으로 참가한다. 1932년 5월에 이찬이 일본에서 완전히 귀국했을 때는, 임화나 김남천 등은 이미 귀국한 후의 일이었다. 이찬은 송계월 등과 교류를 맺으면서 카프 중앙위원으로 선출되었고, 11월 박동수가 기획한 『문학건설』 창간에 참여했다가 11월 19일 '별나라사건'으로 신고송과 함께 일경에 체포되었다. 1934년(25세) 9월 4일 만기 석방하여, 경찰의 압력으로 다음날 북청으로 귀향하게 된다.

1934년, 때는 우익과 파시즘이 광기(狂氣)를 부리며 탄생하던 시기였다. 1934년 프랑스에서는 극우단체들이 대소요를 일으키고, 독일에서는 8월에 히틀러가 국민투표를 거쳐 총통이 되었다. 일본에서는 천황주의를 기본으로 한 군국주의가 자리 잡아가고 있었다. 세상은 절대 권력을 꿈꾸는 자들에게 넘어가고 있었다. 사회주의를 부르짖었던 이찬은 더 이상 꿈을 가질 수 없었다. 이런 상황에서 좌익에서 활동했던 이찬은

---

17) 高峻石, 『在日朝鮮人革命運動史』, 拓植書房, 1985, 127면.

기세가 꺾인 카프에 관계한 다음 2년 몇 개월이라는 짧지 않은 기간 동안 감옥에 있다가 전향했다. 그리고 3년 간의 일본생활, 2년 몇 개월 간의 감옥 생활 중에 쓸 수 없었던 시를 모국어로 한꺼번에 발표하기 시작한다. 세 권의 시집 『대망(待望)』(1937)・『분향(焚香)』(1938)・『망양(茫洋)』(1940)이 그것이다. 생계를 위해 관납상회와 북청문화주식회사(인쇄업) 및 양조장에서 일한다. 그러면서, 날카로웠던 그의 사회 인식은 무디어져 가면서, 친일의 길로 다가서게 된다. 그의 시는 조금씩 친일(親日) 성향을 보인다. 마침내 이때 프롤레타리아의 해방에 대한 열정은, 「세월」의 주인공처럼 대동아공영권을 향한 열정으로 바뀌었다. 그러나 1940년대 들어 친일의 길로 들어서면서, 그의 귀국길은 대동아성전을 찬양하는 길목으로 변하고 마는 것이다.

그의 친일적 태도는 전쟁 참여가 정당함을 주장하는 장면으로 이어진다. 제3막의 배경은 전쟁터(제1장)와 야전병원(제2장)이다. 여기서 처음 일본 하숙집에서 만났던 W대학 학생 3명과 사나에가 모두 만난다. 남학생 3명은 병정이 되었고, 사나에는 간호병이 되었다. 중국인인 진영은 일본군과 싸우다가 부상당해 야전병원으로 오고, 여기서 주(朱)와 간호병이 된 사나에를 만난다. 그리고 "歲月! 歲月은 언제나 반드시 이地上에서 이人類의 慘劇을 通하여 바른者들에게는 勝利와 바른者에게의 바른世界를 가저오고야 말것이네"(『조광』 92호, 145면)라며 일본 제국의 승리를 강하게 주장한다.

> 다못 눈앞을 흐르는 現在와 앞으로 흘러올 未來가 있을것뿐이네. 自己를찾는 어리석음은 버리고 다못 現在와 未來에의 飛躍속에서 새로운 生의 意義를 戰取하게 이것이 일즉 人類가 經驗한 적없는 이 苦難한 世紀에임하는 가장 賢明하고도 正當란 우리들의 生의哲理가 아니면 안된다고 나는 確信하는 것이네.
> ─「세월」(『조광』 92호), 145면

'주 군'의 당찬 다짐은 이 희곡의 결론을 장식한다. '다못'('다만', "더불어, 함께"라는 사투리, 『조선말 사전』, 과학원출판사, 1962)이라는 부사어에 '오로지' 이 길밖에 없다는 것을 강조하고 있다. 과거를 버리고 미래를 향해 가는 것만이 지금 해야 할 일이라고 한다. 이 말이 끝나자, 자기를 살려준 일본군에 감사하며 중국인 진영은 감격하면서 "고마우이. 朱! 잘 알었네"라며 탄복한다. 비로소 '훼방꾼'에 불과했던 중국인 진영은 '황국신민'으로 탈바꿈하는 것이다. 반동인물이었던 중국인 진영의 변신은 희극의 절정부에서 극적인 전환을 나타낸다.

3. 이찬 친일문학의 변화

첫째, 이 글을 통해 「세월」의 필자 '아오바 가오리(靑葉薰)'는 이찬이며, 또한 작가 자신이 '李'라는 주요인물로 등장함이 밝혀졌다. "아오바 가오리=이찬=작품 안의 인물 '李'"라는 등식이 성립된다. 「세월」은 필자 자신을 화자로 등장시키는 특이한 작품이다. 곧 「세월」에 숨겨 있는 주요인물 '李'의 의도는 작가 아오바 가오리(=이찬)의 작가의도와 직결된다고 할 수 있겠다.

둘째, 중국인인 진영(陳英)이란 인물이 매우 중요한 '문제적 개인'임을 밝혔다. 여기서 중국인 진영은 중국의 민족주의와 일본의 대동아공영권을 택하는 문제 사이에 서 있는 훼방꾼(blocking character)적인 존재, 또한 내선일체론을 위한 소재인 내지인과의 사랑의 대상이 되는 '문제적 개인'임을 밝혔다.

셋째, 대동아공영권과 내선일체를 위하여 '국어'교육이 중요한 소재로 제시되고 있음을 살펴보았다. 일본어 강습소에서 일하는 인물을 창조해낸 이찬의 태도는 다른 작가와 비교해 볼 때 내면적인 적극성을 내보인다. 비교컨대, 이찬보다 2년 뒤에 태어난 시인 백석은 평안도 사투리를 줄기차게 나열하는 시집 『사슴』(1936)을 내고 일본의 동화정책에 반하는 방언(方言)주의[18]를 선택한다. 이찬보다 6년 후배인 박두진은 이 암흑기에 시를 발표하지 않고, 미발표작 「산과 산들을 일으키며」, 「배암」 등을 통해 내면적인 저항[19]을 시도한다. 또한 이찬이 친일문학을 할 때, 백석과 박두진은 작품을 발표하지 않았다. 이렇게 보더라도 이찬이 「세월」에서 등장시킨 '국어'교육의 모습은 친일적 태도로 명확히 돋아 보인다.

결론적으로 이찬의 희곡 「세월」은 친일문학이 갖추어야 할 내면적 논리를 갖추고 있다. 「세월」은 조선인으로서 일본 제국의 국책을 충실히 수행하는 인물을 잘 형상화하고 있으며, 반동인물이었던 중국인 진영이 '황국신민'으로 변해 가는 과정을 감동적으로 그려내고 있다. 이찬의 친일문학은 단순하고 우연적인 타협이 아니라, 어떤 논리화된 모습을 확실히 보이고 있다. 「세월」은 태평양전쟁 말기에 일제 정책을 철저하게 수행한 대표적인 선전용 작품이다. 다만 이 작품의 주요인물인 반도인 주 군의 지나친 열정이 자칫 관객에게 거부감을 줄 수 있을 것이다. 또한 모든 등장인물이 야간병동에서 만난다는 너무도 작위적인 설정이 폭소를 자아내게 하는 '내적 결함'은, 관객들이 이 작품에 몰입하려 할 때 방해가 되었을 것으로 예상된다.

역사적인 발전 상황에 따라 이찬의 친일문학은 변했다. 필자는 4단계로 친일문학의 발전 상황을 생각해 보곤 한다.

제1기   1937년 1월~1941년 12월, 1938년 무한 삼진 함락을 계기로 '전쟁문

---

18) 김응교, 「백석 시 「모닥불」의 열거법 연구」, 『현대문학의 연구』 제24집, 한국문학연구학회, 2004.11.
19) 김응교, 「박두진의 상상력 연구」, 박이정, 2004, 180~188면.

학' 시작.20)

제2기 1941년 12월~1942년 6월, 태평양 개전부터 미드웨이 해전의 패전
까지.

제3기 1942년 6월~1944년 7월 과달카날 섬 철퇴에서 도조 내각의 총사직
까지.

제4기 1944년 7월~1945년 8월, 마리아나의 패배에서 패전까지이다.21)

『매일신보』를 기점으로 해서, 1937년에 최남선·박노식·김소운 등
이 친일문학을 발표하기 시작했다. 1938년 무한 삼진의 함락사건은 친
일문학의 기폭제가 되었다. 이에 비하면, 1942년 6월에 첫 친일시 「어서
너의 키-타를 들어」를 발표했던 이찬은 다소 느린 편이라고 할 수 있
다. 하지만 친일문학이 가장 융성했던 제3기와 제4기에 이찬의 친일희
곡 「세월」은 대동아공영권과 국어교육 문제를 내세우며 나타나고 있다.
초기 친일시와 희곡 「세월」을 보았을 때 이찬은 그것은 아주 유용한 선
전 도구였음에 분명하다.

이찬은 「세월」을 발표한 후, 보다 직설적인 친일시와 일본 시를 발표
하기 시작한다. 직설적으로 전쟁 참여를 권했던 친일시 「송, 출진학도」
(『신시대』, 1944.2)와 일본어 시 「아이들 놀이(子等の遊び)」(『國民文學』, 1944.2),
「그나마 잘 죽어서(せめてよく死に)」(『東洋之光』, 1944.3)는 앞의 글에서 분석
했다. 징병 문제를 통해 전쟁 동원을 호소력 있게 주장하는 희곡 「보내
는 사람들」은 다음 글에서 논하고자 한다.

---

20) 1938년 10월 '동방의 마드리드'라고 불리던 무한 삼진이 일본군에 의해 점령되면서
우리 문학계가 친일과 항일로 양분되었다고 김재용 교수는 말한다. 김재용, 「일제말
문학계의 양극화-협력과 비협력의 저항」, 『친일문학의 내적 논리』, 역락, 2003.

21) 油井正臣, 「태평양전쟁」, 『일본근대사론』, 지식산업사, 1981, 318~326면.

징용의 논리, 희곡「보내는 사람들」

1. 남성과 군인

　문학 작품의 등장인물로서 '군인'이란 어떤 이미지로 어떤 역할을 할까. 군인이라는 기호가 품고 있는 결단력·용기·인내 등의 남성적 미덕은 작품에서 어떤 역할을 했을까? 군사 영웅을 주인공으로 하는 민족 서사는 제국주의적 애국주의와 관련된 근대민족 이야기 가운데 매우 일반적인 것이었다. 민족사의 근거는 정신이었고 따라서 민족적 자각은 정신적 자각이어야 했다. 따라서 애국주의 혹은 국가주의를 불러일으키기 위해서는 민족적인 자각을 깨우친 강인한 남성적인 인물을 계몽용으로 내세워야 했다. 예를 들면 을지문덕이나 이순신과 같이 용기 있고, 단호한 영웅은 우리 민족의식을 자각시키고, 꺼져 가는 민족주의의 불을 다시 태우기 위한 잉걸불 같은 존재이다. 그래서 신채호는 작품에서 군사 영웅을 지표로 제시해 민족을 정신적으로 통일하려고 했던 것이다. 반대로 징용을 강조하는 제국주의 문학도 남성 이미지를 국가주의를 앙양시키기 위해 이용하곤 했다. 신형기 교수의 지적처럼, 새로운 영웅을 대망한 이 의지주의적 기획을 발동시킨 것은 민족정신이 아니라 '비도덕적인' 약육강식의 제국주의시대였다.[1]

태평양전쟁 때 일제는 군인을 주인공으로 하는 문학 작품을 적극 장려했었다. 단호한 '남성'의 용감한 '군인'이라는 코드는 국가주의를 자극하기 위해 필수불가결한 도구였다. 시인 이찬이 쓴 친일 성향의 시[2]와 희곡[3]에서도 징용이 나타난다. 이찬의 문학에서 징용의 논리는 어떻게 나타나고 있을까.

이찬이 발표한 희곡은 「세월」(『조광』, 1943.6 · 8), 「보내는 사람들」(『신시대』, 1944.8) 그리고 「이기는 마을」(『춘추』, 1944.10). 이렇게 3편이다. 이 글에서는 징용 문제를 구체적으로 선전한 희곡 「보내는 사람들」을 살펴보려 한다.

이 논문은 세 가지 의미를 지닌다. 첫째, 이 글은 희곡 「보내는 사람들」에 대한 첫 연구가 될 것이다. 이 작품은 임종국이 소개한 이찬의 친일작품 목록[4]에는 작품 이름이 없으며, 『이찬 시전집』(이동순 · 박승희 편, 소명출판, 2003)에도 전문은 소개되어 있지 않다. 다만 이재명 외 편저 『해방전 중단막극집(1943~1945)』(평민사, 2004)에 작품 전문이 실려 있다. 그런데 아쉽게도 이 책은 본문에서 이찬의 작품을 '이석훈, 「歲月」'(366~390면)로 잘못 표기하는 등 몇 가지 오기(誤記)가 있다.

둘째, 이 연구를 통해 극작가로서 이찬의 재질을 발견하게 될 것이다.

1) 신형기, 「민족이야기를 넘어서」, 『민족이야기를 넘어서』, 삼인, 2003, 19~20면.
2) 김응교, 「이찬의 일본어 시와 친일시—이찬 문학 연구(6)」, 『현대문학의 연구』 제25집, 한국문학연구학회, 2005.1.
3) 김응교, 「아오바 가오리, 리찬의 희곡 「세월」 연구—이찬 문학 연구(5)」, 『민족문화연구』, 고려대 민족문화연구소, 2004.12.30.
4) 임종국, 『친일문학론』, 평화출판사, 1963, 476면.

이 작품은 일제가 선전해 왔던 일상생활 속에서 징용의 의미를 잘 드러내는 작품이다. 따라서 이 작품 연구를 통해 당시 징용이 평민들에게 어떻게 교육되고 있었던가를 볼 수 있겠다.

본론에 들어가기 앞서 친일문학의 개념에 대해 조금 짚고 본론에 들어가려 한다. 친일문학이라는 개념에 대해 유종호 교수는 김동환과 노천명을 제외하면 교과서에 올릴만한 작품이 별로 없다고 하면서 다음과 같이 썼다.

> 친일작품의 대부분은 전쟁말기 소위 내선일체를 강조하거나 일본의 전쟁을 미화하면서 군인이나 군속으로 참여하기를 권고하는 등의 명시적 선전물이다. 볼품없고 염치 없는 저급 선전물을 문학이라는 이름으로 지칭하는 것 자체가 비문학적 행동이며 따라서 친일문학 대신 친일문서로 호칭하는 것이 적절하다.[5]

유종호 교수의 지적에 필자는 대부분 찬성한다. 연구 대상을 삼는 기준도 텍스트가 탁월한 미학적 구조물이어야 할 것이다. 그런데 이찬의 전체적인 흐름을 연구하는 필자의 입장에서는, 첫째, 이찬의 희곡 「보내는 사람들」을 '문서'라 하더라도 도외시 할 수는 없었다. 그런데 지금의 시각에서 보면 친일 '문서'나 쓰레기라 할 수도 있겠으나, 당시에 이 글들은 미적 구조에 이념을 담아 국민들을 선동했던 엄연한 친일'문학'이었다. 둘째, 친일문학에 대해 성급히 판결하거나 염치없는 변호를 하자는 것이 아니다. 필자는 고통스런 친일문학 연구를 통해 우리의 '상처'를 더 깊이 사유하는 토론이 아직도 필요하다고 생각한다.

문서든 문학이든 이제 분석을 통해 이찬의 내적이고 일관된 친일 성향을 우리는 보게 될 것이다.

---

5) 유종호, 「친일시에 대한 소견」, 『시인세계』, 2006년 봄.

徵兵制實施奉告祭

半島二千萬同胞의 榮光을모아 神前에 赤子皆兵의 決意를맹
하는 徵兵制實施宣誓式이 五月十一日、朝鮮、京畿、京城
聯盟 共催下에 朝鮮神宮聖域에서 盛大히 擧行되었다。

（寫眞은 宣誓文을읽는 南總督）

朝鮮同胞ニ對スル徵兵制施行ノ議
決定セラル、聖慮ノ程寛ニ感謝ニ耐
ヘズ、我等ハ愈々内鮮一體盡忠報国
ノ實ヲ擧ゲ、征戰貫徹ニ邁進シ誓ツ
テ皇恩ニ應ヘ奉ランコトヲ期ス右宣
誓ス

昭和十七年五月十一日

　　　　　　　國民總力朝鮮聯盟
　同　　　　　京畿道聯盟
　同　　　　　京城府聯盟

皇國臣民ノ誓詞

一、我等ハ皇國臣民ナリ
　　忠誠以テ君國ニ報ゼン

二、我等皇國臣民ハ互ニ信愛協力
　　以テ團結ヲ固クセン

三、我等皇國臣民ハ忍苦鍛錬力ヲ發イ
　　以テ皇道ヲ宣揚セン

『朝光』, 1942년 6월호 목차 바로 뒤에 있는 징병제 실시

2. 위문용 희곡과 아오바 가오리

먼저 이 희곡 가장 앞부분에 "戱曲徵兵適齡者■■6)昂揚 H移動演藝挺身隊巡演用"이라고 쓰여 있는 것을 주목해야 한다. 이 부분은, 징병 적령자의 '참여(?)' 앙양을 위한 희곡으로, H(함흥?)이동예술정신대 순회공연용 희곡이라는 뜻이다.

당시 이른바 국체적(國體的) 활동은 셀 수 없이 많았다. 이들 단체들은 총력전 수행과 황도조선(皇道朝鮮)을 실현시키기 위해 발족되었다.7) 태평양전쟁이 시작되고 수많은 문화 단체들은 황군과 징병을 위해 활동했다. 일본군을 위문하는 '황군위문작가단'이 처음 결성된 때는 1939년 3월 4일 부민관에서였다. 여기서 이광수·박영희·이태준·임화·최재서 등 50여 명이 모여 소설가 김동인(당시 39세), 평론가 박영희(40세), 시인 임학수(28세)가 중국 전선에 보내기로 결정한다. 세 사람은 귀국 보고로 작품집을 내기로 하고 중국을 갔다 온다.8)

이렇게 조선 문인과 일본군과의 관계는 밀접해 있었다. 그러다가 1942년 5월 9일 조선에서 징병제 실시가 결정되면서, 그 관계는 더욱 가까워진다. 며칠 뒤, 미나미[南] 총독은 5월 11일에 '징병제 실시 봉고제(奉告祭)'를 연다.

"반도 2천만 동포의 영광을 모아, 신 앞에서 적자(赤子) 모든 병사들이 결의를 맹세하는 징병제 실시 선언식이 5월 11일, 조선, 경기, 경성 3연맹 공동 주최 아래 조선신궁(朝鮮神宮)에서 성대히 거행되었다. 선언문을 읽는 미나미 총독"9)이라는 글과 사진이 선언문 원문과 함께 당시 거의

---

6) 판독 불가능한 글자는 ■로 표시한다.

7) 임종국, 앞의 책, 77~190면.

8) 김윤식, 「『전선기행』 속의 조선 문인들의 표정」, 『한·일 근대문학의 관련양상 신론』, 서울대 출판부, 2001. 중국을 다녀와서 박영희는 『전선기행』(박문서관, 1939.10), 임학수는 『전선시집』(인문사, 1939.9)을 간행하는데, 김동리는 보고문을 쓰지 않았다.

모든 잡지 목차 뒤에 실려 있다.

그 며칠 뒤 5월 21일에는 최재서 사회로 시인 김종한·목양(牧羊) 등과 조선군 참모와 소좌가 대화를 나눈 좌담회 「군인과 작가·징병의 감격을 말한다」10)도 있었다. 또한 그해 8월호 『신시대(新時代)』에는 「징병제실시의 의무와 반도의 책무를 말한다」11)는 좌담회가 실렸다.

특히 1943년부터 전쟁 자원이 부족해지면서 더욱 징용을 권하게 되었다. 급기야 1943년 11월 12일에는 관보로서 9월에 졸업한 자에 대해서도 특별지원병의 지원 자격을 부여한다는 것을 공표했다. 이에 총력연맹에서는 다음과 같은 포스터를 제시했다.

學徒よ征け! 大號令 學徒にくだる
皇恩にこたふる 今ぞ一人殘らず 速に戰列に馳せ參じ
朝鮮靑少年鐵火の意氣を 世界に示せ!起きて 而して 征け!

학도여! 나가라! 대호령이 학도에게 떨어진다.
천황의 은혜에 보답함은 지금이구나 한 사람 남김없이 속히 전열로 달려나가자
조선청년 철화의 의기를 세계에 떨쳐라! 궐기하라 그리고 나가라!12)

이와 더불어 징용을 권고하기 위한 좌담회와 강연회와 연극 공연이 끊임없이 열렸다. 징병에 응하는 것이 가족과 모든 이의 평안을 이루게 한다는 줄거리를 가진 이찬의 희곡 「보내는 사람들」이 발표된 배경은 이러했다. 앞서 그의 다른 작품도 그렇거니와 그는 마치 안테나처럼 당대의 사회적 변화에 빠르게 반응하며 작품을 발표했던 것이다.

---

9) 『朝光』, 1942.6, 목차 뒷면. 이 호에 좌담회 「징병령과 지원병의 감격」, 「징병제와 학도의 수기」, 「징병령과 어머니의 결의」, 「지원병 훈련소 참관기」 등이 국체운동을 알리는 글이 실려 있고, 이찬의 친일시 「어서 너의 키-타를 들어」가 실려 있다.

10) 좌담회, 「軍人と作家·徵兵の感激を語る」, 『國民文學』, 1942.2.

11) 좌담회, 「徵用制實施の義務と半島の責務を語る」, 『新時代』, 1942.8.

12) 임종국, 앞의 책, 120면. 일본어 번역은 인용자가 다시 다듬었다.

다음으로 이 글의 필자가 이찬의 창씨개명인 '아오바 가오리(靑葉薰)'라는 사실도 주목된다. 이찬의 창씨개명인 아오바 가오리에 대해서는 앞의 글에서 논한 바 있다. 이찬은 자기가 발표한 3편의 희곡 필자를 모두 아오바 가오리라고 했다.

희곡 「보내는 사람들」에 나오는 인물들은 모두 조선반도인으로 추정된다. 그런데 이들은 모두 창씨개명 된 이름으로 서로를 부르고 있다. 남자 주인공 요시오 그리고 최선달의 딸인 하루에도 창씨개명된 조선인의 이름이다. 이렇게 1944년경 이찬은 자기 자신을 포함하여, 창씨개명이 한국사회에 완전히 정착된 것으로 묘사하고 있다.

3. 「보내는 사람들」의 구조

1) 갈등의 극적 대립

드라마를 창작할 때 가장 중요한 요인 중의 하나는 등장인물이다. 「보내는 사람들」에서 등장인물은 네 가지 중요한 역할을 한다.

適齡者 義雄(요시오-번역자)
그의 아버지 늙은 農夫
그의 어머니
최선달
그의 딸 『하루에』
그 마을 區長 軍人援護員分會員
// 村長 //
// 書堂教員 //
// 森林主事 //

첫째, 남녀 주인공의 부모 세대들은 한국인 이름(최선달)을 갖고 있거나, 이름이 없다. 이에 비하여 남자 주인공은 '요시오', 여자 주인공은 '하루에'로 완전히 창씨개명된 일본어 이름이다. 이것은 앞으로의 세계는 일본을 중심으로 아시아가 하나가 될 것이라는 대동아사상을 드러낸다. 일본식 이름은 이 인물들이 일제의 정책에 협력할 것임을 시사한다.

둘째, 남자 주인공은 일제의 정책을 찬동하는 모범적이고 영웅적인 인물로 그려진다. 제1막 서두에 빚을 못 갚아 한숨을 쉬는 주인공 요시오의 부모가 등장한다. 그때 요시오가 등장하여 갑종 합격되어 군대에 가게 되었다며 기쁨에 넘쳐 말한다. 요시오는 "아버지, 저는 당당한 제국군인이올시다"라고 말한다. 남자 주인공의 말에는 어떠한 고민도 없다. 자신의 아버지가 조선인인 줄 모르는 젊은 그는 당당한 황국신민(皇國臣民)일 뿐이다. 배고프겠다는 어머니 말에, 요시에는 돌아오는 길에, 대일본부인회에서 주는 주먹밥과 고기밥도 먹고 왔다고 한다. 이렇게 주인공 요시에는 일본군으로 입대하는 것을 자랑으로 여기는 모범적인 청년상으로 묘사되어 있다. 많은 친일소설이나 영화들이 이렇게 모두 이상적이고 모범적인 인간으로 가득 차 있다.[13] 「보내는 사람들」에 앞서 1943년 8월 24일부터 9월 9일까지 일본 『마이니찌신문(每日新聞)』에 발표되었던 장혁주의 소설 「이와모토 지원병(岩本志願兵)」의 몇 구절을 보자.

> 조선에 지원병제가 실시되고 뒤따라 징병제가 실시된 것이다. 반가웠다. 가슴이 설레이도록 기뻤다. 그러나 자기 나이를 생각할 때, 일년만 더 있으면 불혹에 달하는 나인지라, 뒤떨어진 자의 외로움이 종내 마음 한구석에서 가시지를 않았다. (군대훈련이 황민화의 첩경이구나)라고 나는 생각하고 징병제 시행은 조선의 황도화의 촉진이라는 점에서도 꼭 필요하다고 생각하였다.[14]

---

13) 이준식, 「문화선전 정책과 전쟁동원 이데올로기」, 『일제하 파시즘 지배 정책과 민중의 생활상』, 연대국학연구원 국제학술회의 자료집, 2003, 134면.
14) 장혁주, 「이와모토 지원병(岩本志願兵)」, 『마이니찌신문(每日新聞)』, 1943.8.24~9.9.

이 소설에서도 주인공은 일본군이 된다는 기쁨에 눈물 흘리고, 군복을 입어도 눈물 흘리며 '조선동포 전부가 하루라도 빨리 황민화를 완성하고자 기원'하는 인물로 등장한다. 이광수의 단편소설 「병사가 될 수 있다」(『신태양』, 1943.11)에서도 일본 병사가 되기를 꿈꾸며 죽어 가는 일곱 살짜리 소년 봉일이가 주인공이다. 이렇게 일제에 충성하는 모범적인 인물은 당시 소설이나 영화나 희곡의 친일담론에 등장하는 전형적인 인물 중의 하나였다.

셋째, 남자 주인공의 아버지는 빚에 쪼달리는 늙은 농부 부부로, 이에 반하여 여자 주인공의 아버지 최선달은 빚을 주고 받으려고 하는 부자로 등장한다. 이렇게 작품의 도입부는 두 가족의 경제적 차이를 대립시키면서 갈등구조로 시작된다.

빚을 독촉하는 최선달네는 당장 소를 뺏어 오겠다고 전해 온다. 이때 촌장·주사·교원이 나타나서 요시오 군이 군대에 가게 된 것을 축하한다. 그리고 요시오 집에 빚 문제를 알고 어떻게 해결할지 상의한다.

이때 최선달네 딸인 하루에가 나타난다. 요시오는 이젠 군대에 가야 하니, 관계를 정리하자는 말을 전한다. 그러자 하루에는 "알겠습니다. 우리아버지가 빚 때문에 그러시니 성이 나서서 저와 절교하잔 말씀이시지요"라며 하루에는 운다. 이내 하루에는 요시오가 군대에 가게 되는 것을 눈치 채고, 5년 10년이 지나도 요시오를 기다리겠다는 사랑 고백을 한다.

이찬은 이런 식으로 작품의 중요한 갈등을 해소시킬 애정 관계를 슬며시 1막의 후반부에 펼치고 있다. 이러한 애정 관계는 이찬의 다른 친일희곡 「세월」에서도 나타나는데, 친일희곡에서 나타나는 애정 관계는 주인공을 절망으로 이끄는 것이 아니라, 그들이 황국신민임을 깨닫고 함께 팔굉일우의 세계로 나가는 과정이 되곤 한다.

두 사람이 잠시 겪고 있는 사랑의 아픔은 제1막의 갈등 구조를 극적으로 고양시킨다. 이들의 아픔이 크면 클수록, 역설적으로 그들이 극적으로 화해하게 될 때 관객은 더욱 흥분하게 된다는 것을 이찬은 알고 있었음에 틀림없다. 그래서 제2막에서 이찬은 이들의 이룰 수 없는 사랑을 극적으로 반전시킨다.

넷째, '그 마을 구장' 등 부수적 인물들은 제2막에서 갈등을 해소시키는 중요한 역할을 한다. 그들은 모두 군인원호원 분회원이다. 역할 자체는 부수적 인물(foil)이지만, 그들이 이 극에서 맡은 역할은 결정적이다. 부수적 인물들의 활약은 제2막에서 펼쳐진다.

2) 국민 총동원의 화해

제2막은 빚을 독촉하는 부자 최선달네 집이 배경이다. 전선으로 나아가는 요시에 가족의 화평을 가로막는 주인공 최선달은 이상적 세계로 나아가는 것을 막는 훼방꾼(blocking character)이다. 이러한 훼방꾼은 낙관적 미래를 극대화하기 위해 친일희곡에서 쓰이곤 한다. 최선달네 집에 모인 촌장·주사·교원의 설득에 최선달은 군대 갈 사람이 있는 집에 빚 재촉한 것을 부끄럽다고 한다. 그러면서 그들은 요시오와 하루에를 결혼시킬 것을 제의한다.[15] 이때 최선달은 너무도 쉽게 자랑스럽게 말한다.

> 요시오 그 애가 갑종합격이 돼서 당당한 제국군인으로 나가게 됐다는군. 지금 이 어른들이 온 마을의 자랑이요, 나라를 위하여 나가는 사람에게 뒷걱정을 시켜서 내가 기어 기어 연기에 응치 않으니 군인원호회 돈으로 그 빚을 대신 갚는다고 돈까지 내놓는구려. 나도 목석이 아닌 다음에야 네 부끄럼과 내 죄를 모르겠우. 요시오네 빚을 탕감했으니 마누라도 그리아우. (이후 모든 인용문의 띄어쓰기와 맞춤법은 현대식으로 고쳐 인용한다 — 인용자)

---

15) 이러한 결혼은 흔한 것이었다. 실제 역사적 상황을 썼던 양석일(梁石日) 자전적 소설 『血と骨』(東京 : 幻冬舍, 1998)의 영화에서도 전쟁에 나가기 전에 급하게 동네 처녀와 결혼하여 잔치하는 장면이 나온다.

그러자 최선달의 마누라도 "영감 참 잘 하셨우"라고 환대한다. 여기에는 어떠한 고뇌도 없다. 제1막에서 보이던 짜증나는 고리대금업자의 모습은 간데없고, 갑자기 선량한 사람으로 두 사람은 변신하고 만다. 이 희곡에서 실소를 금할 수 없는 장면은 바로 이 대목이 아닐까 싶다.

이처럼 모든 가정 문제의 갈등은 요시오의 군입대가 결정되면서 풀리게 된다. 군인이 되는 것을 모든 문제를 푸는 만사형통의 효약(效藥)으로 이찬은 소개하고 있다. 이어서 최선달네 집에 요시오의 아버지가 오고, 촌장·주사·교원이 있는 앞에서 서로 절하며 간단한 약혼식을 한다. 그리고 결론적인 말을 구장이 한다.

> 요시오군 오늘 우리들의 조그만 노력이 이렇게 군들 가정의 분쟁을 화해하고 나아가 육친적 결합까지 가져오게 하였음을 스스로 경축하여 마지않는 바이네. 오즉 이기기 위하여 총력 총친화 되어야 될 지금 그 이유의 여야를 불문하고 조그만 반복갈등이라도 우리 총후에 있어서는 안 될 것이고 더욱 이제 국가의 간성으로 귀축미영격멸의 제일선에 나서려는 군들께 조그만 후고의 근심걱정인들 있게 해서 되겠는가. 그러므로 오늘 우리들의 노력은 비단 우리들만이 아니라 총후 전국민의 노력이요 총의라고 보아 마땅할 것이며, 오늘 이 자리의 이 기쁨도 다만 우리나 군들뿐 아니라 이 또한 총후 전국민의 기쁨일 것이네. 더욱 군들은 우리 반도의 새역사의 창조자이며 우리 반도의 만년행복의 건설자이네. 그 긍지도 고려니와 책임도 큰 것이네. 군세게 나가주게 군세게 책임도 나가주게. 요시오군 들리지 않는가 저 우렁찬 환호소리 온 마을에서 온 저자에서 온 거리에서 …… 온 뜨을에서 …….

"우리들의 조그만 노력이 이렇게 군들 가정의 분쟁을 화해하고 나아가 육친적 결합까지 가져오게 하였"다고 하는데, '조그만 노력'이 가능했던 것은 말할 필요 없이 주인공 요시에의 자발적인 입대이다. 그것으로 말미암아, 불화 관계였던 두 집안이 화해하고, 헤어질 뻔 했던 두 연인이 성혼을 하게 된다. 징용은 모든 불화를 화해하게 하는 만병통치약이 되는 것이다. 서로 갈등을 갖고 있었던 모든 인물들은 '징용'이라는 대의 앞에 '멸사봉공'하며, 일제의 정책을 충실히 수행하는 인물들로 긍정적이고 모범적으로 그려져 있다.

물론 너무도 완벽하고 모범적인 주인공, 지나치게 작위적인 갈등 구조가 이 희곡을 미학적으로 미흡하게 만든다. 도입부분에서 결말을 예측할 수 있다는 점도 거슬린다. 그 갈등 구조가 너무도 쉽게 허물어지고, 빚을 탕감해 주고, 갑자기 성혼까지 하는 '급작스럽고 뻔한 전환'16)은 당시 친일희곡에서 자주 보이는 내적 결함을 이 희곡도 보이고 있다.

이 작품은 첫째, 주인공의 이름을 일본어로 하여 내선일체사상을 따르고 있으며, 둘째 국민총력체제에 따른 징병·징용력의 자발적인 추종을 다루고 있다는 점에서, 이찬의 다른 희곡 「세월」과 함께 노골적인 친일의 희곡으로 볼 수 있겠다.

4. 징용의 논리

이찬의 희곡 「보내는 사람들」에 나타난 친일적 성향을 보면, 첫째, 이찬이 1942년 5월 9일 징용제가 발표되고 이에 응답하듯, 1943년 8월에 「보내는 사람들」을 발표했다는 것을 확인했다. 다른 친일시17)와 마찬가지로 그는 하나의 사건에 맞추어 그에 맞는 작품을 빠르게 발표했던 작가였음을 다시 확인했다. 외부로 강요되어 작품을 썼다기에는 너

---

16) 이재명, 「박영호 희곡 〈별의 합창〉에 나타난 친일적 성향」, 『친일문학의 내적 논리』, 역락, 2003, 171면.

17) 김응교, 「이찬의 일본어 시와 친일시」, 『현대문학의 연구』 제25집, 한국문학연구학회, 2005.1.

무도 그의 태도는 적극적이고 자발적이며 내적인 일관성이 있다.

둘째, 이 작품은 창씨개명·내선일체·국민총화 등의 일제 논리, 특히 징용을 선동하기 위한 '징용의 논리'를 짜임새 있게 담아낸 작품이다.

셋째, 연구자는 이찬의 친일성에 증거가 되는 그의 친일시와 일본어 시 그리고 두 개의 희곡을 검토해 보았다. 그는 분명 '친일 작가'로 지목될만한 일관된 내적 논리를 갖고 있다. 이에 반해, 북한에서는 '혁명시인'으로 알려져 있다.

우리는 이찬을 통해, 한국과 북한의 차이를 볼 수도 있다. 한 사람이 남쪽에서는 친일시인이 되었고, 북쪽에서는 혁명시인이 되었다. 언젠가 통일교과서를 만들려 할 때, '친일작가' 혹은 '혁명시인', 이찬의 친일문학은 남쪽과 북쪽의 쟁점이 될 것이다.

3부

해방과 귀향
: 1945

해방, 다시 찾은 화원

해방, 다시 찾은 화원

1. 해방과 서울 상경

해방과 함께 시인들은 검열 없는 자유로운 활동을 보장 받았다. 새로운 시대는 "온통 노래의 시대요, 시의 시대"[1]였다. 모든 시인들은 갑자기 닥쳐온 "사고와 행동의 넓은 자유"[2]에 어쩔 줄 몰랐다. 워낙 갑작스러운 자유에 박두진은 "나는 여전히 혼자였다. 갑자기 고독감이 엄습했다"[3]고 토로했다. 이런 날이 올 것에 대한 정신적 준비가 없었기 때문이다. 환희에 들뜬 시인들은 그 기쁨을 차분하게 형상화할 만한 여유가 없었다. 거의 모든 시인들은 주관적 감격을 폭발시켰다.

---

1) 임화, 「서(序)」, 『대열』(김상훈), 백우서림, 1947, 10면.
2) 양운한, 「시단 회고 4년」, 『민성』 5권 8호, 1949.8, 82면.
3) 박두진, 「팔월애환」, 『감사』, 1986.9.

눈물겨웁다
황폐한 고국 낡은 철로와 무너진 다리
서른 여섯 해 비바람이 스처간 자최
애처로웁다
혼곤한 산과 들에 시냇물 소래
나의 부모 동생과 뭇 겨레가 살고 있는 곳
이 슬픔 우에
이 기쁨 우에
혁명이여, 아름답고나

— 김광균, 「날개」4)에서

강 언덕 감나무 숲 마을엔
한낮에 곳곳이 들리다
닭 우는 소리와 함께

우렁차게 들리다
자유조선의 자장가 소리
자유조선의 해방 소리

오! 힘차게 흘러가다 인젠
맑고 푸른
노들강물이!

— 권환, 「노들강」5)에서

　　비상의 의미를 강하게 함축하고 있는 김광균의 시 「날개」에서 해방
은 아름다운 혁명의 시작이며 새로운 날을 기약한다. 권환은 역사를 노
들강물의 흐름에 비유한다. '노들강'은 일제의 잔재와 수탈과 압박을 싣
고 가야 한다고 한다. 이 시는 시적 주체가 직접 노출되지 않고, 자신의

---

4) 중앙문화협회 편, 『해방기념시집』, 중앙문화협회, 1945, 24면.
5) 『건설』 1호, 1945, 6~7면.

감정을 '노들강'에 비유하는 차분함은 보이나, 해방 정국의 앞날을 성급하게 낙관주의와 연결시키고 있다.

이렇게 『해방기념시집』(1945), 『3·1기념시집』(1946) 등의 앤솔러지 기념시집은 흥분된 목소리, 고백형, 낭송형의 시가 주를 이루었다. 시인들은 각기 자기가 택한 이념, 정파에 소속되어 새나라 건설의 노래를 불렀다. 권환을 비롯한 좌파 시인들은 단순한 감격을 넘어, 보다 첨예한 현실 인식을 보여 준다. 대표적인 좌파시인 권환·박아지·박석정·송완순·윤곤강·이찬·이흡·조벽암·조영출 등은 해방기념시집 『횃불』(우리문학사, 1946)을 함께 펴낸다. 이들은 당대의 일반적인 과제이던 귀향이민 문제와 민족반역자에 대한 단죄, 그리고 새 조국 건설에의 참여의지를 노래했다. 여기서 이찬은 더욱 직설적이며 명확하게 해방을 노래한다.

우라! 스탈린!
우라! 스탈린!
조선 독립 만세!
프롤레타리아 해방 만세!

— 이찬, 「祝宴」(『횃불』, 1946)에서

이찬이 볼 때, 조선의 해방을 가져온 구세주는 소련이었다. 그리고 그 수혜자는 조선의 프롤레타리아였다. 「축연」의 끝에 달린 말을 보면 1945년 9월 2일 혜산진에서 열린 소련군 주최 축하 연회를 제재로 한 것이다. 1930년대 후반기에 내면화된 비관과 도피의 낭만주의시를 쓰고, 1940년대 친일문학을 쓰며 이름과 자존심마저 버렸던 인간 이찬이 새롭게 구원받아 송축하는 찬양시다. 그는 해방이 되자마자 서울로 향한다. 1928년 등단작인 「이러진(잃어버린―인용자) 화원」 때부터 그토록 찾아 헤맨 '잃어버린 화원(花園)'을 소련에 의해 얻었다고 그는 확신하고 곧바로 서울로 향한다.

2. 「아우라지 나루」와 3.7제

이 글 서두에 인용한 「축연(祝宴)」과 함께 해방기념시집 『횃불』에 실린 「아우라지 나루」를 보자. 이 작품에는 '1945.9 서울 도중기(途中記)'라는 꼬리가 붙어 있다. 말 그대로라면 8월에 해방되자마자 이찬은 9월에 서울로 향했을 것이다.

    코스모스 욱어진 漣川 마을에
    한글 공붓소리 박넝쿨보다 더 낭자하고

    아우라지 나루는 새 서울의 나루여서
    半夜 峻嶺 오십리 길도 멀지 않았다.

    나루는 旣望의 달 빛이 白沙를 깔고
    渺茫한 金飯 우에 은장기를 두고

    나룻배는 한척인데
    서울 손은 천에도 또 몇몇천

    기다려도 기다려도 못건너는 나루에
    三七制의 새소식이 새소식을 부르니

    나루지기 할아버지의 늙은 볼에도 웃음이 돌며
    휘연히 아오라지의 긴긴 밤도 밝아오는 것이었다
    —「아우라지 나루」(『횃불』) 전문

첫 행에 "코스모스 욱어진 연천(漣川)"이란 지명이 나온다. 연천은 철원에서 서울로 가려면 거쳐야 하는 곳이다. 그렇다면 이찬은 철원→연천→동두천→의정부를 거쳐 서울로 향했을 것이다. 현재 37번 국도길인 이 도로는 현재 4차선이지만 당시에는 좁은 신작로였다. 이 길목은 여름이 짧고 서늘한 가을이 길어서, 코스모스가 오랫동안 길가에 핀다. 연천의 현재 지명은 경기도 연천군 연천읍으로 되어 있고, 재인폭포, 연천 고인돌로 유명하다.

그리고 '아우라지 나루'는 지금도 남아 있다. 강원도 정선에 있는 아우라지 나루터를 말하는 것이 아니다. '아우라지'라는 '아우르다'에서 나온 말로 둘 또는 여럿이 하나로 합친다는 뜻이다. 말 그대로 연천군의 아우라지는 몇 개의 하천이 한탄강과 만나는 지역이다. 아우라지 나루는, 남에서 북으로 흐르는 포천천과 일동천, 이 두 하천이 영평천으로 합쳐 연천군 신답리에서 한탄강과 합류하는 나루터를 말한다. 한탄강의 절경을 볼 수 있는 아우라지 나루는 지금도 붕어 · 향어 · 잉어가 많이 잡혀서 매운탕 요리집도 많은 낚시터이기도 하다. 이찬이 이곳을 지나면서 쓴 시가 바로 「아우라지 나루」다. 2연에서 "아우라지 나루는 새 서울"로 가는 나루여서 "오십리 길", 그러니까 20킬로도 멀지 않았다고 말한다. 수많은 사람들이 다니는 나루터야말로 해방의 소식을 가장 손쉽게 나눌 수 있는 곳이다. 특히 만주에서 북쪽에서 서울로 상경하는 사람들은 연천 아우라지에서 지친 발을 쉬기도 했을 것이다.

이 시를 보면 해방기 이찬의 정신적 지향이 어디에 있었는지 알 수 있다. 1연 2행을 보면 "박넝쿨보다 더 낭자하"게 한글 공부를 하는 희망찬 아우라지 마을 풍경이 정겹기만 하다. 해방이 가져온 가장 큰 변화를 응축하여 보여 주는 장면이다. 시인 자신이 본래 이름을 버리고, 아오바 가오리(青葉薰)라는 이름으로 작품을 발표해야 했던 이찬에게 가장 마음 찔리면서도 가장 기쁜 장면이었을 것이다. "아우라지 나루는 새 서울의 나루"인데 서울로 가려는 사람이 많은지 "나룻배는 한 척인데 / 서울 손은 천에도 또 몇몇천"이라고 한다. 그래서 "기다려도 기다려도 못건"넌다고 할 정도로 지루하게 배를 기다리는 풍경이 그려진다.

동네 사람들이 한글을 배우고, 달빛 아래서 장기 두고, 서울 가려는 사람들이 나루터에서 배를 기다리는 아름다운 풍경에, 그 기쁨을 더하게 하는 "三七制의 새소식이" 나루지기 할아버지의 늙은 볼에 웃음 돌게 한다는 말 그리고 그 새 소식이 아우라지의 긴 긴 밤을 환하게 한다는 낙관적인 전망으로 시는 끝난다. 1~4연에서 해방 공간의 아름다운 풍경을 차분히 그려 내던 시인은 마지막 5~6연에서 직설적으로 자신의 이데올로기를 누설한다.

이 시에서 나오는 "3.7제"는 그것은 1945년 9월 12일에 발표된 북한의 3.7제 소작료 제도를 말한다. "三七制의 새소식이" 부른 또 다른 새 소식은 1946년 4월에 발표된 무상몰수 무상분배의 충격적인 토지개혁이다. 이찬은 이 두 가지를 말하기 위해 이 시를 썼을 것이다. 이 시 「아우라지 나루」는 1946년 『우리문학』 1호에 먼저 발표되었으니, 이찬이 이 시를 썼을 때 1945년 9월에 발표된 3.7제 소작료와 무상몰수 무상분배의 토지개혁을 알았을 것이다. 그것이 나루지기 할아버지를 미소 짓게 하고, 아우라지의 긴긴 밤도 환하게 한다는 것이다.

이러한 기대를 갖고 이찬은 서울로 향한다. 해방 시단의 좌익에는 조선문학가동맹의 권환·김기림·김동석·김상오·민병균·박석정·박세영·박아지·박팔양·백인준·설정식·오장환·유진오·윤곤강·이병철·이용악·이찬·이흡·임화·조벽암·조운 등이 있었다. 그 반대편인 민족진영 시인으로는 김광섭·김상옥·김억·모윤숙·박남수·박두진·박목월·박종화·서정주·양주동·이하윤·이한직·이희승·조지훈 등이 있었다.

이 시기에 이들의 해방에 대한 열정을 담은 세 권의 합동시집이 발간되었다. 해방된 지 5개월 만에 간행된 『해방기념시집』(중앙문화협회, 1945.12)은 비록 민족진영에서 주도하여 발간한 것이지만 범문단적으로 시인들을 규합하여 엮은 것이어서, 이념적 색채가 뚜렷하지 않다. 이에 비해 『횃불－해방기념시집』(우리문화사, 1946.4)은 조선문학가동맹에 가담한 열세 사람의 작품이 실려 있다. 이 시집은 "조국 해방을 위해 싸운 혁명 투사에게 바친다"는 발간 의도에서도 짐작할 수 있듯이 정치적 선동을 위한 작품들이 대부분이다. 『연간조선시집 1946년판』(조선문학가동맹, 1947.3)은 조선문학가동맹의 조직 체계가 완비한 후에 간행된 것으로, 게재 작품은 좌익 진영 시인들이 망라되어 있다. 이 시집은 "조국의 자유를 위하여 인민의 행복을 위하여 싸우는 시"를 기치로 내걸고 있어, 이데올로기의 요구와 구호화된 정치적 이념이 강조된 투쟁의 노래가 주축을 이루고 있다.

이 시기에 나온 또 다른 합동시집은 조지훈·박목월·박두진 세 사람의 『청록집』(을유문화사, 1946.6)이다. 이른바 "청록파"라 불린 이들은 1930년대 말기의 시와 해방 이후의 시를 잇는 서정시의 맥락을 보여 주었다. 또한 일제 때 발간하지 못한 이육사와 윤동주의 유고시집이 발간된 것도 이 시기이다.

이찬이 서울을 떠나 북쪽을 향하는 계기는 서울 문단의 대립6)이 싫어서라기보다, 북쪽의 사회계획이 그를 끌어당겼기 때문일 것이다. 8월 15일에 해방이 되고, 즉시 9월에 서울로 향했던 그가 서울에 머문 기간은 불과 한두 달밖에 안 된다.

그는 당시 북쪽 신문의 기사로 대서특필되었던 3.7제의 실시와 토지무상분배에 매료되었던 것이 분명하다. 그에게 서울은 귀향민들에게 도움을 주는 곳도 아니었고, 토지를 무상으로 보상해 주는 곳도 아니며, 그렇다고 그의 시를 인정해 주는 곳도 아니었다. 서울은 단지 "오늘도 헛되이 저므는 거리를 / 갸바레ㅡ(카바레ㅡ인용자)·호노르르의 땐싱뮤ㅡ직"(「鐘路네거리에서」)이 흐르는 도시일 뿐이었다. 이 지점에서 이찬은 서둘러 북녘을 택하게 된다.

---

6) 좌우익 문단이 대립했던 서울 문단에 대해서는 김응교, 「우익단체와 혜산」(『박두진의 상상력 연구』, 박이정, 2004), 37~43면.

3. 「피난민 열차」와 귀향

시 「피난민 열차」의 끝줄에 '一九四五·一〇, 咸鏡線道中記'라고 쓰여 있는 것을 볼 때, 1945년 10월에 함경도로 귀향했다고 추정할 수도 있다. 1945년 9월 잠시 상경하여 예맹파(조선 프롤레타리아예술동맹)에 가입했다가 곧 월북하여 북한의 〈프롤레타리아예술동맹〉 함남 지역 위원이 되었는데, 1946년 3월 25일에 창설된 〈북조선문학예술총동맹〉에 참가했으니, 1946년 3월 25일 이전에 귀향한 것으로 추정할 수 있다. 그런데 그는 1945년 11월 7일에는 혜산진 기념식에서 시 「11월 7일」을 낭독했다. 시 「피난민 열차」에서는 '1945년 10월에 함경도 행'으로 나오니, 만약 그가 그때 함경도에 가서 다시 돌아오지 않았다면, 해방기 때 그가 서울에 머문 기간은 단 한 달에 불과하다. 그 이후에 몇 차례 서울에 왔는지 알 수는 없으나 일단 당시 한 달간 머물다가 돌아가면서 쓴 시를 보자.

車대구리도 客室인 避難民列車엔
주렴처럼 늘어달린 無蓋貨車 無蓋貨車
無蓋貨車도 용히 타볼 수 없는 一等車였다.

奧地 滿洲에선 열에도 열홀 길
오늘도 三千의 四千의……식커먼 汽笛이
그리운 祖國山川의 驛驛을 驛마다 피로헌 기－ㄴ 숨만 남기고

南으로 南으로
아 털리고 액기고 찌눌려가는 봉다리ㅅ속엔
봉다리마다 異域千里 數十星霜의 무엇이 남었느냐 무엇이 남었느냐

울고 지나던 咸鏡線에 가가·호호 太極旗는 휘날려도

곰팡쓴 조떡쪽만 뜯으며 뜯으며 오는 저 늙은이
아 배곯으다 손내젓는 저 어린것의 메말은 어미의 젓가슴을 보아라

아즉도 까―마득헌 南方 깊어오는 가을 밤 밤을
차―단 거제기쪽엔 한줄기 푹으―ㄴ한 꿈길도 없고
그 고향 全羅 慶尙南道는 오곡은 무르녹어 한창이라도
그 어느 따스헌 가마목에 저들을 맞어 줄 누가 있으리

날에 날마다 날에 날마다
한달을 두고 더와도 끝안나리라는
避難民列車 避難民列車……

왼江山 기쁨속의 눈물이여 어서 저들께로!
모―든 救援의 손길이여 어서 저들께로!

    — 一九四五・一〇, 咸鏡線道中記 ―「避難民列車」 전문

 사람들은 기차 맨 앞 칸('車대구리'―차대가리)에마저 가득 앉아 있다.
이찬은 서울에서 함경도로 향하면서 피난민 열차에 실려 오는 인간 짐
짝을 목격한 모양이다. 지붕이 없는 무개화차에 짐짝처럼 실려 서울로
향하는 피난열차를 보면서 그는 해방이 가져다주는 것은 당장의 환희
가 아니라, 또 다른 갈등으로 이어진다는 것을 깨달았을 것이다. 남으로
귀향해 오는 사람들은 모두 "털리고 액기고(빼앗기고) 찌눌려가는" 인생
을 살던 사람들은 너나할 것 없이 해방 조국에 대한 기대를 갖고 돌아
왔다. 하지만 집집마다 "太極旗는 휘날려도" 그들을 위한 현실적인 대
안은 마련되어 있지 않다. 단지 "곰팡쓴 조떡쪽만 뜯으며" 오는 늙은이
와 "배곯으다(배고프다) 손내젓는 저 어린것의 메말은 어미의 젓가슴"이
귀국해 오는 백성들의 현실이었다.
 귀향 동포가 급증하는 것은 당시 큰 문제였다. "해방 후 일본에서

피난민이 몰린 무개화차('미국문서기록보관청' 출전)

1,111,000명, 중국에서 58,000명, 만주에서 5,800명, 태평양 여러 지역에서 37,000명이 귀환했는데도 불구하고 1947년 5월말 현재 해외 재주 동포는 만주지방의 110만명을 위시하여 총계 190여만명에"[7] 달하였던 것이다. 말그대로 "날에 날마다 날에 날마다 / 한달을 두고 더와도 끝안나"(6연)는 피난민 열차였다.

그런데 거의 거지가 되어 돌아오는 백성에게 해방을 맞은 조국은 정작 구원의 손길을 내놓지 못하는 것이다. 이 지점에서 무상분배를 내세운 사회주의는 그에게 대안(代案)의 조국이 아닐 수 없었다. 이 시와 똑같은 주제로 "바람 속을 달리는 화물열차의 지붕 우에 / 우리 제각기 들어누워 / 한결같이 쳐다보는 하나씩의 별"(이용악, 「하나씩의 별」, 『이용악 시

---

7) 조흥은행 조사부 편, 『1948년판 조선경제년보』, 1949, 1~11면.

집』, 동지사, 1949)을 노래하며, 무개화차 지붕에 올라타 귀향 이민을 노래했던 이용악도 북쪽을 택한다.

카프 조직의 해산 뒤에 카프계의 작가들은 그들의 이념적 정체를 위장하거나 전향하는 길을 택하는데, 이때 전향과 위장의 한계는 해방 후 이들의 활동을 보면 명확해진다. 가령 당초 카프계에 있더라도 전향적 입장을 보인 작가들은 해방이 되자마자 순수를 표방하는 우익 측 문학단체에 참여한다. 이에 반해 이찬은 해방이 되자 즉시 좌익문학단체에 가입함으로써 그의 이념적 행로를 명확히 보인다.

이북만처럼 이찬은 그 출신 거주지가 북쪽이었다. 이찬은 본래 고향이 함경북도였기에 그가 북녘을 선택하는 것은 너무도 자연스러운 선택이었다. 또한 북쪽에는 이른바 그가 오래 염원한 인민 정권이 들어서 있었다. 그러므로 8·15 직후 잠깐 서울에 왔다가 곧 귀환하여 북쪽의 문예 활동에 참여했던 이찬은 월북문학인이라기보다 '재북문학인'이다. 피난민 열차는 해방 조국을 향했으나, 이찬은 자신의 정서적 조국과 이데올로기의 조국에 귀향한다.

4. 다시 찾은 화원

북한을 택한 이찬은 곧 '문예총'의 서기장이 되며[8] 카프 이래 좌파의 입장을 계속 표명해 온 박세영·안막·이북명·이정구·민병균 등과 더불어 북한 시단의 한 부분을 형성한다. 해방 정국을 지내면서 월북 또는 북한에 잔류한 시인은 김기림·김상민·김상훈·김철수·박산운·

---

8) 현수, 『적치 6년의 북한문단』, 국민사상지도원, 1952.

박석정 · 박세영 · 박아지 · 박팔양 · 설정식 · 안막 · 양운한 · 여상현 · 오
장환 · 이병철 · 이용악 · 이흡 · 임학수 · 임화 · 조남령 · 조벽암 · 조영
출 · 조운 · 김북원 · 김조규 · 민병균 · 백석 · 안용만 · 이원우 · 이정구 ·
이찬 등이다. 특히 이찬에게 북한은 완벽한 유토피아였고, '화원'이었다.
나이 19살이던 이찬은 1928년『신시단(新詩壇)』 8월호에 「이러진 화원(花
園)」을 발표했다.

> 북쪽 나라─눈바람 부러치는 것츠른 벌판에
> 외로히 모혀선 향나무의
> 남국을 그리우는 쓰린 마음을 뉘라서 알아주리!
> (…중략…)
> 그렇다고 그대여! 내 마음은 막지 말어라
> 이 몸은 열두번 죽어 두더쥐가 되어서라도
> 손발톱이 다─달토록 눈벌판을 헤매여서
> 시어히 이러진 花園을 차져 보고야 말녀노라
>
> ──「이러진 화원」에서

1926년 6 · 10만세운동 등의 일련의 상황을 미루어 생각건대, 17살의
학생이었던 이찬이 6 · 10만세운동에서 받은 영향은 적지 않았을 터이
다. 그 시대를 이찬은 눈바람이 불어치는 거친 들판에 어둠이 내린 상
황으로 그려 냈다. 지극히 절망스럽고 꿈꿀 소망조차 없는 처지다. 이런
상황에서 시인은 "이러진(잃어버린) 花園"을 "두더지가 되어서라도 / 손발
톱이 다 달토록 눈벌판을 헤매여서" 찾아보고야 말겠다고 다짐한다. 그
래서 나름대로 카프를 선택하여 프롤레타리아 시도 쓰지만, 그는 좌절
하여 비관과 도피의 낭만주의에 함몰하고 친일문학을 하면서 자신의
이름마저 버렸다. 얼마나 긴 방황이었던가. 스스로 좋은 선택이라며 프
롤레타리아운동을 했었는데, 그것 때문에 3년 가까이 감옥에서 보내고,
그 절망으로 또 헤매고, 친일문학까지 했던 시간들을 생각하면 억울하

기만 했을 것이다. 그런데 갑자기 다가온 북한의 새로운 사회체제는 그에겐 꿈이었고 유토피아였다. 이제야 잃어버린 '화원'을 다시 찾았던 것이다.

꽃이 피련다!

오래인 零落의 花園에
渴望의 봄이 깃드러
아지아지 닢 푸르고 봉오리 맺고
바야흐로 백가지꽃 란만히 피련다

아 꿈아닌 눈앞을
그리도 그리든 향긔 목메게 풍기고
그리도 못잊든 단꿀 떨기마다 흘리며
여기 꽃은 꽃마다 웃음지여 그대들을 맞으려다

어서 오라 모―든 蜂蝶
어서 모으라 모―든 蜂蝶
이제 그만 그 무이미한 허공의 抵廻들을 그만두고
이제 그만 그 어리석은 雜草속의 고집들을 버리고

花園은 그대들의 靑黃을 묻지 않는다 赤白도 가리지않는다
花園은 말은 千蜂萬蜂 그대들의것
다―만 花園의 슲은날도 좀덕든 버러지떼만 물려가고
모―든 蜂蝶은 花園으로 이花園으로!
　　　　　　　　　　　　―이찬, 「花園」(『승리의 기록』, 1947) 전문

그에게 북한체제는 '蜂蝶(벌과 나비)'를 다시 불러 모으는 화원이었다. 이찬은 그리도 찾던 화원을 북한체제에서 찾았고, 거기에는 많은 일들이 이찬을 기다리고 있었다.

해방 후 좌파가 정권을 장악한 북한에서 모든 예술과 더불어 시 또한 사회주의사회의 건설과 실현을 위한 도구가 되어야 했다. 실로 "시인이 되기는 바쁘지 않다. 먼저 철저한 민주주의자가 되어야겠다. 시는 그 다음에 써도 충분하다"[9]는 생각이 당시 진보적 시인들의 다짐이었다. 그래서 모든 작가는 '간결한 사상투쟁을 완강히 전개'하는 창작 작업에 매진해야 했다.

등단작에서 '이러진 화원'(「이러진 花園」, 『新詩壇』, 1928.8)을 찾고자 했던 이찬은 그가 추구한 무산대중, 근로대중을 위한 예술을 할 기회를 카프시대 이후 다시 찾은 것이다. 친일문학을 했던 그로서는 그 부끄러운 삶을 만회하기 위해서라도, 반성적인 삶을 보이기 위해서라도 더욱 남다른 노력을 해야 했을 것이다. 이제는 더 이상 자신을 방기하고, 자신의 이름을 버리지 않기 위해, 더욱 즐겁게 자기가 맡은 일에 몰두하고 철저해야 했다. 그는 북한체제를 수호하는 전위가 된다. 그는 이제 한글로 자신의 이름을 '리찬'으로 표기하기 시작한다.

'리찬'은 그 선두에 서서 송가인 「김일성 장군의 노래」를 작사했다. 이 노래는 1946년 리찬 작사, 김원균 작곡으로 제작된 '송가적 가요'로 한국전쟁기에 많이 불렸던 전시문학작품이다.[10] '문예총'을 위시하여 '조쏘문화협회'가 그의 활약을 기다리고 있었다. 또 정책적으로 수행되는 일련의 개혁 작전에 부합하는 작품을 써서 발표했다. 1946년 4월의 토지개혁을 찬양하는 작업뿐만 아니라, 6월에는 8시간 노동을 법적으로 규정한 '노동법령'을 찬양하고 이의 위대성을 선전한다(「비력의 종언」). 그리고 '보통강 개수공사'라는 혁명적 사업을 찬양하고, 그 정당성, 위대성을 선전하여 모든 민중들이 참여하는 성공적인 사업으로 형상화했다(「흘러라 보통강 노래처럼 그림처럼」). 그리고 함께 월북한 평생 친구 박세영과 더불어 김일성을 칭송하는 송가 제작에 적극 참여한다.

---

9) 유진오, 『창』, 정음사, 1948, 93면.
10) 『문학예술사전』, 과학·백과사전출판사, 1987, 132~134면.

4부

북한 혁명시인, 리찬

: 1945~1974

'리찬' 시와 수령형상문학

1. '李燦'에서 '리찬'으로

북한문학 작품을 읽을 때, 우리는 이기영을 '리'기영으로, 이용악을 '리'용악으로 고쳐 읽어야 한다. 마찬가지로, 시인 李燦을 '리찬'으로 읽는 연습을 해야 한다. 사실, 1928년부터 그의 작품이 발표된 후로 식민지 시기에, 작가명이 한글 '이찬'으로 표기되어 발표된 작품을 필자는 보지 못했다. 늘 한자 '李燦'으로 표기되어 발표되었다. 발표작 중에 '리찬'으로 표기되어 글이 발표된 것은 북조선인민공화국에서 활동한 이후의 일이다. 사실 북한에서 표기를 '표기위주'로 통일했다고는 하나, 그것은 서울중심주의에 대항하려던 북조선 공화국의 문화적 판단이었다고 보는 시각이 적지 않다. 'ㄹ, ㄴ'을 한자 본음대로 적어 표기 형태를 고정시키는 북한의 형태주의 원칙을, 그들은 표기 형태가 고정되지 않아서 비롯되는 불편함과 지나친 동음이의어로 인한 부담을 덜어주며, 시대적 추세에 맞는 가장 과학적이며 합리적인 철자 원칙을 견지하는 것이기에, 통일조국을 위해서는 형태주의로 통일적인 철자규범을 견지해야 한다고 주장한다.1) 그러나 일종의 사투리에 지나지 않는 두음법칙을 거부하는 평양 말을 표준어로 삼는 입장은, 서울중심주의에 대하여, 평양 말투를 고수함으로 평양중심주의를 확립하기 위한 시도였다고 김윤식은 설명한다.2) 이찬이 자신의 이름을 명확히 '리찬'으로 표기하기 시작한 것은, 서울중심주의에 대한 평양중심주의 즉 '새로운 나라 만들기'에 대한 다짐의 한 표현일 것이다. 이어 그의 시 역시 내적이든 외적인 요구에 의해서든 새로운 나라 만들기에 확실한 기여를 하기 시작한다. 그의 시는, 1930년대 시기의 비관적이고 도피적인 낭만주의의 시편들이나 1940년대의 친일시와는 전혀 다른 사회주의 혁명시인의 면모를 보인다. 혁명시인으로서의 면모를 확실히 다져놓은 것은 시 「김일성장군의 노래」의 창작이었다. 이제 북한에서 쓴 이찬의 시는 모두 '리찬'으로 표기되고 있기에, 이찬과 병행하여 쓰기로 한다.

그가 혁명시인으로 불리는 이유에 대해 북한문학사의 평가는 명확하다. 미리 언급하건대, 북한문학사에서 '리찬'의 시를 높이 사는 가장 중요한 이유는 '수령형상화 문학의 모범'이라는 점이다. 이 글에서는 이찬이 그것에 어떤 '새로운 단계'를 이찬이 마련하였는가를 살펴보려 한다. 이를 위해 북한에서의 그의 시 활동 전반에 대하여, 아울러, 이찬 시의 형식적인 특징에 대해 살펴보려고 한다. 그런 과정을 거쳐 볼 때, 그의 시가 왜 수령형상문학의 모범으로 평가받고 있는지 알게 될 것이다.

이 글은 『리찬 시선집』(조선작가동맹출판사, 1958. 이후 『리찬』으로 줄인다)을 중심으로, 아울러 해방 이후 출판된 북한의 잡지나 시선집에 발표된 작

---

1) 정순기, 「조선어의 통일적 발전을 위한 몇가지 리론문제」(프라하, 1995). 이 글은 김윤식, 『북한문학사론』(새미, 1996, 311면)에 실려 있다.
2) 김윤식, 위의 책, 48면.

품을 대상으로 이찬 시를 살펴보려 한다. 이찬의 시집 『승리의 기록』 (1947)과 그가 세상을 떠난 뒤 출판된 시선집 『태양의 노래』(문예출판사, 1982)도 대조하며 연구 대상으로 삼으려 한다.

2. 소련과 국제주의

해방이 되었을 때, 좌익 계열에 의해 출판된 해방기념시집 『횃불』(저자 대표 박세영, 1946.4)을 보면, 해방을 몰고 온 새로운 바람은 단연 붉은 군대인 소련이다. 위 시집에 실린 이찬의 시 「축연(祝宴)」은 10년이 지난 뒤, 아래와 같이 부분 개작되어 『리찬』에 실려 있다.

오늘 一九四五년 九월 二일
『항복 조인』

정각 오전 九시 四분
북변의 창공을 二六 발의 대포
왜놈들의 최후를 아뢰는 은은한 포성이여

오 끊어진 쇠사슬이여
날 듯한 몸마음이여
어찌나 살았더냐 서른 여섯 해의 그 허구한 세월을.

그 세월을 피로 수놓은 수 많은 형제를
지금 우리의 경건한 묵도가
터지는 기쁨을 앞선다.

어서 들어라 다와리시찌 그 술잔을
이미 쓰러진 원쑤와 또 하나 오고야 말
우리의 승리
근로 인민들의 해방을 위하여
축배를 들어다우,

몽몽한 초연 속에
컵은 마구 찧기고
텐트가 무너질 듯 광장을 울려 드는
붉은 군대와 군중의 환호 소리여,

우라 쏘베트 로씨야
우라 쏘베트 로씨야
조선 독립 만세!
근로 인민 해방 만세……

— 혜산진, 쏘군 주최 축연에서 — 「축연」, 『리찬』, 73~75면(강조는 인용자)

이찬에게 소련군이란 친구이며 동지이다. 그래서 그는 "어서 들어라 다와리시찌"라고 말한다. 여기서 '다와리시찌'란, '동지(同志)'라는 뜻의 러시아어 'tovarishch'에 대한 일본어 발음[タワリシチ]이다. 러시아 동지들이 오고 나서 "오고야 말" 것은 근로인민의 해방이다. 그러니, 이찬이 보는 소련군의 진둔은 민족해방과 계급해방을 불러오는 귀중한 국제주의의 실천인 것이다. 이어서, 강조된 부분에서 보듯이 "우라[만세] 쏘베트 로씨야"와 "조선 독립 만세" 그리고 "근로 인민 해방"을 동시에 한 괘로 보고 있는 것이 이찬의 시각이다. 이찬은 민족해방과 계급해방 앞에 '만세 소비에트 러시아'를 먼저 놓고 있다. 역시 철저하게 소련군의 주둔을 환영하면서, 민족해방과 계급해방을 가져다 준 소련의 국제주의를 찬양하는 입장을 보여 주고 있다.

그 이후에 소련군에 의한 독립에 이어지는 새로운 생활상이 구체적으로 표현된다. 소련군은 인민의 생활을 바꾸어 놓았다. "한글 공부 소리 랑자하고"(「아오미 나루」), "토지가 개혁되며"(『리찬』, 87면), "조선로동당의 창당"(94면)이 소련군에 이어 함께 왔던 것이다. 이른바 사회주의사회의 총체적인 도래를 그는 소련군과 함께 온 해방으로 보고 있는 것임을 알 수 있다. 시 「축연」이 소련군을 맞이하는 시라면 「환송」은 소련군을 환송하며 발표한 시이다. "어이 잊으리 그대들을 / 진정 그 자국마다가 감사의 불꽃되여 / 전체 인민의 가슴을 / 영원 불멸의 친선에로 불태워 올리는 / 쏘베트 군대여"(「환송」, 『리찬』, 109면)라는 소련군에 대한 환송은 단순한 환송이 아니라, 나름대로 구체적으로 소련군의 생활상을 묘사한 후에 이루어지는 친선의 표현이다. 소련군뿐만 아니라, 물론 중국군의 참여도 노래한다.

> 터지듯 인터나쇼날의 노래 울려 퍼지고
> 옹헤야로 양거리춤으로
> 어깨 걸고 떨어질 줄 모르는
> 두 나라 용사를……
>
> ─「리별의 노래」(『리찬』, 144면)에서

당시 북한의 평단은, 미국이나 일본의 제국주의가 세계를 침략하려는 것을 '세계주의'라고 규정하고, 이에 반하여 공산주의가 세계 평화를 위해 연대해야 하는 것을 '국제주의'라는 용어를 쓰고 있다. 당시 국제주의란, 해방과 원조로 맺어진 소련 및 중국과 국제적 단결을 맺게 되는 계기를 문학사상에 반영하여 세계혁명운동에 문학이 일조해야 한다는 뜻을 담은 개념이다. 이에 따라 '국제주의'를 담은 수많은 작품들이 거론되었고, 이후 계속 창작되었다. 비교컨대, 남한 쪽의 멸공문학류의 전쟁시3)들이 치열한 전투와 원수에 대한 적개심을 강조한 것에 비하면,

북한문학의 '국제주의에 대한 강조'는 나름대로 정연한 논리 체계를 갖고 있다. 대중을 국제주의사상으로 교양하고자 했던 당시의 사고방식에 리찬의 시도는 모범적인 시도가 될 수 있었다.

> 클레믈린 황홀한 대륙으로부터
> 태산을 넘어 태양을 건너
> 온갖 나라와 나라 민족과 민족들의 계선을 지나
> 가없는 대지의 끝에서 끝까지
> 한없이 퍼지는 그대의 노래 속에
> 스탈린 대원수여 인류의 태양으로
> ──李燦, 「들이시라 삼천만 조선인민의 이 우렁찬 찬가도」에서

평론가 한식은 국제주의의 정형으로 해방 전에는 포석 조명희의 「낙동강」을 인용하고, 해방 후에는 바로 위의 시를 인용하고 있다. 해방이 되었을 때, 즉각 소련에 대하여 국제적인 연대를 담은 시를 발표한 이찬의 행동은 북한 문단에서 본이 아니 될 수 없었다. 한식은 이 시를 두고 "사회주의 조국인 소베트 동맹과 스탈린 대원수에게 대한 진실한 조선인민의 경애와 강점은 오늘날 국제주의 사상의 가장 명백한 표현으로 되는 것"[4]이라고 쓰고 있다. 더구나 소련은 단순히 해방과 원조를 가져다 준 국가가 아니었다. 이찬에게 소련이란, "쏘聯 너는 언제나 마음의 故鄕"[5]이라는 한마디 말로 요약될 수 있다.

이찬은 작품뿐만 아니라 작품창작에 대해서도 북한문학의 선두에 자리하고 있었다. 한국전쟁을 치루고 전후 복구기에 접어든 북한문학이

---

3) 김응교, 「분단극복을 위한 시의 실천」, 『그대는 북에서 나는 남에서』(고은・김규동 편), 눈출판사, 1988.
4) 한식, 「조선문학에 나타난 국제주의 사상」, 『문학과 전진』, 1950.8(이선영・김병민・김재용 편, 『현대문학비평자료집』 1, 태학사, 1993년, 513면. 이후 『자료집』으로 표기한다).
5) 李燦, 「續・쏘련 詩抄」, 『文化戰線』 제3집, 1947.2.25, 97면.

직면한 것은 도식주의·교조주의의 경향이었다. 그는 그 자신이 민촌 이기영과 함께 소련으로 가서 소련의 중요 작가들을 꼼꼼히 취재하는 모습을 보인다. 그는 소련 작가들에게 농촌에서 농민들을 어떻게 계몽할 것인지, 고전 오페라 등을 어떻게 소개해야 하는지, 전쟁이 났을 때 소련의 작가들은 어떻게 종군하여 죽어 가면서 어떻게 작품을 발표했는지 등을 무척 꼼꼼하게 질문하며[6] 실제적인 답을 얻어냈다. 그리고 이러한 여행 결과 얻어진 결실이 6번째 시집 『소련시초』였다.

영웅 예찬에서 비롯하여, 미제에 대한 적개심을 과도한 강조로 말미암아 빚어진 도식주의를 극복하기 위해 주어진 계기가 바로 리얼리즘의 종주국 소련의 제2차 작가대회(1954.12)였다. 사회주의 창작방법론을 확정한 제1차 소련작가회의(1934) 이래 20년 만에 이루어진 이 대회의 결과는 북한문학계에 큰 자극을 주었다. 당시 시인들에게는 소련의 선진적 경험이 중요했다. 시인이며 평론가였던 민병균은 "이 숭고한 사명을 성공적으로 완수하기 위하여 우리는 우리 선진자들인 쏘베트 시인들이 피로 개척한 싸움으로 쌓아올린 교훈을 올바로 섭취하여야 한다"고 강조하면서 그 구체적인 예를 들고 있다.

> 뿌쉬낀 네끄라쏘브 마야코프스끼의 로씨아 시문학의 고상한 전통을 올바로 계승한 수많은 쏘베트 시인들 중에서 가장 인민의 지지를 받으며 또 우리 독자들에게도 그 일부의 작품이 소개된 시인들의 이름을 들어보면, (…중략…) 이 시인들의 시는 온갖 형식주의적 허식과 분식의 껍질을 버리고 간결하고 진실하고 소탈한 형식 속에 인민의 지향과 감정을 담은 고상한 사실주의적 작품을 보내고 있다.[7]

---

6) 李燦, 「쏘베-트 作家會見記」, 『文化戰線』 제3집, 1947.2.25, 72~81면.

7) 민병균, 「쏘베트 시문학을 섭취함에 있어서 경험과 교훈」, 『노동신문』, 1949.4.29(이선영·김병민·김재용 편, 『자료집』 1, 387면). 북한문학에 있어 소련 문학의 영향은 다음의 평론을 참조바람. 이정구, 「쏘베트 시문학과 우리 시인들」, 『문학예술』, 1950.5 (『자료집』 1); 이정구, 「우리 시문학의 제 문제－제2차 전연맹 쏘베트 작가대회와 관련하여」, 『조선문학』, 1955.7(『자료집』 3).

민병균의 이러한 지도비평은 당시에는 주도적 조류 중에 하나였다. 사실 '고상한 사실주의' 혹은 '고상한 리얼리즘론'은 1947년에 당중앙위원회에서 결정한 유일한 창작방법론이었다. 고상한 리얼리즘은 영웅적이고 긍정적 인물을 주인공으로 설정하고 이를 형상화함으로써 일반 독자들이 이를 하나의 모범으로 따라 배우는 것을 이상으로 하는 창작 방법이다.[8] 소련에 대한 국제연대를 간결하고 소탈한 '고상한 리얼리즘'으로 표현한 이찬의 소련 시초(詩抄)들은 이러한 시기에 하나의 표상이 아닐 수 없었을 것이다. 물론, 소련으로 향한 북한문학자들의 생각은 다만 이찬에게만 한정된 것이 아니다. 소련과의 국제주의에 대해서는 박세영·강승한·이정구·백인준 등의 시가 실린 『영원한 친선』(1949)이라는 시집에 모아져 있다. 또한 한설야나 이태준(「소련기행」, 『문학』 3호)이나 소련계 시인 조기천 등에서도 보인다. 당시 이찬은 이러한 흐름에 대표적인 국제주의의 모범을 보였던 것이다.

소련에 직접 가서 취재와 창작을 게을리 하지 않았던 이찬, 그의 경력에도 소련은 청년기의 한 시기를 점하고 있다고 씌어 있다. 그의 약력을 보면, "20세에 일본 '와세다'대학에 가 로문학을 전공하다가 학비 곤란과 일제의 박해로 학업을 중단하고"(『리찬』 후기)라고 쓰여 있다. 편집부가 정리한 것으로 되어 있으나 북한의 다른 자료에도 그의 약력은 와세다대학에서 로문학을 '전공'한 것으로 되어 있다. 그런데 과연 그가 와세다대학에서 로문학을 전공했을까. 당시 그가 다녔다는 와세다대학의 학적부를 확인(1999.10.13. 大村益夫 교수 확인)해 본 결과, "李燦(男) / 1910年 1月 15日(?) / 早稻田大學 高等師範部 英語科"를 다닌 것으로 나와 있다. 당시의 학적부(이 책 부록 참조)를 보면, 분명히 "英語 李燦"이라고 표기되어 있다. 이름 위에 분명히 "英語"라고 소속 도장이 찍혀 있다. 그렇다면, 이찬은 영문학을 했으면서 왜 로문학을 했다고 약력에 적었을

---

8) 김재용, 「전후 북한문학의 도식주의 비판」, 『분단구조와 북한문학』, 소명출판, 2000, 48면.

까. 영문과에 소속되어 있었으면서 로문학을 많이 공부했다고 해도, 로문학을 '전공'했다고 쓰는 것은 옳지 않다. 거친 추정일 수 있으나 당시 영문학보다는 로문학이 북한사회에서는 단연 선호되었다. 이러한 북한 사회의 분위기를 이기봉은 의미 있는 말을 남겼다.

　어떻든 당시 정치·경제 분야와 마찬가지로 문화·예술 분야에서도 소련에 추종하지 않고서는, 또 소련의 그것을 알지 않고서는 아무것도 할 수 없었다. 따라서 작가 예술인들의 제일 큰 소망은 소련 견학여행이었다. 그것은 당시 북한 학생들의 소련 유학 희망열기 이상의 것이었다. 한마디로 말해서 모든 것을 소련에서 배우자는 사상이 북한을 지배하고 있었다. 작가 예술인들은 하다 못해 '조·쏘문화협회'의 기관지 「조·쏘문화」에 자신의 글을 발표하는 것만으로도 큰 영광으로 알 정도였다. 당시 작가 예술인들이 인정을 받으려면 「조·쏘문화」에 자신의 글이 발표되어야 하는 것이 필수적이었다.9)

　그러한 사회적 분위기에서 이찬은 〈문예총〉 서기장을 했고, 〈조·쏘문화협회〉 부위원장을 거쳐, 후일 내각의 문화선전성 문화국 부국장까지 역임했다. 이러한 배경에서 이찬의 약력이 자의든 타의든 '변조'되었다고 추정해 볼 수 있겠다. 그런 변조는 당시 북한의 다른 작가에게서도 볼 수 있다.10) 아무튼 당시 소련이란 존재는 한 인간의 인생여정을 변경시킬 수도 있던 영향력을 가졌던 것임에는 틀림없다.

　이제, 소련에 대한 이찬의 자세에서 어떤 변화는 없었는지 질문을 달아보자. 해방을 몰고 온 주체를 소련으로 묘사했던 이찬의 시가 조금씩 변해 가는 과정이 중요하다. 1945년경에 발표된 시편에서 해방의 주체

---

9) 이기봉, 『북의 문학과 예술인』, 思社研, 1986, 185면.
10) 가령, 이석훈(李石薰, 1907~?)도 와세다대학에서 러시아 문학을 전공한 것으로 소개되곤 하는데, 학적부를 통해서 그런 사실이 확인되지 않고 있다. 사실은 고등학교 수준에 준하는 早稻田의 '高等豫科'에서 러시아어를 공부한 것 같다고 보고되고 있다. 大村益夫, 「早稻田出身の朝鮮人文學者たち」, 『語研フォーラム』14호, 早稻田大學語學敎育研究所, 2001.3.1, 10면.

를 소련으로 보고, 김일성을 묘사한 대목은 도드라져 보이지 않았다. 그런데 그것은 1946년에 접어들면서 조금씩 변하게 된다.

3. 수령형상문학과 애국주의

1) 수령형상문학의 모범 「김장군의 노래」

해방 후 북한의 지식인들 눈앞에 펼쳐진 사건들은 이조 500년 그리고 지난(至難)한 프롤레타리아운동사에서도 이룩하지 못했던 것들이다. 가장 대표적인 예로는, 1946년 2월 단 20일 만에 이룩해 놓은 토지개혁이다. 혁명 과정 속에서 서서히 이루어져왔던 소련과 중국의 토지개혁에 비하여 북한의 그것은 전면적인 것이었다. 무상몰수·무상분배를 원칙으로 선 토지개혁이란 혁명 그 자체가 아닐 수 없고, 따라서 '정치-문학 일원론'의 시각에서 보면 그 자체가 정치와 문학의 중심부에 해당되는 것이다. 당시 여러 문학작품이 토지개혁을 다루었다.[11] 오랫동안 노동자의 해방을 꿈꾸어 오고, 그것이 그리워 월북하거나 사회주의를 택했던 당시의 좌파 지식인들에게 '20일 만의 토지개혁'이란 단순한 사건이 아니었다. 또한 '20개의 정강(政綱)'을 통해 전면적으로 개혁되는 사회를 볼 때, 거의 기적을 체험하는 느낌이었을 것이다. 이 체험을 이찬은 "神話가 아니다 / 傳說이 아니다. // 여기 북조선의 명백한 오늘을 / 모-든 不可能에서 可能이 前進한다"[12]고 기록한다. 하루아침에 녹화

---

11) 김윤식은 이기영의 「땅」에서 토지개혁은 핵심적인 요소라고 한다. 김윤식, 앞의 책, 97~99면.

12) 李燦, 「勝利의 記錄」, 『文化戰線』 創刊號, 1946년 7월, 114면.

(綠花)되는 영흥 대평야, 전에 없던 전기보일라, 연기가 솟아오르기 시작하는 공장의 굴뚝 등 눈앞에서 빠르게 변하는 세상을 보며 시인은 "너어서 偉大한 이 地域 偉大한 이 勝利를 기록하야"라고 말한다. 시인에게는 "불가능에서 가능이 전진"하는 위대한 승리였다. 그러한 체험을 가능하게 했던 '위대한 영웅'에 대해서 당연히 문학적인 형상화를 하고 싶었을 것이다.

이른바 '위대한 영웅'에 의한 '위대한 개혁'은 각지에서 일어났다. 가령, 평양 서쪽 보통강에 해마다 일어나는 홍수를 막기 위해 둑을 쌓는 관계공사를 하는 1946년의 여름 풍경을 시인 김조규는 긴 호흡으로 그려 냈다. 꼬리에 꼬리를 물던 가난뱅이의 생활의 상징이었던 보통강 유역의 풍경이란 시인에게 "썩어진 거재기었다 / 똥간이었다 / 시궁창이었다 / 나루ㅅ배에 앉은 누런 얼골들"일 뿐이었다. 가난의 상징이었던 보통강 유역에 어떤 관계농사가 일어나는지를 묘사하면서 시인은 이렇게 마무리 하고 있다.

> 그러나 普通江
> 보라! 將軍金日成이 가난뱅이 벽허리언덕에서
> 손높이든 道義의 꼭괭이를—
> 地心이 울리도록 나려박히는 聖鍬의 소리
> 파통키자 번지어라
> 쌓아 올리자 오오 民主朝鮮의 防波堤
>
> — 김조규, 「生活의 흐름」[13]에서

시인 김조규는 이 관계농사의 지휘자를 김일성으로 보고 있다. 이 시는 1946년 6월에 쓰인 것으로 표기되어 있고, 그의 시집 『동방(東方)』(1947년 9월 18일)에 실려 있다. 그런데 김조규가 이렇게 표현하기 전에,

---

13) 金朝奎 詩集 『東方』, 平壤 : 朝鮮新聞社, 1947.9.18, 26면.

조기천과 이찬이 선두적으로 당시의 그들의 '젊은 영웅'을 칭송하는 모범을 보인다. 〈북조선예술총동맹〉의 서기장 이찬은 기관지『문화전선』창간호(발행인 한설야, 1946.6)에 송가이며 한국전쟁기에 많이 불렸던 「김일성 장군의 노래」의 모작(母作)이 되는 「김장군(金將軍)의 노래」(1946리찬 작사, 김원균 작곡)를 발표한다.

長白山 줄기줄기 피어린자욱
鴨綠江 굽이굽이 피어린자국

오늘도 自由朝鮮 면류관우에
역력히 비쳐드는 피어린자욱

아— 아— 그일홈도 그리운 우리의將軍
아— 아— 그일홈도 빛나는 金日成將軍

滿洲벌 눈바람에 이애기하라
密林의 긴긴밤아 이애기하라
萬吉의 빨치산아 누구인가를
絶世의 愛國者가 누구인가를

勞動者 大衆에겐 解放의恩人
民主의 새朝鮮엔 偉大한太陽
二十節 政綱우에 蜂蝶도뭉쳐
北朝鮮 坊坊谷谷 새봄이온다

—李燦, 「金將軍의 노래」 전문[14]

이 시는『문화전선』창간호의 첫머리를 장식하고 있다. 1946년 7월

---

14) 박명림은 "이 노래의 등장을 확인해주는 1차 자료가 없다"(『한국전쟁의 발발과 기원』 II, 나남출판, 1996, 255면)라고 했는데, 이 노래가 처음 발표된 지면은『文化戰線』창간호(1946.7, 차례 앞면)일 가능성이 높다.

해방 1주년을 맞이해서 만들어진 이 노래는, 그해 여름 첫 연주회가 있은 뒤 곧바로 전국으로 퍼져 나갔다. 가사는 한자가 완전히 한글로 바뀌었을 뿐, 원문 그대로이다. 북한문학사에서는 이 시가 형식적인 면에서 "심오한 사상상과 높은 형상성, 평이성과 통속성을 가지고 있는 것으로 혁명송가의 빛나는 모범"[15]을 보이고 있다고 말한다. 북한의 문학사는 이 시의 창작동기를 이렇게 말한다.

〈카프〉에 대한 검거선풍으로 서대문 형무소에서 감옥생활을 하는 과정에 그는 위대한 김일성장군님에 대한 전설같은 이야기를 들으며 (…중략…) 토지개혁법령이 발포된 순간에는 서정시 「새소식」을 창작하여 토지개혁법령소식에 접한 감격과 흥분을 열정적으로 노래하였고 (…중략…) 송가를 창작하려는 그의 열정은 1946년 4월 위대한 장군님을 지척에서 뵈옵는 력사적인 날들을 계기로 더 강렬해졌다. 당시 함남일보사에서 기자로 일하던 시인은 위대한 장군님께서 흥남비료공장사업을 현지에서 지도하신다는 감격적인 소식을 듣고 공장으로 달려갔다.[16]

이러한 창작 과정을 거쳤던 이 시는 이후에, 한자가 한글로 바뀌고, 어려운 대목은 쉬운 표현으로 개작되면서 전국으로 퍼지게 된다. 지금까지 북한문학사는 이 시를 수령형상화의 모범으로 삼고 있으며, 모든 책에서 인용되고 있다. 이 시는 두 가지 중요한 의미를 지닌다.

첫째, 정치사적으로 해방의 주체가 바뀌었다는 것을 보여 주고 있다. 이 송가의 등장 시기는 그것이 김일성의 부상이라는 정치적 의미를 함축하기 때문에 눈여겨 볼 필요가 있다. 국가(國歌)나 국기(國旗)·국명(國名)이 만들어지기도 전에 최고지도자에 대한 칭송의 노래가 먼저 나왔다는 것도 중요할 뿐만 아니라, 더 중요한 것은 해방의 주체가 바뀌어

---

15) 오정애·리용서, 『조선문학사·10—해방후편 평화적민주건설시기』, 사회과학출판사, 1994, 59면.
16) 위의 책, 47~59면.

표현되고 있다는 점이다. 이제까지는 붉은 군대가 해방의 주체였는데, 그보다 수령의 빨치산 활동이 강조되어 표현되기 시작한 것이다. 그 변화 과정은 1945년 해방 직후 발표된 시와 1946년 해방 1주년을 기념하는 시를 비교하면 확연히 알 수 있다. 1946년 4월에 출판된 시집『횃불』에서도 "우라[만세]-스타-린! / 우라-스타-린! / 朝鮮 獨立 萬歲! / 푸로레타리아 해방 만세"(「향현」에서, 125면)라며 스탈린과 프롤레타리아가 해방의 주체로 강조될 뿐이지, "위대한 태양" 같은 표현은 없다.

해방의 주체가 소련에서 김일성으로 바뀌는 과정에 대해서는 정치학자에 따라 조금씩 의견을 달리 하고 있다. 와다 하루키(和田春樹)는 "유격대 사령관으로서 신비화 전술(神秘化戰術)"[17]은 1945년 9월 19일 김일성이 원산에 상륙할 때부터 서서히 드러난다고 한다. 이종석은 "1946년 2월 8일 북한 지역에서의 단독적 개혁을 추진하기 위해서 '중앙주권기관'인 북조선임시인민위원회를 결성하였으며 김일성은 이 기구의 위원장에 취임"하였고 이것이 바로 김일성이 북한의 최고지도자로 취임한 최초의 사건이라 하면서, "1946년 봄에 김창만이 북조선공산당 선전부장이 되자 당시 소련에서 나온 박창옥과 함께 김일성 유일지도자 옹립에 열을 올렸고, 그 결과 문학 분야에서는 한설야가 1946년 김일성의 항일무장투쟁기(『영웅 김일성 장군』)를 출판했고 소련군 장교 출신인 시인 조기천은 대서사시『백두산』을 통해서 김일성을 민족의 영웅, 민족의 유일지도자로 형상화"[18]했다고 쓰고 있다. 이에 비해 박명림은 이찬의 「김장군의 노래」를 이 과정을 대표하는 작품으로 인용하면서 "1946년 7월에서 8월 사이에 김일성의 입지가 확실해지면서 해방의 주체가 소련에서 김일성으로 바뀌는 과정은, 모두 물론 소련의 양해가 있었기에 가능했다"[19]고 명기하고 있다. 시기상의 차이는 있으나 대략 1946년 봄

---

17) 和田春樹,『金日成と滿洲抗日戰爭』, 平凡社, 1992, 342~343면.
18) 이종석,「김일성 연구」,『현대 북한의 이해』, 역사비평사, 194~196면.
19) 박명림, 위의 책, 254~256면.

이후 정치적으로 김일성의 유일지도자화가 가시화되었던 시기라고 볼 때, 이찬의 「김장군의 노래」는 새로운 해방 주체의 개국(開國)을 알리는 일종의 '용비어천가'가 되었던 것이다.

둘째, 이 시는 사상사적으로 '주체(主體)의 시대'를 예견(豫見)하는 작품이 되었다. 이 시기 이후 김일성은 더욱 부상하고 그에 반비례해서 소련은 점점 후퇴하게 된다. 1946년 해방 1주년 기념식 연설에서 일제로부터의 해방이 "조선민족의 투쟁의 결과"라는 표현이 "소련의 위대한 붉은 군대의 영웅적 투쟁"이란 표현보다 앞서 나오면서, 처음으로 '김일성 식 민족주의의 초기적 발로'가 엿보인다. 이후에 북한은 민족주의를 넘어서 1970년대에 이르면 '주체의 시대'로 넘어가게 되는 것이다. 1946년 해방 1주년 기념식 연설이 주체적인 정치관의 처음 발로였다면, 리찬의 「김장군의 노래」(1946.6)는 그것에 대한 가장 신속하고도 대중적인 '문학적 선언'이었다. 그러므로 이 송가는 이른바 '주체시대'인 지금도 모범으로 삼고 있는 것이다.

이찬 시인이 세상을 떠난 뒤, 1983년에 그를 기리기 위해 출판된 『태양의 노래』(문예출판사)에는 그의 대표 서정시 65편이 실려 있는데, 그 서시로 「김일성장군의 노래」가 실려 있다. 5부로 나뉘어 있는 이 시선집은 제1부가 '김일성장군 찬가'로, 수령[20]형상의 서정시 10편을 모아놓고 있다. 북한의 문단이 그를 수령형상문학의 모범으로 보는 까닭은 시선집의 편집을 보아도 충분히 알 수 있다. 또한 1992년 판 『주체문학론』에서도 "혁명적 문학 예술 전통을 빛나게 계승 발전시켜야 한다"고 논하면서, 그 대표적인 시를 두 편을 들고 있다. 즉 "예술인들은 해방직후에 광복의 대업을 이룩하고 조국에 개선하신 수령님을 절세의 애국자

---

20) '수령'이란 용어의 연원에 대해 이종석은 위의 책(196면)에서 이렇게 설명한다. "1946년부터 당 이데올로그들에 의해서 '위대한 영도자'라는 호칭이 따라붙기 시작했으며, 1948년부터는 인민군대를 중심으로 항일유격대 출신 군지도자들에 의해서 '수령'으로까지 불리게 되었다. 이 '수령' 호칭은 한국 전쟁을 계기로 북한사회에서 일반화되었다."

로, 전설적영웅으로, 민족의 태양으로 높이 우러러 칭송하면서 불멸의
혁명송가 「김일성 장군의 노래」를 창작할 수 있었고, 장편서사시 『백두
산』과 같은 훌륭한 작품을 내놓을 수 있었다"21)는 언급에서 보듯이, 이
찬의 「김장군의 노래」는 조기천의 『백두산』과 함께 가장 모범적인 작
품으로 칭송되고 있는 것이다. 이러한 까닭에 이찬의 「김일성 장군의
노래」는 "수령형상 시문학의 첫장을 빛나게 장식한 가장 훌륭한 가사작
품"22)이 된 것이다.

2) 애국주의와 수령형상문학

수령형상문학의 모범이 된 이찬의 시는 곧 애국주의사상과 함께 생각
해 볼 수 있다. 엄호석의 「조선문학과 애국주의 사상」(『문학의 전진』, 1950.8)
은 애국주의에 대해서 차분하게 논한 글이다. 그는 '이승만 도당의 미제
에 민족을' 파는 것은 거짓 민족주의라면서, '새로운 애국주의 그리고 가
장 전형적인 표현은 김일성 장군과 그의 빨치산'이라고 말한다. 엄호석
은 을지문덕·연개소문·강감찬 그리고 이순신이 애국주의를 고양하는
데 쓰이듯이, 수령이 애국주의적으로 형상화되어야 한다면서,

> 김일성 장군의 애국적 형상은 아무러한 예술적 과장이 없이도 그대로 가장
> 걸출한 애국자의 전형적 성격으로서 우리 문학에서 창조될 수 있는 문학적
> 대상이다. (…중략…) 위대한 혁명적 인물의 어떠한 전기적 서술도 그 가운데
> 많은 미학적 의의를 가진 제대를 무딘 광석처럼 간직하면서 예술적 표현을
> 요구하며 형상화를 기다리는 것이다.23)

---

21) 김정일, 『주체문학론』, 조선로동당출판사, 1992, 69면.
22) 오정애·리용서, 앞의 책, 47면.
23) 엄호석, 「조선문학과 애국주의 사상」, 『문학의 전진』, 1950.8(이선영·김영민·김재
용 편, 『자료집』 1, 478~493면).

이렇게 을지문덕이나 이순신을 애국주의로 형상화하듯이, 수령을 형상화한다는 논의를 거쳐 수령형상문학은 더욱 실질적이고 구체적으로 전개된다. 그러면서 그것은 '생활 속에서 형상화할 것'을 요구하게 된다. 생활 속에서 수령을 형상화하는 것에 대해 이찬은 또 다른 모범을 보인다. 56행 12연으로 구성된 짧지 않은 시 「봄 비」는, 쌀쌀한 가을날, 어느 동해 어항을 수령이 방문했을 때의 일을 기록하고 있다. 이 시에서 이찬은 다양한 기교를 통해 수령형상문학의 또 다른 전형을 보여 주고 있다.

먼저 이 시는 수령을 초월적인 인물이 아닌 다정한 사람으로 묘사하고 있다. "그리웁던 벗인양 / 넘치는 미소로 일일이 화답"하는 수령의 모습, 어로공의 등어리 쓰다듬으며 "아직 고무옷을 못탔는가 / 장화도 못탔는가"를 묻는 수령의 모습은 너무도 다정다감하다. 둘째, 이 시는 구호적인 도식주의를 벗어나 생활 속으로 들어가고자 했던 당시 북한 시문학의 경향을 앞서 나가는 모습을 보인다. 가령 "세조― 영침에 / 빨갛게 단손길들 / 이윽히 살피시다"라는 표현에서 '세조― 영침'이란 명태를 씻어 소금에 절이는 행위를 뜻하는 것인데, 이렇게 이찬은 현장 취재를 통해 작품 창작을 보여 주고 있다. 셋째, 그러면서도 수령의 직접적인 목소리를 시에 담기도 한다. "동무들 이 아름다운 곳에 / 훌륭한 수산 도시를 건설합시다 / 그러기 위하여 우리 노력합시다 / 당면 과업은 힘껏 기계화하고 / 근로 형제들게 더 많은 어류를 공급하는 문제요"라는 표현을 통해 공산주의 교육을 위한 기능을 수행하기도 하는 것이다. 그런데 사실 여기까지 읽으면 그리 신선하지 않고, 산문에 행(行)을 끊은 듯이 단순하다. 바로 시가 지루해지는 지점에서 이찬은 '봄비'라는 상징을 써서 시적 변환을 도모한다.

그 다음날부터였네
봄비 지나간 뒤 산과 들처럼

생산 도표의 푸른 줄기줄기
째흐마다 싱싱 뻗어 오르고

바다 천년의 낡은 방식 우에
아슴푸레 눈 뜨던
온갖 지혜와 재능의 가냘픈 싹들이
무럭무럭 자라나기 시작한 것은,

그러기에 년간 계획 우에 높이 휘나는
승리의 깃발 바라볼 때나
아지아지 찬란한 개화를 다투는
권태기, 활복기, 건조기, 하륙슈─ 드의
새록새록한 꽃망우리 바라볼 때나

사람들이 사람마다
가슴 깊이 느낀다네
봄비 지나간 뒤 산과 들,
자애로운 수령의 모습을

─李燦, 「봄비」 9~12연에서24)

　　봄비 지나간 뒤에 바뀌는 산과 들의 모습을, 수령이 오고간 뒤의 현
실과 겹쳐놓고 있다. 수령은 곧 '봄비'로 은유되고 있다. 남한의 문학적
경향에서 보면 낮은 차원의 은유이지만 우리는 북한문학이 가장 쉬운
비유를 통해 대중에게 다가가는 교양성을 중요하게 여긴다는 사실을
이찬의 수령형상문학을 통해 만나게 된다. 그러나 아무리 해도, 수령의
토지개혁이나 온갖 다정다감함을 체험해 보지 못한 남한의 독자들에게
는, 바로 이러한 대목이 가장 멀리 느껴질 수밖에 없다. 나아가서는 우
상화라는 생각에서 거부감을 갖게 된다. 북한 시인이나, '리찬'의 수령

---

24) 李燦, 「봄비」, 『승리자들』(합동시집), 조선작가동맹출판사, 1954, 98~103면.

형상문학작품은 이러한 까닭에 통일문학사를 쓰는 대목에서 많은 논란을 불러일으키게 되는 대목이 될 것이다.

4. '리찬'의 혁명시와 서정서사시

앞서 우리는 이찬이 「김장군의 노래」의 가사를 지어 북한문예사에서 선도적인 역할을 했다는 것을 보았다. 사실 북한이란 사회는 그가 찾던 유토피아였던 것이다. 북한사회의 노동법령을 예찬하는 「비력(悲歷)」(『年間朝鮮詩集』, 문학가동맹, 1946)이란 시에서 그는 비극의 종언을 발표한다. "슬픈[悲] 역사[歷]"가 끝났다는 것은 그가 그리도 그리워했던 "이러진 화원"(「이러진 화원」), 즉 '잃어버린 화원(花園)'을 찾았다는 말이다. 이제 그의 시에서 민족과 과거에 대한 회환만 있을 뿐이지 현재의 갈등은 존재하지 않는다. 『연간조선시집』에 발표된 이찬의 시는 한없는 만족감으로 채워져 있다. 이러한 만족감을 표현하는 그의 시는 '인민을 교양하는 양식'으로서 그 형상성이 탁월하다. 문학을 '인민교양을 위한' 것으로 보는 북한문학사에서는 이찬의 시에 숨어 있는 탁월한 형상성을 높이 사지 않을 수 없었을 것이다.

첫째, 그의 시를 낭독하면 선동성이 느껴지는 경우가 많다. 1930년대 중반기의 이찬 시를 낭독해 볼 때, 앞선 시기보다 더욱 생생한 울림이 있다는 것을 느낄 수 있다. 가령 첫 시집 『대망』에서 중요한 대목을 차지하는 시 「대망」(『중앙』, 1935.6)을 보면, 함경도 말투를 그대로 넣은 표현을 볼 수 있다.

고동소리에 놀란 듯이 웨치는 한 시악씨

「애구 오늘밤에두 아니 오는 겝슴매」
뒤바더 「죽었따니까 죽어. 그 바람에 어지 사니」 하고
엎드러져 와—ㅇ 우는 이웃 안악네

안악네 딸아 그 이악씨 울고 …… 마침내 모다들 운다!
목 놓아 「○○야 ……」 「○○아바 ……」, 「난 어저람메 ……」,
「이아— 덜 어쩌갰슴메」 …… 부르짖기도 하며

—「대망」에서

"에구 오늘밤에두 아니 오는 겝슴메" [오늘밤에도 안 오는 가봐요],
"죽었따니까 죽어. 그 바람에 어지 사니" [그 바람에 어떻게 살지], "난
어저람메 ……" [나는 어떡하라고], "이아— 덜 어쩌갰슴메" [아이들은
어떻게 합니까?]라며 부르짖은 여인들의 부르짖음이 함경도 말씨로 그
대로 시에 드러나 있다. 이 시는 바다에 고기 잡으러 간 사내들을 기다
리다가, 그들이 끝내 돌아오지 않자 부두에서 애절하게 울부짖으며 통
곡하는 함경도 아낙네들의 아픔을 그녀들의 말씨를 그대로 담아내고
있다. 실제 말씨를 그대로 살려 씀으로 시는 더욱 생생한 리얼리티를
확보하게 되는 것이다. 눈으로 보는 것보다, 함경도 억양을 넣어 읽어볼
때 그 느낌은 연극적으로 새롭게 다가올 것이다.

둘째, 그의 시는 북한문학이 추구해 온 서정서사시의 모범을 잘 보여
주고 있다. 이찬 시는 초기 시부터 단편서사시적인 면모를 보인다. 엄연
히 서정적 인물이 등장하고 서사적 상황이 배경을 이루고 있다. 그가 시
단에 나왔던 1928년 8월쯤에는 이미 한국 문단에 단편서사시 논쟁이 풍
미했던 때였다. 그의 초기 시 중의 한 편으로 「기계(機械)가튼산아히」(『大
衆公論』, 1930.3, 169~170면)를 보면 이 시의 무대배경은 '화염을 토하는 용
광로'로 있는 공장으로 설정되어 있다. 시의 배경은 공장이고, 그 서정
적 주인공은 지하조직에 관계하는 노동자로 표현되어 있다. 그는 모진
고문에 못 이겨 조직의 비밀을 토해낸다. 그래서 그는 용광로 앞에서

"앙상한 기계같이" 움직이고 있다는 내용이다. 당시 북한 문단에서는 서정·서사적인 작품을 이렇게 정의하고 있다. 즉 "서정적 작품의 요소와 서사적 작품의 요소가 결합되어 있는 시적 형식의 문학작품을 말한다. 서정─서사적 작품에서는 생활이 일방으로는 인간들의 행동과 감정 및 그들이 참가하는 사건에 대한 운문적 서술의 형식에서 반영되는 동시에 타방으로는 시 작품의 등장인물들의 행동과 생활 화폭에 의하여 환기된, 설화하는 시인 자신의 감정의 형식으로도 반영된다"[25]고 말한다. 이렇게 볼 때, 이찬의 시에는 '서정서사시'를 이루기 위한 서정적 주인공, 전형성, 배경, 사건, 서정적 토로 등등의 요소들이 두루 갖추어져 있다. 그의 서정서사시의 한 정점을 보여 주는 시 「우크라이나의 초막에서」 전문을 인용해 본다.

함박눈 소리없이 내려, 내려서 쌓여
오리떼 움츠리고 모여 드는 창가에 등을 밝히며
아버지는 우리를 맞아 주셨다.
자못 넘치는 기쁨을 감추지 못하면서,

딸은 잠겨진 부엌문을 만지작거리며
돌아 안 오는 어머니는 안타까와 하는데,
그 무슨 좋은 지혜를 빌리려 아버지는 자주
서리 않은 관자노리를 가져 가는 것일까,

그래서만은 아니였다. 그는 아주 귀염둥이,
솔고리 가득 절군 사과 들고 오는 그의 머리 쓰다듬으며
『아들 녀석 잃은 뒤로는
이 애가 우리의 오직 한 떨기 꽃봉오리라우』

---

25) 「서정─서사적 작품」, 『문학술어해석─교원참고용』, 평양: 교육도서출판사, 1957, 126면.

아버지의 말없는 시선이 못박히는 벽상의 사진,
락조 고이 물들어 그림 같은 드네쁘르강가
구름 같은 양떼 속에 휘파람 날리는 싱싱한 청년
그는 쎄르게인가.

『쎄르게이는 살아 있지요, 살아 있는 그를
그 가을 조선으로 보낸다고 온 마을이 횃불 들고
밤 밝히던 밀 가을 속에서도 나는 보았고,
건설 기사로 조선 간다고 노래처럼 되뇌이는
이 아이의 나날에서도 나는 보고 있지요…』

아버지는 휩싸여 드는 그리움 몰아 버리려는 듯
음성을 돋구며
『어서 드시라우 하찮은 것이나
이것은 로친네와 올해도 그를 생각하며 절군 것이라우,
그 애는 무척 이것을 좋아했으니까요…』

『귀중한 손님들, 만일 조국에 돌아 가시여,
해당화 고이 핀다는 동해바닷가
그 애 잠들어 있다는 해방탑 앞을 지나시거든
전해 주시우, 아직도 우리를 걱정할 그에게』

『너를 잃은 슬픔보다도
너로 하여 다함없는 존경 속에 우리는 행복하고,
올해도 너를 대신하는 수 많은 로력의 도움으로
사과도 무척 더 많이 받았다고…』
　　　　　　　　—「우크라이나의 초막에서」(『리찬』, 1956.12, 174~177면) 전문

　　이야기는 조선으로 갔다가 죽은 아들 쎄르게이를 그리워하는 아버지
와 '우리[방문객]'가 대화하는 내용이다. 장소는 러시아의 우크라이나이

다. 서정적 주인공은 늙은 아버지다. "건설 기사로 조선 간다고 노래처럼" 되뇌였지만 조선에 간 뒤 죽은 듯한 '쎄르게이'라는 아들을 그리워하는 늙은 아버지다. 아들 대신 노인은 사과를 수확하며 위로를 삼고 있다. 마지막 3연은 노인의 아픔과 아픔을 넘어선 깊이가 잘 전해진다. 대화체를 3연으로 나누어 연과 연 사이에 침묵을 넣어 독자 스스로 침묵의 공간에서 상상하게 하고 있다. 말을 잇지 못하는 노인의 아픔이 연과 연 사이에서 느껴지기도 한다. 그래서 "너를 잃은 슬픔보다도 / 너로 하여 다함없는 존경 속에 우리는 행복하고, / 올해도 너를 대신하는 수 많은 로력의 도움으로 / 사과도 무척 더 많이 받았다고……"라고 하는 마무리는 무척 감동적이다. 마치 영상을 보여 주는 듯이, 말을 하다가 중간에 한번 말을 마치고, 이어서 또 말하는, 노인의 읊조림과 같은 말을 연과 행을 조정해서 잘 표현하고 있다. 이 시는 역할을 정해서 낭송하면 매우 입체적으로 느껴질 수 있다. 단지 극시(劇詩)적인 효과뿐만 아니라, 디테일에 있어서도 아름다운 면모를 갖고 있다.

그의 시에는 북방 정서가 느껴지는 언어가 쓰인다. 그 언어가 독자로 하여금 북방의 풍경을 떠올리게 만드는 역동성을 발휘한다. 가령, 3연 2행에 "솔고리 가득 절군 사과 들고 오는 그의 머리 쓰다듬으며"라는 표현을 보자. 여기서 우리는 '솔고리'라는 단어와 '절군'이라는 단어가 주는 어떤 분위기에 빠지게 된다. '솔고리'란 소나무 가지로 상자 비슷하게 만든 그릇으로 고리버들가지나 대오리 같은 것으로 엮어서 아래웃짝을 만든 것을 말한다. '절군'이란 단어는 동사 '절구다'에서 온 말로 "소금에 절구다" 혹은 "배추를 절구다"라는 말로 쓰인다.[26] 물론 이 단어는 지금도 전라도 등지에서 '절다'의 사투리로 쓰이기도 하지만, 북방 정서를 나타내는 분위기에서도 많이 쓰여 왔다. 가령, 장편소설 『꽃파는 처녀』에서는 "아니 이 고등어가 어쨌다구 그러우? 얼음에 박아 실어 온 시

---

26) '절구다' 등의 사전적 정의에 관해서는 『조선말대사전』(평양 : 사회과학출판사, 1992)을 참조

퍼런 생선을 내 손으로 알맞추 얼간하여 절군것인데"라는 표현이 나온
다. 지금도 연변 지역에서는 배나 사과나 감을 꿀물처럼 단 물에 '절군'
음식을 손님상에 내놓기도 한다.27) 이처럼 원재료에 무엇인가를 첨가하
여 "간맛이 제대로 잡히게 한다"는 뜻인 "절구다"라는 표현을 독자가 접
할 때, 사람의 정(情)을 담는대[절구다]라는 정찬 북방 정서를 느끼게 되는
것이다. 위 시에서 노인들이 아들을 생각하면서 사과를 '절군'다는 것
그리고 '절군' 사과로 손님을 대접하는 것은, '절군' 정성만치 정겨운 풍
경이 되는 것이다. 그래서 6연 4행에 "이것은 로친네와 올해도 그를 생
각하며 절군 것이라우"라는 표현에 이르면, '절군'이라는 단어가 주는
정서적 힘은 더욱 간절해지는 것이다.

다른 시 「어느 고지에서」(123면)도 그의 서정서사시의 완성을 보여 주
는 작품이다. 이 시의 서정적 주체는 백발이 성성한 노인이다. 이 노인
의 눈으로 전쟁 장면이 그려진다. 마치 카메라를 들이대고 찍듯이 사건
은 전개된다. 낭송시와 극시적인 효과 등 여러 기교로, 그러면서도 고상
하고 소박한 표현으로 쓰인 이찬의 시는, 북한문학이 하나의 전형으로
삼는 서정서사시의 모범을 보이고 있다.

남한에서는 한국전쟁 이후 모더니즘 문학이 범람하면서, 이야기를
시에 담는 전통이 한때 끊어졌었다. 그것이 신동엽·김수영의 1960년대
이후 민중시를 이룩한 신경림의 『농무』에 이르러 개화했다고 하더라도
과언이 아닐 것이다. 갑오농민전쟁 및 의병운동과 관련된 이야기를 형
상화한 장시 『남한강』 등을 발표한 바 있는 시인 신경림은 일제강점기
의 프롤레타리아문학을 거론하면서, 프롤레타리아문학사에 남을 만한
인물로 임화와 이찬을 거론28)했다. 이런 평가는 바로 신경림이 도모해

---

27) 2000년 11월 18일 와세다대학 조선문화연구회에서 중국 조선족 문학평론가 李相範
의 말.
28) "프롤레타리아 시, 즉 카프 시들 가운데서 오늘날 우리가 읽을 만한 게 몇 편이나
됩니까. 실제로는 그다지 많지 않습니다. …… 임화, 권환, 월북하여 「김일성장군의 노
래」를 작사한 이찬, 김상훈, 박세영 등 몇몇밖에 되지 않습니다. 왜냐하면 이들에게는

왔던 이야기시의 완성이라는 측면에서 이찬을 보았기 때문에 가능하지 않았나 생각된다.

5. 혁명시인의 자격

이 연구를 통해 우리는 이찬이 거의 생래적으로 북한문학이 나아가야 할 길을 창작품을 통해 보여 주고 있음을 알 수 있었다. 이로 인해 북한의 문학사들은 지금까지 이찬을 최고의 시인으로 평가하고 있다. 과연 북한문학사가 어떻게 표현하고 있는지 보자.

① 김하명 · 류만 · 최탁호 · 김영필, 『조선문학사(1926~1945)』, 과학백과출판사, 1981.
"위대한 수령 김일성동지께서 친솔하신 조선인민혁명군 주력부대를 맞이한 국경일대인민들의 가슴마다에는 조국광복의 희망과 혁명승리의 신심이 차 넘치고 국경일대에는 혁명적 기세가 충전하였다." (462면)

② 김정일, 『주체문학론』, 조선로동당출판사, 1992.
"예술인들은 해방직후에 광복의 대업을 이룩하고 조국에 개선하신 수령님을 절세의 애국자로, 전설적 영웅으로, 민족의 태양으로 높이 우러러 칭송하면서 불멸의 혁명송가 「김일성 장군의 노래」를 창작할 수 있었고, 장편서사시 『백두산』과 같은 훌륭한 작품을 내놓을 수 있었다." (69면)

③ 오정애 · 리용서, 『조선문학사』 10, 사회과학출판사, 1994.
"(리찬의-인용자) 「김일성장군의 노래」는 위대한 수령님에 대한 전인민적

시는 말로된 예술이라는 인식이 모자라지 않았던가 생각합니다"(신경림, 「생명력이 있는 시를 쓰려면」, 2000.9.28. http://www.kcaf.or.kr/friday/sinkyunglim-content.htm).

인 칭송의 감정을 품위있게 노래한 혁명송가로서 해방 후 수령형상문학의 새로운 단계를 열어놓았다는데 그 커다란 의의가 있다." (59면)

④ 김학렬, 『조선프롤레타리아 문학운동연구』, 김일성 종합대학출판사, 1996. "1930년 후반기 시문학에서 리찬의 창작은 중요한 자리를 차지한다. 특히 그가 북부국경일대에서 힘있게 전개된 항일무장 투쟁과 그에 대한 우리 인민의 신뢰와 동경의 감정이 일정하게 비낀 시를 내놓은 것은 이 시기 시문학에서 커다란 의의를 가진다." (205면)

무엇보다도 이찬에 대한 평가는 '수령형상문학의 새로운 단계를'(③) 열어 놓은 시인이라는 찬사가 중심점을 이룬다. 수령형상문학의 모범이 되기 위해서, 첫째, 이찬의 계급시와 북방 정서가 담긴 시는 정치 중심의 문학관에 따라 철저하게 개작되어야 했다. 특히, 김일성의 빨치산 항일투쟁의 영웅적 평가에 대해 그는 시 「국경의 밤」을 통해서 증언함으로 북한문학의 시원을 밝히고 있다(①, ④). 이를 통해 이찬의 시는 이른바 '응향'사건처럼 북한문학의 규정에 의한 '반동시인'과는 확실하게 다른 것으로 인정받게 된다. 둘째, 소련을 해방의 주체로 삼고, 소련의 문학을 표준으로 삼으려고 했던 북한의 초기 문학사에 이찬은 작품을 통해 본을 보였다. 셋째, 애국주의 문학을 위해 수령형상화의 모범적인 작품으로 「김일성 장군의 노래」를 발표했다(②, ③). 그가 북한문학사에서 주목을 받게 되는 것은 우연이 아닌 것이다. 넷째, 이찬은 해방기에는 전형적인 노래말과 선동시・낭송시・서정 서사시의 모범을 보여 주고, 이후 북한문학의 방향이 생활문학으로 향하고자 강조하고 있을 때, 그의 시는 인민의 생활에 밀접해 있는 이야기시의 형태를 보여 주고 있었다. 그는 생래적으로 북한문학의 갈 길을 보여 주는 안테나 혹은 더듬이의 역할을 했다.

① 그으름내 가시잖은

하이퐁의 밤
탐조등 대낮같은 부두에
련일, 무더기로 덮쳐들던 미제날강도들이

②그 빛을 사랑하노라
라틴아메리카에 등대처럼 솟아
매일 매시각 더 밝고 빛나는 빛으로
제국주의를 전율케 하는
꾸바여 그대는 우리와 하나의 사상

①은 베트남 전쟁이 일어났을 때 '베트남 인민과 함께'라는 특집에 실렸던 이찬의 「하이퐁의 밤」(『조선문학』, 1966.10, 54면)이다. ②는 미국과 쿠바 사이에 미사일 문제가 났을 때 이찬이 발표한 「꾸바여! 꾸바여!」(『조선문학』, 1968.1, 111면)이다. 이처럼, 이찬은 시기에 따라서 베트남이나 쿠바의 인민을 지지하면서, 또 세계 곳곳에서 일어나는 사회주의혁명을 주시하면서, 1960년대 말까지도 주도적인 역할을 보여 준다. 결론적으로 그의 시는 수령형상문학의 모범을 보여줌으로 '새로운 나라 만들기'를 위해 확실한 공헌을 했을뿐더러, 더 나아가서는 북한문학이 가야 하는 지향점을 주요한 시기마다 제시해 왔던 것이다. 그럼에도 불구하고, 북한에서의 그의 역할은 1950년대에 한정할 수밖에 없을 것이다. 아닌게 아니라, 『조선문학개관』 2(박종원·류만)에서는 이찬의 시를 '평화적 건설 시기'(1945.8~1950.6)에서만 다루고 있고,29) 다른 시대에서는 인용조차 하지 않고 있다. 이를 볼 때, 이찬에 대한 평가는 수령형상문학이 그 평가의 중심에 놓이고 있음을 확실히 알 수 있다.

그러나 북한에서 규정하는 1930년 후반의 이찬에 대한 평가③와는

---

29) 여기서 인용하고 있는 '리찬'의 시는 다음과 같다. 「김일성장군의 노래」(1946), 「삼천만의 화창」(1946), 「더욱 뭉치리, 장군님 두리에」(1946), 「우리의 수도를 아름답게 하는 것」(1947), 「새소식」(1946), 「흘러라 보통강, 노래처럼, 그림처럼」(1946).

달리, 그의 1930년대 시들은 '패배적이고 퇴폐적'(김용직)[30]이며, '주관적 감상주의'(김응교)[31] 혹은 '비관적인 낭만주의'(최두석)[32] 시편들이 대부분이었고, 급기야는 친일시를 발표하기에 이르렀었다. 이찬은 일본군의 태평양 도서 침략을 "戰勝의 기빨이 나부끼는 다양한 하늘"(「어서 너의 키―타를 들어」)이라고 함은 물론, 침략전쟁에 동원되는 조선인 학도들을 향해 "천황을 위해 영광스럽게 죽으라"(「送出陳學徒」)고 격려하는 등 노골적으로 친일 행위를 선동하는 작품[33]을 다수 발표했다. 그런데 북한 문학사의 어디에도 이찬의 절망적인 시편이나 친일시편에 대한 기록은 단 한 줄도 볼 수 없었다. 있다면, 이찬이 소련에 가서 작가 인터뷰를 할 때, 소련 작가가 "전쟁중에 (조선의―인용자) 작가들은 (소련의 작가들처럼 총을 들고) 反日運動을 했는가"라는 러시아 작가의 질문에 표정으로 답하는 장면 정도이다. 그때, 이찬은 그 "질문은 우리 三人 누구나의 얼굴을 붉게 하는 것이었다"[34]라고 하면서 허정숙(許貞淑)이 당시의 상황을 설명해 주었다고 쓰고 있다. 얼굴을 붉히는 정도로 문제가 해결되었던 것일까. 1940년대 이른바 암흑시대에는 누구나 그러했기 때문에 용인될 수 있었을까. '李燦'이 '리찬'이 된 뒤 역임하는 문예총 서기장, 조소문화협회 서기장, 부위원장, 문화선전성 문화국 부국장이라는 화려한 경력 때문일까. 1930년대 후기 이찬의 절망적이고 신변잡기적인 시를 차갑게 비판했던 임화 등이 남로당 숙청(1953)으로 사라지면

---

30) 김용직, 「국경의식과 계급시―李燦」, 『한국현대시인연구』, 서울대 출판부, 2000, 511면.
31) 김응교, 「주관적 감상주의와 변방의식―李燦 시 연구(1)」, 『1950년대 남북한문학』, 평민사, 1991.
32) 최두석, 「1930년대 후반의 낭만적 시경향」, 『시와 리얼리즘』, 창작과비평사, 1996, 251~258면.
33) 이찬의 친일 작품은 다음과 같다. 시 「어서 너의 키―타를」(『朝光』, 1942.6), 「せめてよく死に」(『東洋之光』, 1944.3), 「送出陳學徒」(『每日新報』, 1944.1.19), 「送出陳學徒」(『新時代』, 1944.2), 「餞詞」(『朝光』, 1944.10), 수필로는 「餞詞」, 『每日新報』, 1945.2, 14~15면. 이 책 2부 「친일의 논리, 아오바 가오리」를 참조 바란다.
34) 李燦, 「쏘베―트 作家會見記」, 『文化戰線』 제3집, 1947.3.25, 81면.

서, 그의 과거에 똬리 틀고 있던 흠점을 지적할 비평가는 없어졌기 때문일까. 아마 발군의 재기와 사회적 배경이 겹쳐, 그는 '새로운 단계를 여는 혁명시인'으로 밀어 올려 졌을 것이다. 가장 확실한 것은 무엇보다도 '주체의 시대'를 예견하고, 주체로서의 수령관을 확실히 해 놓은 공이 클 것이다. 그에 대한 가장 가까운 증언은 다음과 같다.

> 중앙의 한 신문에는 리찬의 시를 론하는 론평이 실린적이 있었다. 론평은 시인이 해방후에 발표한 몇편의 시작품들에 있는 단편적인 시구들을 가지고 제나름으로 분석하고 마구 공격을 들이대고 있었다. 이러한 사실을 보고받으신 경애하는 수령님께서는 (…중략…) 론평을 새겨읽으실수록 분노를 삭이실 수 없으시었다. 어떻게 당의 사랑을 받고 인민의 사랑을 받는 시인을 이렇게도 모해한단말인가. 위대한 수령님께서는 한동안 깊은 생각에 잠기셨다가 리찬 동무는 반동작가가 아닙니다 라고 결연하신 음성으로 말씀하시였다. 그리고 그이께서는 곁에선 일군에게 '그는 우리와 함께 공산주의까지 변함없이 갈 사람입니다'라고 확신에 찬 어조로 말씀하시면서35)

해방 전의 모더니즘이나 친일시를 지적한 것도 아니고, '해방 후'의 작품을 지적했는데도 그에 대한 비판은 "결연하신 음성"으로 금지된다. "리찬 동무는 반동작가가 아닙니다"라고 하는 수령의 평가 혹은 '용인'은, 아무도 이찬을 비판할 수 없는 존재로 확정시킨 것이다. '해방 후'의 작품에 대해서도 언급불가인데, '해방 전' 이찬의 작품을 비판한다는 것은 북한에서 불가능했을 것이다.

---

35) 조총련 편집부, 「태양의 품에 영생하는 혁명시인」, 『문화예술』, 조총련, 1980, 12면.

'리찬'의 개작시

『리찬 시선집』(1958)을 중심으로

1. 혁명시인

1910년 1월 15일 함경남도 북청군 북청읍에서 태어나, 1928년 8월호 『신시단(新詩壇)』에 「봄은 간다」, 「이러진 화원(花園)」을 발표하여 문단에 나온 이찬은 감상적인 초기 시와 다소 주관적인 계급시와 옥중시 그리고 1930년대 말에 비관과 도피의 낭만주의적인 시, 이후 친일시를 발표하기도 한다. 해방 이후, 1945년 9월 잠시 상경하여 예맹파(조선 프롤레타리아예술동맹)에 가입했다가 그는 '조선민주주의 인민공화국'의 〈프롤레타리아예술동맹〉 함남 지역 위원으로, 1946년 3월 25일에 창설된 〈북조선문학예술총동맹〉에 참가한다. 이찬은 거기서 서기장이 되며, 카프 이래 좌파의 입장을 계속 표명해 온 박세영·안막·이북명·이정구·민병균과 더불어 북한 시단의 한 부분을 형성하고, 「김일성 장군의 노래」

를 짓고 최고의 평가를 받다가, 1974년 사망한다. 이어 1981년 북한 시인에게는 최고의 명칭인 '혁명시인'[1]으로 인정받는다.

이찬의 이러한 변화는 문학사적으로 밝혀야 한다. 왜냐하면 카프 시인들과 그 맥을 잇는 많은 시인들이 이보다 큰 폭은 아니라 하더라도 대개 비슷한 궤적을 그리고 있기 때문이다.[2] 그런데 그들이 다양한 궤적을 보여 주었다고 하더라도, 이찬만큼 다양한 궤적을 보여 주는 시인은 흔치 않다. 이찬은 경향파적인 계급시를 거쳐 비관과 도피의 낭만주의 그리고 친일시를 거쳤으면서도, 북한에서 '새로운 단계'를 열어놓은 혁명시인으로 평가되고 있다. 당연히 통일문학사를 쓴다고 할 때, 무시할 수 없는 인물인 것이다. 따라서 이찬을 연구한다는 것은 다만 한 사람의 혁명주의자에 대한 연구만이 아니라, 북한문학사에 흐르는 하나의 흐름에 대한 검토이기도 하다.

이 글은 북한에서 발표된 그의 작품 중에, 1930년대에 발표되었다가 해방 이후 개작된 개작시를 연구한 글이다. 자료[3]를 구한다고는 했지만, 북한에서 발표된 그의 작품을 모두 본다는 것은 불가능하다. 일단 이찬 시의 중간 정리라 할 수 있는 『리찬 시선집』(조선작가동맹출판사, 1958. 이후 『리찬』으로 줄여 표기)을 중심으로, 아울러 해방 이후 출판된 북한의 잡지나 시선집에 발표된 작품을 대상으로 이찬 시를 살펴보려 한다.

연구의 대상 시선집인 『리찬』은 1958년 10월 20일에 '10,000부 발행' 한 것으로 판권에 기록되어 있다. '10,000부 발행'이라는 단어는 남한의 연구자가 북한의 시집을 읽고 책을 덮기 전에, 멈칫하게 만든다. 북한에서 출판된 시집에는 대개 초판 출판 부수가 적혀 있는데, 시집은 대부분 '10,000부 발행'이다. 이에 대해서, 평양을 자주 방문하는 조총련 재일본

---

1) 이찬 묘지의 화강석 비문에는 '혁명시인'이라고 쓰여 있다. 편집부, 「태양의 품에 영생하는 혁명시인」, 『조국』, 1983.10, 13면.
2) 신범순, 「해방기 시의 리얼리즘 연구」, 서울대 박사논문, 1990, 214~215면.
3) 자료를 보여 주신 와세다대 오오무라 마스오(大村益夫) 교수님과 조선대(일본) 김학렬 교수님께 감사드린다.

조선문학예술동맹 상임고문 정화수(鄭華水) 시인의 증언은 들을 만하다. "공화국에서는 '인민교양의 수단'으로 시와 노래를 중요하게 여긴다. 1950년대는 물론이고, 지금도 평양 사람들은 시를 잘 외운다. 그렇다고 아무나 시집을 낼 수 있는 것은 아니다. 공화국에서 시집은 작가동맹의 결정이 있어야 가능한데, 한번 출판하면 전국 각급 기관과 도서관에 보내야 하므로, 10,000부를 찍어도 사실은 부족하다. 물론 지금은 어렵지만, 당시 시집은 물론이고, 시선집까지 낼 수 있는 시인은 대단한 시인이다"4)라는 말처럼, 10,000부를 출판한다는 것은 그리 놀랄 일은 아니지만, 아무나 시선집을 낼 수 있는 것도 아니었다. 1955년과 1960년 사이에 북한의 '조선작가동맹출판사'에서 집중적으로 시선집이 출판되었는데,5) 그중에 이찬이 시선집을 낼 만한 시인으로 선정되었다는 것은 북한문학사에서 그가 차지하는 비중을 보여 준다. 이 시선집에 대해 이찬은 다음과 같이 쓰고 있다.

　　이 선집에는 내가 문학 활동을 시작한 一九二〇년대 말부터 一九三〇년대 초에 이르기까지의 많은 작품과 해방전 시집 『망양』은 거의 반영되지 못하였다. (…중략…) 그러나 나는 온갖 노력을 다하여 당과 조국과 인민 앞에 조금이나마 붓으로 이바지할 의욕에 충만되어 있다. (『리찬』, 8면)

그가 좋아하는 작품을 중심으로 자선(自選)한 시선집임을 알 수 있다. 시인 스스로 가장 마음에 드는 작품을 선정했다고는 하나, 그 배후에 놓인 사회적 요구를 무시할 수는 없겠다. 반대로 도피적 낭만주의의 정신적 방황이 엿보이는 해방 전 시집 『망양』(1940)이 배제된 것도 사회적

---

4) 2000년 11월 18일, 〈와세다대학 조선문화연구회〉에서.
5) 1955년과 1960년 사이에 나온 주요 시선집은 다음과 같다. 『안용만 시선집』(1956), 『박석정 시선집』(1956), 『김우철 시선집』(1957), 『리용악 시선집』(1957), 『벽암 시선』(1957), 『조령출 시선집』(1957), 『박팔양 시선집』(1959), 『박세영 시선집』(1959) 등이 있다. 발행소는 모두 '조선작가동맹출판사'이다.

요구에 대한 답변일 것이다. 이런 의미에서, 해방 이후 이찬 시를 살펴보는 데 이 시선집을 중심에 두는 것은 나름대로 의미가 있다고 본다.

시선집 『리찬』에 나타난 개작시 연구의 중요성은 이 시집의 구성을 살펴보면 더욱 확실해진다. 등단 이후 처음으로 자신의 시를 선정해서 출판해낸 이 시집은 4부로 나누어져 있다. 제1부는 해방 전, 제2부는 해방 후, 제3부는 전시 전후, 제4부는 소련 시초로 구분되어 있다. 아닌 게 아니라, 해방 이후 그가 낸 시집 『해방』(1945), 『화원』(1946), 『승리의 기록』(1947) 등을 미루어 볼 때, 『리찬』은 1928년 등단 이후 1958년까지 그가 일생 이룩해 온 시 업적, 아니 북한문학사에서 그를 가장 높게 평가하는 기간인 1950년대의 집약이 아닐 수 없다. 사실 이찬의 문학사적 의미는 크게 확대시킨다 하더라도, 해방 이후부터 1950년대 작품으로 한정하는 것이 일반적인 경향이기도 하다. 특히 제1부에 실린 해방 전의 시는 대부분 개작되어 있는데, 그 개작 과정을 살펴보면서 우리는 시인의 의식 변화를 짚어볼 수 있을 것이다.

사실, 『리찬』 연구는 이찬이라는 한 시인에 대한 연구에 지나지 않는 것이 아니라, 북한문학사를 바라보는 틀을 만날 수 있는 기회이기도 하다. 대개 연구자들이 북한문학사를 두 시기로 나누어 말하곤 한다. ① 카프문학의 정통성에 기초하여, 해방에서 주체문예론이 대두(1965~1967)되기 전까지 약 20년(이것은 다시 1947년을 전후한 '민족문학론 단계'와 그 이후 '사회주의 리얼리즘 논의 단계'로 나누어진다), ② 주체문예론에서 오늘날까지 약 20년[6]으로 나누곤 한다. 이러한 북한문학사에서, 1974년에 숨을 거둔 이찬은 ①과 ②의 시기를 관통하며, 거의 모든 북한문학사에서 "수령형상문학의 새로운 단계를 열어 놓"[7]은 시인으로 긍정적인 평가를 받고 있다. 여기서 "수령형상문학의 새로운 단계를 열어" 놓았다는 말은 무척

---

6) 김윤식, 『북한문학사론』, 새미, 1996, 16면.
7) 오정애·리용서, 『조선문학사·10 - 해방후편 평화적건설시기』, 사회과학출판사, 1994, 60면.

중요하다. 이찬이 북한문학사에서 중요하게 평가되는 결정적인 요인은
바로 그가 쓴 「김일성 장군의 노래」 때문이다. 이 수령형상문학의 모범
작을 높이기 위해서 그의 다른 시도 본보기로 되어야 하지 않았을까, 추
측해 보면서 그의 개작시에 접근해 보고자 한다.

그는 작품뿐만 아니라 활동을 보더라도 북한문학의 중심에서 활동했
다. 〈북조선예술총동맹〉(1946.3.25)이 〈조선문학가동맹〉(1951)으로 명칭이 바
뀔 때까지, 이찬은 북한문학의 유일한 중심세력인 〈북조선예술총동맹〉을
이끈 지도자 중의 한 사람이었다. 이 단체를 이끈 사람들은 위원장 이기
영, 부위원장 안막, 서기장에 이찬이었다. 그리고 중앙상임위원은 이기
영 · 한설야 · 안막 · 이찬 · 안함광 · 한효 · 신고송 · 한재덕 · 최명익 · 김
사량 · 선우전(화가) 등이다. 여기서 보듯이 시인 이찬은 모든 예술 단체
를 이끄는 통합단체의 서기장과 중앙위원으로 높은 지위를 보여 주고
있다. 해방기 북한문학에서 한설야가 소설 분야의 중심인물이었다면, 시
인 중에서는 작품으로나 활동 반경으로 보나, 이찬이 중심인물 중에 한
명이었다는 것을 알 수 있다. 그러므로 우리는 이찬이나 다른 시인의 개
작시 연구[8]를 통해 역으로 북한의 문학 연구와 평가가 어떤 목표와 과
정을 지향해 왔는가를 볼 수 있을 것이다.

과연 어떻게 해서 이찬은 북한문학사에서 그리도 '새로운 단계를 열
어놓은 시인'으로 평가를 받을 수 있었을까. 무엇이 새로웠는지 살펴보
기 위해서는 시기별로 차분히 검토해 보는 과정이 필요할 것이다. 그런
데 시기별로 차분히 검토하기 전에, 이 글에서는 일제강점기에 발표된
이찬의 시가 어떻게 개작되었으며 북한문학사에서 어떻게 소개되고 있
는지 살펴보려 한다.

시를 개작한다는 것은 크게 두 가지 요인에서 비롯될 것이다. 첫째는,
시인이 스스로 세계관을 바꾸어 원작시를 개작하는 경우가 있을 것이

---

8) 예를 들면, 大村益夫, 「共和國における金朝奎の足跡と作品改作」, 『朝鮮學報』, 2000.10.

다. 둘째는, 사회의 요구에 의해서 개작하는 경우이다. 사회주의에서는 '인민교육을 위해서' 개작을 요구할 수도 있을 것이며 자본주의에서는 상업화를 위해 개작을 요구할 수도 있을 것이다. 이렇게 볼 때, 이찬의 개작시 연구는 시인 자신의 세계관의 변화와 더불어 1930년대 한국문학 작품을 개작했던 북한의 정치성을 드러내는 대목이기도 하다.

이찬의 시를 다루면서, 필자는 되도록 통일문학사를 위한 기초자료가 되기를 바라며 연구해 보려 한다. '통일문학사'를 지향하는 연구 태도는 두 가지 의미를 가질 수 있을 것이다. 첫째는 통일을 이루기 위한 연구, 즉 1980년대 분단극복문학 연구의 다른 이름이기도 할 것이다. 둘째는 초역사 혹은 몰근대라는 북한의 주체문학사론[9]과 남한의 포스트모더니즘과의 대화를 말하기도 하는 것이다. 어느 쪽을 도모하던 간에, 통일문학사로 가는 과정에서 꼭 거쳐야 할 북한문학 연구에서 현재 필요한 것은 보다 정치(精緻)한 작품·작가 연구 및 남북한 작품의 비교 연구일 것이다.

2. 민족해방의 서사에 '흡수'된 개작시

1) 의미가 선명해지는 경우-「기계 같던 사나이」

시인은 발표했던 시를 개작하여 지은 시로 시집을 만들기도 한다. 이 때 그가 어느 부분을 어떻게 개작했는가, 왜 그렇게 개작했는가 등의

---

9) '주체문학론이 초역사, 초근대, 몰역사'라는 말은 김윤식 교수가 그의 저서 『북한문학사론』(새미, 1996)에서 자주 쓰는 말이며, 북한의 주체문학론을 보는 그의 시각을 단적으로 드러내는 말이기도 하다.

개작 동기를 밝히는 것도 의식을 살펴보는 데에 귀중한 과정이 된다. 이찬의 경우, 시인 자신이 "원작을 다소 붓을 대였음에 대하여 리해를 바라는 바이다"(『리찬』, 8면)라고 하면서, 스스로 개작했음을 밝히고 있다. 그가 어떤 시를 어떻게 개작했는지, 등단작에서 1930년대 초기에 발표된 작품10) 중에 노동 현장을 다룬 「기계(機械)가튼산아히」를 살펴보자. 이 시가 어떻게 해서 「기계 같던 사나이」로 개작되게 되었는지, 이찬이 많은 초기 시 중에 왜 이 시만을 선정했는지, 개작된 부분을 살펴보면서 선정된 이유를 살펴보기로 하자. 먼저 「기계(機械)가튼산아히」(『大衆公論』, 1930.3, 169~170면) 전문을 읽어본다.

工場의 식커문돌담 기슭에
저도몰니부딋치든 입술이엇다
매마른두개의 해어린心臟이
날콩복듯 후둑이여 고동만쮜든
⑤ 애끈이는 눈물어린 사랑이엇다
⑥ 어둔밤
⑦ 자욱도없시숨이여든
⑧ 巡廻의검푸른燈ー
⑨ 사나히는
⑩ 거듭채여 개굴창에 없흐러젓다
그리고
얄T즌 옥■11)실님과 달내일수에

---

10) 1920년대 말 李燦의 발표작품은 등단작인 「봄은 간다」, 「이러진 花園」(『新詩壇』, 1928.8), 「동모여」(『朝鮮詩壇』, 1929.4), 「아츰의 어느 시악씨에게」(『朝鮮詩壇』, 1929.12) 등이 있다. 그리고 1930년대 초기 李燦의 발표작품은 「機械가튼산아히」(『大衆公論』, 1930.3), 「일군의 노래」(『學之光』, 1930.4), 「해질녁의 내 感情」(『學之光』, 1939.4), 「謝過」(『第一線』, 1932.10), 「안해의 죽엄을 듣고」(『新女性』, 1932.11), 「가구야 말려느냐」(『朝鮮日報』, 1930.5.6), 「故鄉에 도라와서」(『朝鮮日報』, 1930.4.16), 「지고야 말다니」(『新階段』, 1932.11), 「잠 안오는 밤」(『第一線』, 1932.11), 「너의들을 보내고」(『文學建設』, 1932.12) 등이 있다.

11) 이후 판독 불가능한 글자는 ■로 표시한다. ●는 원문의 상태로 ■과 구별된다.

마스츰내 깨문입술 발르르쩔며
굽히여진그림자
전등빗 어스럼한 地下室노쓸니여갓다
그아스츰—
工場의汽笛은울어
비ᄉ구름 훗날니며 갈하날을뒤흔들고
쎄두둑鐵鋼의宏越한문은
싯뻘건 그아구니를벌이었다
그곳에는
피, 감정, 생각, 긔억좃차일흔
쎠만남은한사나히
부글부글蒸熱의 火焰을吐하는 鎔鑛爐압헤서
들엇다 노앗다 굽혓다 폇다
앙상한機械가틔 움직이고 잇엇다!

　　　　　　—「機械가튼산아히」 전문(번호는 인용자)

　초기 시 중의 한 편인 「기계(機械)가튼산아히」의 배경은 화염을 토하
는 용광로가 있는 공장이다. 그 공장에서 서정적 주인공은 "저도 모르
게 부딪치는 입술"로, "매마른 두 개의 心臟으로", "날콩 복듯 후둑이여
고동만 뛰는" 생활을 지내는 그야말로 순진한 이로 묘사되고 있다.

　앞부분에서 돋아 보이는 '눈물 어린 사랑'이란 표현을 정확히 해석하
기란 쉽지 않다. '눈물 어린 사랑'이란 표현에 이르기까지 계급갈등이니
하는 것은 느끼기가 어렵다. 누군가와 사랑하던 장면이 감독에게 들통
나, 어느 날 갑자기 끌려가게 되는 것으로 해석할 수도 있다. 이어, '어
둔 밤'이라는 짧은 6행에서 시적 반전(反轉)이 일어난다. 서정적 주인공
은 누군가에게 얻어맞는다. 사랑하는 장면이 감독에게 들통나 남자는
두들겨 맞고 여자는 지하실로 끌려간 것이라고 상상할 수도 있다. 혹은
서정적 주인공이 어떤 지하조직에 관계된 노동자임이 탄로 나서 모진
고문 혹은 달콤한 달램에 못 이겨 조직의 비밀을 토해 내는 장면이 아

니냐고 연상할 수도 있다. 아무튼 서정적 주인공은 결국 '기억조차 잃고' '뼈만 남아' 용광로 앞에서 '앙상한 기계같이' 움직이고 있다는 확실한 결론에 비하여, 사건의 발단은 그리 명확하지는 않다. 하지만 어떻게 상상하건 간에 이 시는 '열악한 노동 현장'을 말하고 있는 것임에는 틀림이 없다. 그렇다고 계급시의 전형으로는 볼 수는 없는 작품이다.

원작시를 보면 띄어쓰기를 무시한 부분이 적지 않다. 같은 잡지에 실린 시, 가령 김안서 「낙그질」 같은 시들을 보면, 민요풍의 울림을 주려고 의도적으로 4·4·7 그리고 3·4·5식으로 띄어쓰기를 조정하고 있는 것을 볼 수 있다. 이렇듯 당시는 시인 나름대로 띄어쓰기를 설정하기도 했다. 「기계(機械)가튼산아히」에서 띄어쓰기를 안 하고 붙여 쓴 부분에 주목해 보자. ⑤행에서 '애슨이는 눈물어린 사랑이엇다'라고 띄어 쓴 데에는 정돈된 마음을 읽을 수 있다. 그런데 ⑥~⑨행에 이르기까지 붙여 쓴 대목은 주인공이 끌려가는 장면인데, 모두 붙여 썼기에 독자는 긴장하면서 읽어야 한다. 다시 ⑩행에 이르면, 이미 사건이 풀리면서 시적 긴장이 풀려지는 상황이다. 이렇게 보면 이찬이 띄어쓰기를 조절하여 의도적으로 독자에게 긴장감을 유발하려 하지 않았는가 하는 생각이 든다. 단순한 교정 실수로도 볼 수 있겠으나, 의도적으로 띄어쓰기를 조정한 것으로 볼 수도 있다. 아닌 게 아니라 제3시집인 『망양(茫洋)』(1940)을 보면 작위적인 띄어쓰기를 통해 형식실험을 한 부분이 적지 않다. "眩亂한 거리●거리 …… 후뭇한 창창을 흘러내리는 熱한 歡笑여"(「港夜」), "어느 머─ㄴ조상이 눈물로 …… 그어느港口에 폭으─ㄴ한"(「茫洋」)서 보듯이 여러 기호나 띄어쓰기를 이용하는 경우를 볼 수 있다. 그렇다면 「기계(機械)가튼산아히」는 표기상의 실험으로 노동현실의 장을 낯설게 하려는 하나의 시도로 판단할 수도 있겠다.

이제 원작시가 어떻게 개작시 「기계 같던 사나이」(『리찬』, 14~16면)로 바뀌었는지 살펴보자.

공장의 시꺼먼 돌담 기슭에서
저도 모르게 부딪치던 입술이였다
메마른 심장은 타고 또 타도
가난으로 하여 열매 못 맺는 사람이였다
어둔 밤
자국도 없이 다가든
감독 녀석의 시뻘건 낯짝
사나이는 거듭 채여
개굴창에 어푸러졌다

그리고 덜미를 잡힌
가냘픈 그림자
깨문 입술 바르르 떨며
어둑컴컴한 지하실로
끌려갔다……

그 아침도 고동은 울어
음산한 하늘을 뒤흔들고
삐드득 강철의 우악스런 문은
시뻘건 그 아가리를 벌리였다

그러나 용광로는
여직 푼전을 위하여
기계 같이 쉼없던 그 사나이의 팔뚝이
자주 멎는 것을 보았다
깊은 생각으로, 황황 타는 눈망울로……
　　　　　　　 ―「기계 같던 사나이」 전문(강조는 인용자)

　첫째, 앞서 언급했던 띄어쓰기를 보면, 개작되면서 완전히 정리되어
있는 것을 볼 수 있다. 띄어쓰기를 풀어쓴 부분은 원작시의 대목이 좀

더 응축력이 있고, 좀 더 긴장감이 있었다는 느낌이 든다. 이에 비해서 개작된 시는 긴장감이 풀어져 있는 듯이 느껴진다. 이처럼 1930년대 초기나 말에 일종의 형식실험을 했던 부분은 표준적인 표현으로 바뀌었다.

둘째, 원래 시의 한자가 모두 한글로 바꿔진 것을 볼 수 있다. 이 시뿐만 아니라, 시선집 『리찬』 전체에 한자는 숫자 외에 보이지 않는다. 이것은 "힘든 한자어를 쓰지 말고 군중이 알 수 있는 쉬운 말을 써야 한다는 것을 당적으로 널리 선전해야 하겠습니다"[12]라는 교시를 보아도 알 수 있다. 언제부터 한자를 한글로 모두 표기하게 되었는지, 1949년도부터라고는 하나 그 시기는 명확치 않다. 사실, 북한의 한자말 정리는 오랜 기간 전개되어 왔다. 실로 『건국사업에서 인테리들 앞에 나서는 과업』(김일성, 1945.11.17)에서 수많은 고전 작품에서 한자어가 정리되어야 할 것이 지적된 다음부터, 현재에 이르기까지 이 문제는 계속 토론[13]되어 왔던 것이다. 그 기준이 "국어순정론적 경향과 한자어 숭배론적 경향을 배격하고 한자어 표현을 점점 줄이며 고유어 표현을 점점 늘이는 립장에 서야 한다. 필요하다면 한자어라도 쓰고 필요없다면 고유어라고 버려야 한다"[14]는 입장에서 볼 때, 이찬의 개작은 북한의 문화어정책에 따른 '새로운 단계'를 보여 주는 철저한 모범 개작이라 할 수 있는 것이다.

셋째, 정치성이 어떻게 변형되었는가를 볼 수 있겠다. 북한문학사에서 이찬이란 존재는 거의 절대적인 모범시인으로 평가되고 있다. 그는 계급문학의 선도였으며, 항일혁명문학의 모범을 보였으며, 우군인 소련에 대한 연대의식을 시로 형상화했으며, 김일성 수령을 완벽하게 찬양한 시인이다. 그런데 이렇게 모범이 되는 시인의 원래 시 「기계(機械)가

---

12) 『김일성저작선집』 4권, 11~12면; 조총련시대사 편, 「한자말을 어떻게 정리할것인가」, 『우리말공부』, 1973.
13) 이에 관해서는 김길성, 「어휘정리연구사」, 『주체의 조선어연구 50년사』(김영황·권승모 편), 김일성종합대학 조선어문학부, 1996, 126~157면.
14) 위의 책, 134면.

튼산아히」를 보면, 계급시에서 요구되는 투쟁의 의지 대신에 좌절의 고통이 묘사되어 있다. '앙상한 기계같이' 움직이는 노동자의 모습은 명백한 패배주의이면서도, 동시에 이면적으로는 비참한 패배를 극복하고 저항하고자 하는 의식을 느낄 수도 있다.

1930년대에 들어 이찬의 계급시는 본격화되지만, 이찬의 계급시는 대부분 '패배자의 좌절감'이 스며있는 시이다. 이찬이 본격적으로 계급시를 발표했던 1932년도에는 이미 카프가 1차 방향 전환과 2차 방향 전환을 마친 후였다. 1차 방향 전환에서 그들은 후쿠모토(福本)주의로 일컬어진 관념적 사회주의운동의 지양 극복을 시도했고, 이어 2차 방향 전환을 통해 임화 중심의 경직된 전투론으로 그 행동노선을 삼았던 것이다. 이 시기에 이르면 계급시란 계급의 조직 선동 교양물을 의미하는 하나의 볼셰비키운동이었던 것이고, 막연한 빈궁의식은 단지 자연발생적인 것으로 규정되었다. 그런데 당시 이찬의 시는 주관적인 감정으로 변하는 과정15)을 보여 주고 있다. 사실 당시 이찬의 시는 어느 한 편도 계급시로서의 선도적인 모범을 보인 적이 없다. 1930년대 초기 이찬의 시는 계급시라기보다는 일종의 '자연발생적인 경향시(傾向詩)'16)라고 하는 게 좋겠다. 이어서 이찬의 시는 점차 주관적인 감상주의를 보이더니 1935년 이후에는 정신적인 비관과 도피의 방황까지 보이게 된다. 이러한 이유로 그때 출판되었던 시집 『망양』의 시는 연구 대상인 『리찬』에는 한 편도 안 실려 있는 것이고, 필자가 살펴본 바로는 북한문학사에서는 한 번도 소개된 적이 없다. 급기야 임화는 이찬의 시를 '복고적 감상주의' 그리고 "신변잡사적(身邊雜事的) 한계로의 퇴거"17)라는 혹평을 하기에 이른다.

---

15) 김응교, 「주관적 감상주의와 변방의식-李燦 시 연구(1)」, 『1950년대 남북한문학』(한국문학연구회 편), 평민사, 1991.
16) 김용직, 「국경의식과 계급시-李燦」, 『한국현대시인연구』, 서울대 출판부, 2000, 491면.
17) 임화, 「曇天下의 詩壇一年」, 『신동아』, 1935.12; 『문학의 논리』, 학예사, 1940, 640면.

이런 평가에 대해 개작시 「기계 같던 사나이」는 다른 면모를 보인다. 먼저, 원래 시에서는 없던 자본가 혹은 중간관리자의 잔인성이 "감독 녀석의 시뻘건 낯짝"으로 직접적으로 묘사된다. 그리고 두 시의 마지막 행을 비교해 보면, 원래 시와 개작시 사이의 차이는 더욱 명확해진다.

〈原作〉
그곳에는
피, 감정, 생각, 긔억좃차일흔
쎠만남은한사나히
부글부글蒸熱의 火焰을吐하는 鎔鑛爐압헤서
들엇다 노앗다 굽혓다 폇다
앙상한機械가틔 움직이고 잇엇다!

〈改作〉
그러나 용광로는
여직 푼전을 위하여
기계 같이 쉼없던 그 사나이의 팔뚯이
자주 멎는 것을 보았다
깊은 생각으로, 황황 타는 눈망울로…… (강조는 인용자)

원작을 보면, 그야말로 피나 감정도 잃고, 뼈만 남은 채로 앙상한 기계처럼 움직이고 있는 노동자의 비참한 상황으로 시가 끝난다. 어느 한 쪽 긍정적인 전망이 보이지 않는 '비관적인 주관주의'가 매우 팽배해 있는 것이다. 긍정적으로 해석하자면, 패배하고 절망적인 상태를 극대화시켜서 저항의식을 심어주려는 의도라고 할 수도 있겠으나, 전체적으로 당시 이찬의 시는 비관적인 주관주의에서 벗어나지 않고 있었다. 이 시 외에도 1930년대 이찬의 시에서 당파성이나 볼셰비키성을 읽기는 어렵다. '사적인 넋두리'라는 비판도 가능할 정도이다. 이에 비해 개작된 시를 보면, 기계 같이 쉼 없던 노동자들의 팔뚝이 자주 멎는데, 그

멎는 이유는 단지 패배에 의한 것이 아니다. '황황 타는 눈망울로' 뭔가 응전하려는 의지를 상징하고 끝을 맺는 것이다. 투쟁 의지가 시의 표면에 드러나게 된다. 이렇게 하여 이찬의 시는 완전한 볼세비키의 모범시로서 바뀌어 버렸다.

우리는 「기계 같던 사나이」의 개작 과정을 통해, 첫째, 작가의 실험성이나 한자 표기가 인민성이란 이름으로, 띄어쓰기와 한글 표기가 확실하게 바뀌었다는 것을 보았다. 둘째로 개작으로 인해 작품의 투쟁의욕이 보다 전면적으로 드러나, 전혀 다른 가치를 갖게 되는 것을 살펴보았다. 이것은 1950년대 북한문학이 프롤레타리아문학의 유산을 중요하게 여기는 과정 속에서, 이찬이 그 흐름에 맞추어 개작했다고 볼 수 있겠다.

2) '왜곡'과 '흡수'의 거리―「국경의 밤」(1936.2)

「기계 같던 사나이」는 원작시의 내용을 보다 명료하게 했기에 의미 있는 개작이었다고 볼 수도 있겠다. 작가라면 시집을 낼 때 누구라도 개작하고 싶은 작품이 있기 마련이고, 그 뜻을 시적으로 더욱 살려낸다면 좋은 개작이라 할 수 있겠다. 그렇지만, 개작된 시를 기준으로 해서 과거의 문학사를 평가하는 것은 심각한 숙고를 요하는 전혀 다른 문제이다. 북한의 문학사에서 개작된 시로서 문학사적 평가를 받고 있는 「국경의 밤」의 경우가 그러하다.

峻嶺을 넘고 또 넘어
北으로 七百里

여기는 압록강

江岸의 一小村

冬至도 못됐건만 이미 積雪 尺餘
오늘도 휩쓰러치는 눈보라에 零下로 三十 餘度

江은 첩첩히 平地인양 어러붙고
一帶에 밤은 깊어 오가는 행인의 삐걱이는 자욱소리도 그치였다.

江가에 한개 비뚜루선 장명등
희미한 등빛아래 간혹 날아나는 무장삼엄한 日警들
오늘 밤은 몇이나 마적떼가 처든다 하느냐

오오 저 江건너 아득한 희여—ㄴ한 北滿 曠野
이름모를 村村에 어렴프시 꿈벅이는 點點한 燈火여

순아 여흰지 三년 너는 오직이나 컷겼니
오늘밤은 몇번이나 우리고향 오리강변
꿈에 소스라쳐 깨는야
오 어듸서 울려 오는가 애련한 胡弓소리
산란한 내마음 더욱이나 산란쿠나

따러라 이 컵에 또 한잔을
루쥬 어여븐 입을 갖은 쌍꼬로 시악씨야
오호 나는 이 한밤을 마셔서 새이련다.
　　　—李燦, 「國境의 밤」(『朝光』 4, 1936.2, 114~115면) 전문(강조는 인용자)

　이 시를 보면 카프시대에 이찬이 발표한 시들과 좋은 대조가 된다.
북방 지역을 헤매던 서정적 주인공은 다시 그리운 땅, "우리 고향 오리
강변"으로 찾아온다. 고향땅은 편안치만은 않다. 삐걱이는 행인들, 삼엄
하게 무장한 일본 경찰들 그리고 마적떼에 대한 잔격정으로 산란한 서

정적 주인공은 이국의 색시와 술로 밤을 새우려 한다. 이 시에서 두 가지 주목하고 싶은 대목이 있다.

첫째는, "꿈에 소스라쳐" 깨게 만드는 것이 무엇인가 하는 문제다. 여기서는 "무장삼엄한 日警들"과 "마적떼"로 나타나고 있다. 그 마적떼는 서정적 주인공에게 희망을 주는 그런 대상이 아니다. 그래서 오리강변의 고향은 더욱 처연하게 느껴지는 것이고, 그래서 그는 술에 취하기를 원한다. 이러한 풍경이 개작시에서는 어떻게 변하는지 보기로 하자.

둘째는, 시의 마무리 부분이다. "따러라 이 컵에 또 한잔을 / 루쥬 어여쁜 입을 갖은 짱꼬로 시악씨야 / 오호 나는 이 한밤을 마셔서 새이런다"는 구절은 지난 카프 시절에는 생각할 수도 없는 여러 해석인 가능한 구절이다. 어떻게 보면 절망적인 생황을 내포하고 있기도 하지만, "루주 어여쁜 입을 갖은 짱꼬로 시악씨"와 더불어 술 마시며 한밤을 새우겠다는 대목은 계급시와 전혀 다른 면모다. '짱꼬로'라는 말 자체도 혐의가 있다. 이 단어는 당시 '중국(中國) 사람'을 가리키는 차별어였다. 중국(中國)이란 말은 중국말로 '쭝구어(Zhongguo)'라고, 한국식으로는 '짱꼬로' 혹은 '짱꼴라'로 발음되었다. 원래 나쁜 뜻이 아니었던 이 단어는 상황에 따라 대단한 멸시어(蔑視語)가 되었다. 이찬이 이런 멸시어를 사용했다는 것은 매우 부정적인 의미를 느끼게 만든다.[18] 나아가 다소 퇴폐적인 양태로까지 해석이 가능하게 되는 것이다. 그러나 그의 이러한 면모는 처음 있는 것이 아니다. 그는 등단작부터 자신의 개인적인 체험을 다소 감상적인 기분으로 시로 발표했다. 그의 특징적인 면모 가운데 하나라고 볼 수 있다. 시집 『분향』(1938)이나 『망양』(1940)에서 몇 부분만 뽑아 예로 삼아 보자.

아 페플色 黃色이 蒼白한 달밤을 갖어오면

---

18) 2000년 11월 18일 와세다대학 조선문화연구회에서 오오무라 마스오(大村益夫) 선생의 말.

多恨한 슬라이·키―타 미끄러지는 음율에 젖어
깜둥이 게집아이의 뜨거운 헤스바닥을 핥으며
자즈러지는 포옹과 미칠듯한 춤으로
맘끝 내 靑春을 불태워 보고 싶다.
—「그리운 地域」(『분향』, 1938) 3연(강조는 인용자)

쏘―니아 너는 아직도 크라식●뮤―직을 좋아한다지
가렴○ 어서○ 카페― ● 몬테론의밤은 밤에만있지않으냐
—「하르빈」(『망양』, 1940) 8연

  "깜둥이 게집아이의 뜨거운 헤스바닥을 핥으며 / 자즈러지는 포옹과
미칠듯한 춤으로 / 맘끝 내 靑春을 불태워 보고 싶다"는 표현은 계급적
인 문제를 소재로 쓰던 이찬의 모습과는 전혀 어울리지 않는 대목이다.
"쏘―니아"를 부르며 하얼빈의 정조를 묘사한 시에서도, 이국적인 풍경
에 묻혀 절망적이거나 정신적인 떠돌이의 자아만이 표출되고 있지, 안
중근의 거사사건(1909)나 항일유격대에 대한 역사적인 이미지나 상상력
을 기대할 수는 없다. 이렇게 1930년 중반 이후 이찬의 시는 주관적 감
상주의가 퇴폐성으로 혹은 세기말적 데카당스로까지 보이는 내면화 경
향을 나타내고 있다. 전에 보여 주었듯이 노동 현장을 문제로 삼던 시
와는 전혀 다른 모습이다. 사실 이용악·장서언·김조규·장만영 등 당
시 신진시인들은 모더니즘에서 자유롭지 못했다. 위에서 보이는 이찬의
생각은 김기림·정지용·김광균의 모더니즘과 별로 다른 면모를 보이
지 않는다. 사실 1930년대 초기의 이찬의 시 역시 당시 첨단의 계급시
를 보여 주고 있던 박세영이나 단편서사시의 모범을 보여 주고 있던 임
화와 비교할 때, '사적인 넋두리'라는 비판을 피할 길이 없다. 필자가 확
인했던 북한문학사의 그 어느 곳에도 이러한 그의 시도에 대한 언급이
없다. 북한문학사에서 이찬은 그저 완벽한 혁명시인일 뿐이다. 이렇게
개인의 체험이 감상적으로 묘사된 시가 북한문학사에서 어떻게 변했는

지, 다음의 개작된 시를 보자.

준령을 넘고 또 넘어
북으로 七백 리.

여기는 압록강
강안의 한 마을,

동지도 못 되었건만
이미 적설이 자 가웃
오늘도 휩쓸어치는 눈보라에
령하로 三〇여 도,

강은 첩첩 평지마냥 얼어 붙고
밤은 깊어 오가는 행인의
삐걱이는 자국 소리도 그치였다.

강가에 한 개 삐두로 선 장명등
희미한 등빛 아래 웅성거리는
무장 삼엄한 순경들
오늘밤은 그 몇이나
전설의 대오가 쳐든다 하드냐

저 강 건너, 아득히 뻗은
북만 평야
이름 모를 마을 마을에
어렴풋이 꿈벅이는 점점한 등화여

순아, 여윈지 三년
갈수록 갈수록 그리운 순아

오늘밤도 우리 고향 오리강변 꿈에
몇 번이나 소스라쳐 깨느냐.

그렇다, 그 꿈
부풀은 네 가슴에 고이 간직코
기다려라 기다려라,

이제 머잖아 충천하는 화염으로
밝아 올 이 마음처럼
애끓는 고국에의 그 길은
마침내 휘연히 열리리라 열리리라

　　　　　— 一九三七 — 「國境의 밤」(『리찬』, 1937) 전문(강조는 인용자)

　원작시와 대조해 보면서 읽으면 별로 달라진 것이 없는 듯이 보이지
만, 뚜렷한 의미 변화가 있다. 첫째, 서정적 주인공이 처해 있는 배경을
주의 깊게 보아야 한다. 원작시에서는 "무장삼엄한 日警들"과 "마적떼"
로 인해 "꿈에 소스라쳐" 깨는 것으로 되어 있다. 그런데 개작시에서는
"무장삼엄한 순경들"과 "전설의 대오"로 바뀌어져 있다. 개작시에서
"전설의 대오"란 말할 필요 없이 김일성의 유격대를 말하는 것이다. 원
작시에서 "마적떼"라고 표현한 것이, 당시 일제강점기에 항일투쟁하는
이들을 "비적(匪賊)"이니 "폭도(暴徒)"라고 했듯이, 그런 의미로 생각한다
면 "마적떼"와 "전설의 대오"를 같다고 할 수도 있다. 그런데 그게 아니
라, "마적떼"가 그야말로 떼도둑 그 자체라면 의미는 완전히 반전되는
것이다. 그렇게 본다면, 원작시나 개작시에서 동일하게 나오는 "몇번이
나 소스라쳐 깨느냐"라는 표현은, 원작시에서는 마적떼에 대한 두려움
을 의미하는 반면에, 개작시에서는 마적떼로 불리는 빨치산을 기다리는
기대감을 의미하는, 전혀 다른 차원으로 바뀌는 것이다. 그런데 필자가

볼 때, 원작시에서의 "마적떼"는 "전설의 대오"가 아니었다. 원작시에서 나오는 "마적떼"는 말 그대로 마적떼일 것이다. 그것은 바로 뒤에 이어지는 표현을 보면 확연해진다.

둘째, 절망적이었던 원작시의 내용이 전혀 새로운 희망을 바라는 내용으로 바뀐 마지막 부분을 보자. 원작시에서 "따러라 이 컵에 또 한잔을 / 루쥬 어여쁜 입을 갖은 짱꼬로 시악씨야 / 오호 나는 이 한밤을 마셔서 새이련다"라고 했던 마지막 대목을 보자. 이는 "전설의 대오"를 기다리는 서정적 주인공의 태도로는 적당하지 않은 풍경이다. 한밤을 마셔서 없앨 수밖에 없는 안타까운 서정적 주인공은 개작시에서는 전혀 다른 모습으로 바뀐다. "애끓는 고국에의 그 길은 / 마침내 휘연히 열리리라 열리리라"라며 곧 다가올 희망을 갈구하는 화자로 나타나는 것이다. 이로써 전혀 다른 시로 탈바꿈 해버린 것이다. "마적떼"를 "전설의 대오"로 개작하고, 뒷부분을 개작하여 이 시는 '항일혁명 투사들에 대한 믿음과 기대와 희망으로 가슴 벅차 있는 시'로 변하게 되었다.

1936년에 발표된 원작시는 그의 첫 시집 『대망』(1937)에서 실려 있는데, 거의 개작이 안 된 상태였다. 위에서 살폈듯이 원작시 자체는 북한문학사의 해설과는 전혀 관계없는 북방 정서를 그려 낸 시로 평가하는 것이 옳다. 그런데 1958년에 이르면, 「국경의 밤」은 개작을 통해 그 의미하는 바가 완전히 다른 시로 변모되는 것이다. 물론, 원래 작가 의도가 그러고 싶었는데, 시대적 상황이 어려워서 절망적으로 표현할 수밖에 없었고, 이후에 의미를 명확히 하여 개작한다고 한다면 개작 그 자체는 문제가 아니다. 그런데 문제는 북한문학사가 과거의 원래 작품과 전혀 다르게 개작된 시로 문학사적 의미를 평가한다는 사실이다. 북한문학사에서 이 시를 어떻게 보고 있는지 해설 부분을 조금 길지만 그대로 인용한다.

서정적 주인공은 그들과 더불어 가슴 설레이면서 거치른 북만땅 그 어느 한

곳에서 고향땅 — 오리강변을 밤마다 꿈꾸며 소스라쳐 깨여날 불쌍한 순이를 못내 그리워한다. 그러면서 순이가 그 꿈을 소중히 간직하고 기쁨의 날을 기다릴 것을 바라마지 않는다. 그것은 거세차게 타번지는 항일무장투쟁의 불길이 조국땅 고향마을에 해방과 자유의 광명을 비쳐줄 감격의 그날에 순이가 그토록 그리는 고향땅 — 조국에로의 길고 훤희 열려지게 되리라는 것을 굳게 믿기 때문이였다. 서정적 주인공의 이러한 확신은 위대한 수령님께서 조직전개하신 항일무장투쟁에 의한 조국광복의 그날에 대한 당시 우리 인민들의 확고한 신념을 반영하고 있다.[19] (강조는 인용자)

시에 대한 해석은 누구든 평가자에 의해 자유롭게 해석될 수 있다. 그렇다 하더라도, 위의 해설로는 루쥬 어여쁜 쌍꼴라(중국인) 아가씨와 밤새 술을 나누겠다는 원래의 부분을 해설할 수가 없다. 개작시에서 '이러한 확신', 즉 긍정적인 전망이 밝게 드러나는 개작된 대목은 원래 시나 당시 어느 잡지에서도 발표된 적이 없던 대목이다.

또한 원작시를 생각할 때, 과연 어떻게 "위대한 수령님께서 조직 전개하신 항일무장투쟁에 의한 조국광복의 그날에 대한" 확고한 신념으로 읽을 수 있는지 이해하기가 어렵다. 북한의 거의 모든 문학사책은 『조광』이란 잡지에 1936년 2월에 발표된 이 시를 '1937년'[20]으로 1년 뒤로 바꾸어 놓았다. 왜 실제 발표 년도까지 다르게 해 놓았을까? 그것은 북한의 역사학, 이른바 주체역사에서 가장 중요한 혁명사건으로 일컫는 '보천보전투'와 시간을 맞추기 위한 것으로 생각된다.

보천보(普天堡)전투란, 1937년 6월 4일, 80여 명의 김일성 유격대원이 혜산 보천보로 통하는 도로와 통신선을 차단한 뒤, 순식간에 보천보에 있는 일제 통치기구를 불태우고, 이후 뒤쫓아 오는 일본인·만주인 군경을 장백현 간산봉에서 다시 물리친 사건을 말한다. 백두산과 혜산 사

---

19) 김하명·류만·최탁호·김영필, 『조선문학사(1926~1945)』, 과학·백과사전출판사, 1981, 464면.
20) 위의 책, 462면.

이에 있는 보천보는, 당시 1,383명이 거주하고 있었으며, 그중 일본인이 26호 50명 그리고 5명의 경찰이 근무하는 작은 시골에 불과했다. 그러나 북부지방의 요지로 되어 있는 혜산진에 달려 있던 비상벨이라 할 만한 곳이었고, 따라서 한 번 이곳이 습격당하면 그 소식은 조선 내로 눈 깜짝할 사이에 전해질 곳이었다. 그러므로 이 마을을 습격하는 것은 "게릴라 부대에 의한 최소의 비용으로 최대의 심리적 효과를 거둘 수 있는"21) 조선 국내 진공작전이었다. 이 작전으로 김일성의 이름은 조선 국내뿐만 아니라, 소련에까지 알려지게 되었다고 와다 하루끼(和田春樹)는 평가한다. 이른바 "함남 보천보를 습격 …… 어제 밤 2백여 명이 돌연 내습, 학교, 소방서에도 방화 …… 함남경찰부에서 출동 …… 金一成 일파의 소행으로 판명……"이라는 호외22)로 널리 알려진 사건이었다. 이른바 치고 달아나는 유격전을 성공적으로 펼친 김일성의 약력에 따르면, 1932년 4월 25일 남만주 안도(安圖)에서 빨치산 부대를 창설하고, 1937년부터 1939년에 이르는 유격대 활동을 하였는데, 이 중에 가장 대표적인 승리가 보천보전투였던 것으로 기록되어 있다.

북한에서는 이 사건을 다양하게 창작하여 인민에게 고양시키고 있다. 가령, 설화「보천보의 불길」은 유격대가 습격했을 때 보천보에 불이 일었는데, 그 불길이 친일파의 집만을 골라서 태웠다는 설화이다. 박세영의 장편서사시『밀림의 역사』는 머리시와 6장으로 구성된 작품으로 보천보전투를 승리로 이끈 뒤 영호네 마을로 들어와 모범적인 모습을 보이는 김일성의 항일무장투쟁 과정을 그리고 있다.23) 이처럼 인민의 역

---

21) 和田春樹,『金日成と滿洲抗日戰爭』, 平凡社, 1992, 185면.
22) 『동아일보』, 1937년 6월 5일자. "베를린 올림픽의 마라톤에서 우승한 손기정 선수의 일장기 말살 사건 때문에 무기정간 처분을 받다가 6월 1일부터 막 복간된『동아일보』는, 6월 5일 두 차례 호외로부터 6월 9일의 특파원의 생생한 현지답사기까지 연일 보도하였다."(和田春樹, 위의 책, 187~188면).
23) 문학작품뿐만 아니라, 다양한 장르를 통해 북한은 보천보를 고양시키고 있다. 미술작품에서도「보천보의 햇불」은 북한 유화 미술을 대표하는 작품이기도 하다. 1955년 8월에 개관된 '보천보혁명박물관'에는 보천보 항일투쟁 때 사용했다는 800여 점의 유

사 교양을 위해 보천보사건은 대단히 중요한 사건이고, 북한문학사가 항일투쟁문학사로부터 시작한다고 할 때, 보천보전투는 그 중심에 놓여야 했으며, 보천보전투를 노래했던 당시의 시나 소설은 당연히 북한문학사의 시원을 알리는 중요한 기원이 되었던 것이다.

이러한 대목에 맞는 작가로, 프롤레타리아문학운동에 참여했던 작가 중에는, 보천보에서 가까운 북방의 정서를 가득 담고 있는 이찬의 작품 밖에 없었다. 이러할 때 그의 작품 중에 중심이 될 만한 것은 「국경의 밤」(『조광』, 1936.2)과 「눈 내리는 보성의 밤」(『朝鮮文學』, 1937.1)이었던 것이다. 특히 「국경의 밤」은 "위대한 수령님께서는 조직 전개하신 항일무장투쟁에 의한 조국광복의 그날에 대한 당시 우리 인민들의 확고한 신념을 반영하는" 작품으로 의미 전환되기 위해, 그 발표 년도가 1936년에서 1937년으로 바뀌지 않을 수 없게 된 것이다. 그렇다면 북한문학사가 보는 '당시'란 어떤 때를 말하는 것일까? 북한문학사에서 말하는 그 '당시'의 사회적 분위기란 "위대한 수령 김일성 동지께서 친솔하신 조선인민혁명군 주력부대는 백두산 근거지를 창설한 후 인민대중을 조국광복의 기치 밑에 묶어세우며 적들에게 섬멸적인 타격을 가하는 정치군사 활동을 더욱 활발히 벌리면서 자기의 대오를 급속히 확대강화"해 가던 시기라는 것이다. 그래서 "이 시기 시문학에서는 이와 같은 앙양된 시대적 분위기를 노래한 시작품들이 창작이었다"는 것이다.

북한은 문학을 정치의 도구로 보는 만치, 문학사 기술 역시 문학의 인식교양적인 기능을 수행하는 교과서로 여기고 있다. 그래서 이찬의 시뿐만 아니라 많은 시와 소설들이 개작되게 되었던바, 특히 동만주 지역에서 항일무장투쟁이 수행되는 1930년대 후반기의 소설이 집중적으로 개작되었다.24) 이러한 대목에서 일제강점기에 발표되었던 작품도 북

물이 전시되어 있고, 북한 최대의 기념탑(높이 49미터, 길이 60미터)인 '보천보전투기념탑'이 세워져 있다. 뿐만 아니라, '보천보 경음악단'은 1985년 6월 4일 김정일의 지시로 결성된 북한 최초의 경음악단이다.

한의 시각에 따르면 '인민의 교양을 위하여' 개작이 가능한 것이다. 이러한 역사적 진보주의는 이데올로기로서의 문학을 강조함으로써 문학 작품의 상대적 독립성이나 특수성을 무시하는 경향을 드러낸다. 그러나 암담한 현실을 밀쳐내고 역사의 진보를 향해 한 걸음씩 내딛어대는 인간의 솔직한 한계와 좌절을 보여 주는 것이 더욱 진실한 인간에 대한 기록이 아닐까.

북한문학사에서는 이찬의 시뿐만 아니라 다른 작가들의 작품 역시 개작에 의해 평가되는 문학사 기술 방식이 나타나는데, 남한의 연구자들에게 이런 현상은 이해할 도리가 없을뿐더러, 부정적인 판단만 낳을 계기가 되어 줄 뿐이다. 남한의 연구자가 볼 때, 개작된 작품으로 문학사를 꾸리는 평가는 '왜곡(歪曲)'이요, 거짓이다. 왜냐하면 일반적으로 '역사(歷史)'라 한다면, 과거 그 당시에 있었던 그 당시의 사건이나 물건을 증거로 삼는 것이 일반적인 상식이기 때문이다. 그 당시에 있었던 과거의 것을 고쳐서 평가하는 태도를 역사 혹은 문학사라고 하기는 어려운 것이다. 하지만, 개작된 것으로 역사를 '왜곡'해서 평가했다는 사실을 무시하는 시점에만 머물면 안 될 것이다. 개작을 해 가면서, 북한문학사가 겨냥하는 것이 무엇인가를 보아야 할 것이다. 그것은 당연히 수령 중심, 주체 중심의 역사관이다. 프롤레타리아문학도, 모더니즘이었던 작품도 수령 중심의 서사로 '흡수(吸收)'되어야 했던 것이다. 「기계(機械)가튼산아히」를 좀 더 선명한 투쟁성으로, 「국경의 밤」을 민족해방을 희망하는 작품으로 개작해야 했던 이유는, 민족해방의 역사, 영웅수령 중심의 역사에 모든 것이 '흡수'되어야 했기 때문이다. 개작된 작품으로 꾸민 북한문학사를 보는 시각이 '왜곡'으로 보는 방식과 '흡수'로 보는 방식의 거리는 서로 가깝지 않다.

---

24) 이상경, 「문학의 역할을 외면한 정치적 교양물」, 『한길문학』, 1990.10.

3. 내적 요구와 외적 요구

해방이 되자마자 조선인민공화국 중앙위원회에서 결정한 정강 정책 방침을 보면 "1) 일본제국주의의 법률제도 즉시폐기. 2) 일본제국주의와 민족반역자들의 토지를 몰수하여 농민에게 무상분배함. 단 비몰수토지의 소작료는 삼칠제로 실시함. 3) 일본제국주의와 민족반역자들의 광산 공장 철도 항만 선박 통신기관 금융기관 및 기타 일절 시설을 몰수하여 국유로 함"25) 등 13개 조항에서 친일적인 인사는 월북을 머뭇거리게 할 만한 강경한 내용들이었다. 이토록 강경한 친일제거 정책에서 어떻게 이찬은 살아남을 수 있었을까.

이찬의 친일문학에 대해 깊이 있게 논한 공화국의 문건을 필자가 본 적은 없다. 다만 이찬이 쓴 수필에서 당시 자기 활동을 부끄럽게 생각한다는 흔적이 나온다. 또한 이찬의 '반동 행위'에 대해 논쟁이 있었다는 것을 「태양의 품에 영생하는 혁명시인」26)이라는 글에서 알 수 있다. 이 글에 따르면, 당시 기자였던 이찬은 「김일성 장군 찬가」라는 시를 '1946년 4월 함흥시 민주회관'의 연회장에서 김일성 앞에서 그 시를 읽었다. 이때부터 이찬은 총애 받게 되어, 김정숙 동지가 직접 물색해 준 "대동강의 경치 아름다운 선교동 근방"에 살게 된다. 1946년 여름 「김일성 장군의 노래」가 완성되어 연주되었다. 1947년 4월 25일, 조선인민혁명군 창건 15돌을 기념하는 자리에서 이찬은 '인민정권이 주는 첫 표창'을 받는다. 이 무렵 이찬의 시에 대해 '해방 후에 발표된 몇 편의 시 작품들에 대한 단편적인 시구를 가지고 제 나름대로 분석하고 마구 공격을 들이

---

25) 朝鮮人民共和國中央人民委員會, 「政綱政策方針」(1945年 9月 14日), 『매일신보』, 1945.9.19.
26) 「태양의 품에 영생하는 혁명시인」, 『조국』, 1983.10.9~13. 이 자료를 주신 김학렬 선생님께 감사드린다.

대'(『조국』, 12면)는 평론이 있었다고 한다. 이에 대한 김일성 수령은 손수 논평이 실린 신문을 찾아 읽고 이렇게 말한다.

> 위대한 수령님께서는 한동안 깊은 생각에 잠기셨다가 리찬동무는 반동작가가 아닙니다. 라고 결연하신 음성으로 말씀하시었다. 그리고 그이께서는 곁에 선 일군에게 ≪그는 우리와 함께 공산주의까지 변함없이 갈 사람입니다≫라고 확인에 찬 어조로 말씀하시면서 빨리 이밤에 시인을 찾아가 이 사실을 전하라고 이르시었다.[27]

이른바 김일성 '면죄부' 혹은 '보증수표'를 받게 되었던 것이다. 평양 김일성대학에서 박사학위를 받았던 김학렬 교수(일본 조선대)는 "스스로의 잘못을 뉘우치면 깨끗하게 용서해 주는 것이 당시 공화국의 도덕이었지요"[28]라며 긍정적으로 평가하기도 한다. 이후 이찬이 쓴 친일시들은 북한 문단에서 출판된 자료에서 없어지고, 식민지 시절에 쓰인 이찬의 시들은 김일성을 예고하는 시들로 개작된다.

우리는 이 글을 통해, 첫째, 1930년대의 리찬 시가 어떤 표현으로, 어떤 세계관으로 개작되었는지 확인했다. 둘째, 개작시가 시인의 의식을 확실히 했는지는 모르지만, '북한문학사를 구성하기 위해서 쓰인 개작시는 원작시와는 분명히 다르다'라는 것을 확인했다.

이 지점에서 우리는 이찬이 왜 시를 개작했고, 개작된 시로 문학사가 쓰이는 것을 용인했을까 하는 점을 질문해야 할 것이다. 개작된 시로 문학사를 쓰는 북한문학사의 서술 방법에 대해, 그것을 '왜곡'으로 보는 이가 있을 것이고, 한편 '흡수'라고 보는 이도 있을 것이다. 수령 중심의 역사관을 꾸리는 데에 동의하는 이들은 당연히 '흡수'로 보면서, 왜곡의 문제성보다는, 그들 나름대로 '위대한 역사'에의 헌신을 위해서는 작품

---

27) 위의 글, 12면.
28) 2003년 11월 와세다대학 조선문화연구회에서 김학렬 교수의 말.

이 '개작'되어도 괜찮다, 아니, 개작되어야 한다는 생각을 가지게 되었을 것이다. 이렇게 이찬이 개작하게 되는 동기는 외부적인 요인과 내부적인 요인이 작용했을 것이다.

첫째, 외부적인 요인으로는, 모든 문화사를 사회주의의 발전단계로 '흡수'하려는 사회적 흐름과, 그것에 맞추어 일관되게 서술해 가는 북한의 연구편향에서 비롯된 것이기도 하다. 북한뿐만 아니라, 1930년대에 발표된 김창걸의 원래 소설을 전혀 다른 소설로 개작하여 그 가치를 고평하는 조선족 문학사도 비슷한 모양새를 갖고 있다[29]고 한다. 일관된 목적주의적인 역사관은 그 목적을 위해서 '왜곡' 혹은 '흡수'를 강요하게 되는 것이 아닐까. 이 글을 시작하는 대목에서 말했듯이, 거의 모든 북한문학사에서 "수령형상문학의 새로운 단계를 열어 놓"[30]은 이찬을 긍정적인 평가를 받고 있다. "수령형상문학의 새로운 단계를 열어" 놓았다는 평가를 위해서는 그전에 일관성이 필요했을 것이다. 아닌 게 아니라, 북한문학사에서는 이찬이 중요하게 평가되는 결정적인 근거를 제공한 작품인 「김일성 장군의 노래」를 설명하기 전에, 「국경의 밤」, 「눈 내리는 보성의 밤」 등 1930년대 북방 정서를 형상화한 시를 언급하고 있다. 수령형상문학의 모범이 되기 위해서는 그전에 썼던 시 역시 어떤 일관성을 갖춘 본보기가 되어야 했던 것이다.

둘째, 시인 내부의 의식 변화는 시의 개작을 위한 더욱 근본적인 동기가 되었을 것이다. 당연히 북한문학사가 구성되기 전에 시인의 의식 변화가 있었을 것이다. 이찬의 개작시는, '수령 중심의 역사관'을 꾸리기 위해 개작을 꺼리지 않는 작가 자신의 의식 변화(혹은 처세술)에서 비롯되었다. 해방이 되었던 당시 사회주의를 동경하던 북한의 지식인들에

---

29) 중국 조선족 문학평론가 李相範의 증언(2000년 11월 18일 〈와세다대학 조선문화연구회〉에서).

30) 오정애 · 리용서, 『조선문학사 · 10 — 해방후편 평화적건설시기』, 사회과학출판사, 1994, 60면.

게는 충격적인 일이 생겼다.

神出鬼沒한 金日成 그러기 때문에 日本帝國主義者가 三千萬朝鮮사람 가운데서 第一미워하고 무서워한 金日成 놈들이 匪賊이라고 惡宣傳을 하며 萬金賞을 걸고 假者金日成의 목을 빗산값을주고 삿으며 몇 번이나 죽었다고 헛所聞을퍼친金日成 그러기 때문에 우리民族에게는 古傳說 그대로의 「장수」로써神秘化된 民族의太陽 金日成[31]

당시 김일성이란 인물은 북조선사회에 있어서는 하나의 기적을 이루었던 인물이었다. 그것은 단순히 과거의 빨치산 항일투쟁에 대한 '신비화(神秘化)' 때문만이 아니라, 그들에게는 보다 구체적인 사건을 통해 김일성이란 인물이 새롭게 느껴졌던 것이다. 그들이 눈앞에서 본 기적 같은 사건들은 이조 500년, 지난(至難)한 프롤레타리아운동사에서도 이룩하지 못했던 것들이다. 예를 들면, 토지개혁을 단 20일 만에 이룩해 놓은 '토지개혁의 완성'이 대표적인 예이다. 윗글을 쓴 한재덕은 연안에서 돌아온 북조선노동당 선전부장 김창만과 짝이 되어 1946~47년에 김일성을 민족지도자로 내세우는 캠페인에 종사하던 인물이다.[32] 그는 당시 '북조선예술총동맹'에서 이기영·한설야·안막·이찬·안함광·한효·최명익·김사량·윤세평·박세영 등과 함께 일했던 북한 문단의 중요인물이다. 후에 『민주조선』의 주필로 일했던 그는 전향하여 한국전쟁이 김일성에 의한 적화전쟁이었다고 증언하고, 남한에 와서 『김일성을 고발한다』(내외문화사, 1965)라는 책을 내는데, 그 책에서도 김일성이 실존인물이라는 것과 당시 개혁되어 가는 북한사회에 대한 충격은 부인하지 않고 있다.[33] 오랫동안 노동자의 해방을 꿈꾸어 오고, 그것이 그리워 월북하거나 사회주의를 택했던 당시의 지식인들에게 '20일 만의

31) 韓裁德, 「김일성將軍 凱族記」, 『文化戰線』 창간호, 1946.7, 81면.
32) 和田春樹, 『金日成と滿洲抗日戰爭』, 平凡社, 1992, 156면.
33) 박명림, 『한국전쟁의 발발과 기원』 II, 나남출판, 1996, 237면.

토지개혁'이란 단순한 사건이 아니라, 하나의 기적 혹은 신비체험이었을 것이다. 또한 '20개의 정강(政綱)'을 통해 끊임없이 개혁되는 사회를 볼 때, 거의 기적을 체험하는 느낌이 들었을 것이다. 오죽 놀라웠으면 이찬은 다음과 같이 기록한다.

神話가 아니다
傳說이 아니다.

여기 북조선의 명백한 오늘을
모—든 不可能에서 可能이 前進한다.[34]

하루아침에 녹화(綠化)되는 영흥 대평야, 전에 없던 전기 보일라, 연기가 솟아오르기 시작하는 공장의 굴뚝 등 눈앞에서 빠르게 변하는 세상을 보며 시인은 "너 어서 偉大한 이 地域 偉大한 이 勝利를 기록하야"라고 말한다. 이런 현실은 신화도 전설도 아니었고, '리찬'에게는 하나의 승리였고 기적이었다. 그러한 기적체험을 가능하게 했던 영웅에 대해서 당연히 문학적인 형상화를 하고 싶었을 것이다. 그 영웅은 기독교 신자였던 조만식이나 미국과 가까웠던 여운형이 아니었다. 바로 이때 이찬이 바로 그 영웅을 칭송하는 모범을 보였다는 것이다. 〈북조선예술총동맹〉의 서기장 이찬은 기관지 『문화전선』(발행인 한설야, 1946.6) 창간호에 송가이며, 한국전쟁기에 많이 불렸던 「김일성 장군의 노래」(리찬 작사, 김원균 작곡, 1946)를 발표한다.

이 지점에서 우리는 이찬의 개작시가 처세술에서 비롯되었는지, 아니면 진정한 마음에서 비롯되었는지 쉽게 확인하기는 어렵다. 확실한 것은 시 자체에는 분명한 변화가 있었다는 것이고, 그 변화는 일관성으로 바뀌어 죽기까지 지속된다. 그래서 그는 "당의 뜨거운 배려와 숙명의 길을

---

34) 李燦, 「勝利의 記錄」, 『文化戰線』 創刊號, 1946.7, 114면.

열어"주었기에, "온갖 노력을 다하여 당과 조국과 인민 앞에 조금이나마 붓으로 이바지 할 의욕에 충만"해 있었던 것이며, 그러기에 "원작에 다소 붓을 댄"(『리찬』, 8면)는 데에 아무런 거리낌이 없었을 것이다. 그렇다하더라도, 그의 개작시를 판단하는 북한문학사에 대해 작품 자체의 본래적 내용을 존중하지 않는 사회주의학 그리고 실증적 연대의 오류라든지, 역사주의적 원칙에서의 일탈 등의 문제를 지적하지 않을 수 없다.

어찌하든, 이찬의 개작시는 시인 자신의 의식 변화와 당시 사회의 요구 그리고 어떻게 하든 혁명문학을 추켜세워 혁명의 정당성을 세우려 했던 북한문학사의 서술 태도가 맞아떨어진 합작품이라 볼 수 있겠다. 그 합작품인 개작시는 북한사회의 정당성에 기여를 했으며, 이후의 북한에서의 그의 작품은 모범작으로 평가받았다. 물론 결정적인 역할을 한 것인 「김일성 장군의 노래」였다.

이찬은 이후에도 계속 북한 문단에서 모범적인 존재로 작품 활동을 한다. 그는 끊임없이 노동계급의 운동성을 시로 썼다.

황금빛 노을 속 쇠물이 들끓네,
용해공 우리들의 심장도 들끓네
아, 한 자나 불길 뿜는 로 앞에 다가서며
어깨를 만져주던 그이의 모습
줄기찬 혁신에로 떨쳐 세우네

빈틈은 없는가, 없구말구
로 상태는 좋은가, 여부 있나
그러면 그렇지, 우리는 그이의 전사
보내세 고속도 용해 부쩍 당기여
천리마의 대오에 더 많은 강철을

보호경 푸른 빛에 고지가 떠오르네

비발치는 불아가리 가슴으로 막던 고지
아 여기는 사회주의 조국의 심장
그 기세를 믿는다던 그이의 말씀
이보다 더 큰 신임 어디 또 있으랴

쏟아지는 쇠물폭포 화폭을 펼치네
조상대대 념원이던 기계화 농촌
아! 이고 지던 괴로움도 말끔 없애고
다각 경리 꽃피울 그이의 설계
남녘 땅 옥토벌도 눈 앞에 안겨 오네.
　　　　　　── 이찬, 「용해공의 노래」(『조선문학』, 1960.3) 전문

　북한의 당파성에 철저하게 입각한 시를 발표하는 그는 "1958년 「후까레유」, 「기어히 가시려거든」 등 『모스크바에 대하여』라는 시초를 발표하여 전후 외국기행시 중에서도 그 감정의 진실성이 특징적"[35]이라고 북한문학사에서 평가받는다.

　그의 삶은 하나의 전설이 되어 영화화되기도 했다. 이찬이 주인공으로 나온 영화는 〈민족과 운명 ─ 카프 작가편〉이다. 대작 시리즈 영화 〈민족과 운명〉은 김정일의 지시로 1991년부터 만들어져서, 현재 62권이 만들어졌고, 38권의 시나리오가 준비되어, 100편 제작을 목표로 두고 있는 시리즈 영화다. 이 영화는 첫째 심각한 외부세계의 위협에서 민족의 아이덴티티를 지키기 위하여, 둘째 이제까지 소외되어온 집단을 하나로 묶기 위하여, 셋째 무력혁명의 경험이 없는 세대에게 신세대 엘리트의 이미지를 만들어 주기 위해서 만들어 졌다.[36] 영화 〈민족과 혁명〉은 북한사회의 일방적인 수직적 코뮤니케이션 과정이 집약되어진 작품이다.

---

35) 사회과학원 문화연구소, 『조선문학통사』, 인동, 1988, 369~370면.
36) 李香鎭, 「國家主義映畵としての朝鮮映畵と受動革命」, 『評論 · 社會科學』, 同志社大學人文學會, 2005.3.20, 118~121면. '영화 〈민족과 운명〉과 이찬'에 대해서는 후에 논하기로 한다.

이 영화의 목표를 위해 이른바 스타시스템이 적용되고 신지식인이 탄생했는데, 이로 인해 탄생된 인물이 바로 이찬이었다. 이찬은 영화 〈민족과 운명〉 중 9권의 '카프 작가편'에서 주인공으로 나온다. 거기서 그는 일본 유학을 마치고, 카프 작가에서 중요한 인물로 등장한다. 그리고 김일성의 부름을 받아 북한 체제를 이롭게 하는 '새로운 지식인의 전형'으로 등장한다. 이 영화에서 이찬은 고등학교 시절부터 연상의 여인을 사랑하는 순애적 인물, 계급적 분노를 참지 못하는 투사적 인물로 등장하여 '리찬의 시대'로 일컬어질 만치 북한사회에서 인기를 얻는다.[37]

『역사비평』(1991년 가을)에 의하면, 이찬은 1974년 1월 6일에 사망하여 현재 신미리 애국렬사능에, 장편서사시 『백두산』을 낸 혁명시인 조기천, 『임꺽정』을 쓴 북의 내각수상을 지낸 벽초 홍명희 등과 함께 묻혀 있다.

---

37) 탈북하여 현재 도쿄대 대학원 연구생으로 있는 최경희 씨는 거의 모든 젊은이들에게 이찬은 스타였다고 2006년 5월에 증언해 주었다. 이외에 몇몇 탈북자들도 같은 증언을 해 주었다. 조선일보 통한문제연구소(NKchosun.com) 김광인 씨도 '리찬의 시대'를 북한의 유행어로 보도했다. http://nk.chosun.com/board/read.php3?table=emailclub&no=94

부록

자료(245~302면) ― 역순으로 배열하였다.

1. 「機械가튼산아히」(『대중공론』, 1930.3)
2. 「國境一切」(『詩建設』 7호, 1935.10)
3. 「Tea Room Elise」・「憂愁」・「墓碑」・「希望」・「소꼽노리」(『삼천리』, 1938.11)
4. 「空洞」(『인문평론』 5호, 1940.2)
5. 「싼타루치야」(『인문평론』, 1940.6)
6. 「어서 너의 키-타를 들어」(『조광』 80호, 1942.6)
7. 「兵丁」(『신시대』, 1943.3)
8. 「頌・아리나레」(『조광』 100호, 1944.2)
9. 「子等の遊び」(『국문문학』, 1944.2)
10. 「せめてよく死に」(『동양지광』, 1944.3)
11. 「餞詞」(『조광』 102호, 1945.2.14)
12. 「歲月」(『조광』, 1943.6~8)
13. 「보내는 사람들」(희곡, 『신세대』, 1943.8)
14. 「金將軍의 노래」(『문화전선』 창간호, 1946.7)
15. 「태양의 품에 영생하는 혁명시인」(『조국』, 1983.10)
16. 경성 제2고등학교(현 경복고등학교)학적부(이동순・박승희 편 『이찬 詩전집』, 소명출판, 2003)
17. 이찬의 와세대대학 학적부 및 성적표
18. 이찬 사진

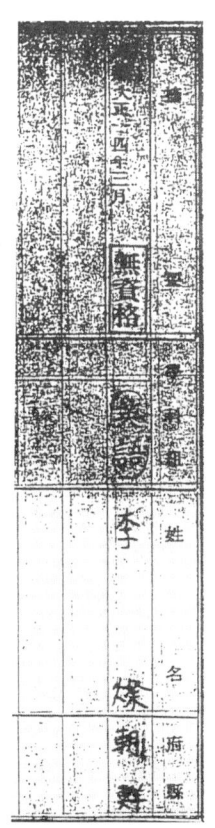

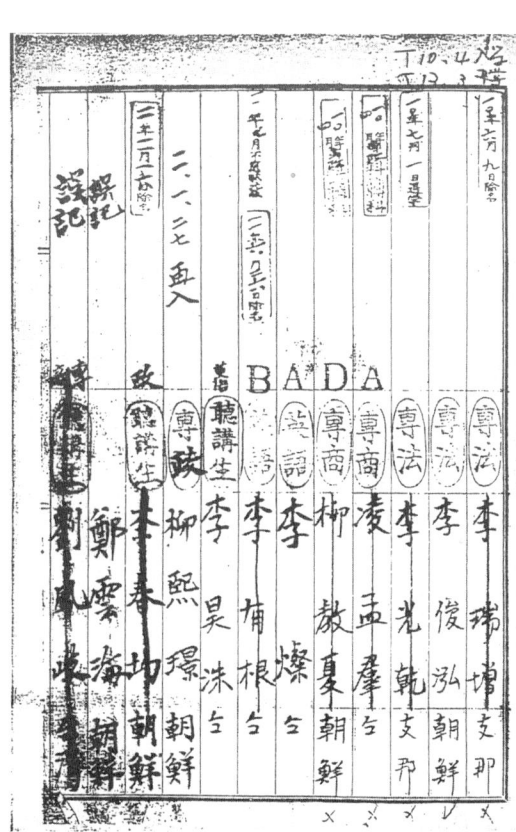

※ 이 자료를 주신 오오무라 마스오(大村益夫)교수님께 감사드린다.

教務第 A3088　号
1 9 9 9 年 11 月 22 日

調 査 結 果 報 告 書

語学教育研究所
　大 村 益 夫 殿

早 稲 田 大 学 教 務 部 長

1 9 9 9 年 10 月 13 日　ご依頼の照会の結果を、下記のとおりご報告いたします。

調 査 結 果	
氏　　　名	李　燦　(男)
生 年 月 日	1910 年 1 月 15 日　(？)
学部・学科・専修等	早稲田大学　高等師範部　英語科
入 学 年 月 日	大正 10 年 4 月入学 大正 1*(1925)*
卒業・退学等年月日	*1921(11 え？)*
調 査 事 項	学籍確認他個人情報
確 認 内 容	12/4「早稲田出身の朝鮮の文学者たち」講演の正確な情報のため

課　　　長	取 扱 者
谷	

태양의 품에 영생하는 혁명시인

―위대한 수령님과 친애하는 지도자동지께서 혁명시인
리찬에게 베풀어주신 숭고한 사랑에 대한 이야기―

간고하고도 영광에 찬 우리 혁명력사의 갈피마다에는 위대한 수령님과 혁명전사사이에 맺어진 숭고한 사랑과 의리에 대한 이야기가 수없이 많다.

위대한 수령 김일성원수님께서 시인 리찬에게 베풀어주신 사랑의 이야기도 그러한 하많은 이야기들중의 하나이다.

위대한 수령님께서 시인에게 베풀어주셨고 친애하는 지도자 김정일동지께서 끝없이 이어가고계시는 숭고한 사랑의 이야기는 주체의 빛발아래 꽃펴난 인간사랑의 또하나의 불멸의 전설로서 우리들의 가슴을 한없이 뜨겁게 하고있다.

노래를 들으니 조국과 인민 앞에 책임이 무거워집니다

1970년 10월이였다.

력사적인 우리 당 제5차대회를 앞둔 어느날, 경애하는 수령 김일성원수님께서 당창건사적관을 찾으시였다. 그때 사적관의 한 호실에는 해방후 새 조선

건설시기의 여러가지 사적물들이 전시되여있었다. 그 사적물들을 돌아보시던 경애하는 수령님께서는 옆에 있는 일군들에게 해방된 이듬해 봄에 함흥의 민주회관에서 시인 리찬이 시를 지어가지고 읊은 일이 있는데 《그때 자료가 있습니까?》하고 물으시였다.

일군들이 송구한 마음으로 미처 그 당시의 사적을 발굴하지 못했다고 말씀올리자 경애하는 수령님께서는 《김책동무가 그 시를 좋아했습니다.》라고 하시며 그날의 일을 감회깊이 회고하시는것이였다.

어버이수령님께서 청년시인 리찬을 아시게 된것은 1946년 4월 함흥시 민주회관에서였다.

위대한 수령님께서는 그때 함흥지구를 현지지도하고계시였다.

당시 시인으로 함흥에서 기자활동을 하고있던 리찬은 그 영광의 나날에 매일, 매 시각 뜨거운 감동속에 젖어있었다.

시인은 만민이 그처럼 우러르는 위대한 수령님을 만나뵙고싶은 간절한 생각으로 가슴을 태우고있었다.

그런데 뜻밖에도 그 간절한 소원이 이루어졌다. 그는 도안의 인민들이 경애하는 수령님을 맞이한 크나큰 감격을 안고 정성다해 마련한 연회에 참가하라는 초청장을 받았던것이다.

고동치는 심장의 흥분을 누르며 연회장으로 정한 민주회관으로 달려간 시인은 자기 가슴에 끓고있는 숭고한 감정을 한껏 터뜨리고싶었다.

그래서 시인은 위대한 수령님께서 연회참가자들앞에서 강령적인 연설을 마

태양의 품에 영생하는 혁명시인

치시자 연회참가자들을 향해 《김일성장군 찬가》 하고 웨치며 한손을 번쩍 쳐들고 헌시를 읊었다.

장군이 오시는것은 아, 아무도 몰랐으나
장군이 오신것은 누구나 알았다.
장군은 가리울수 없는 우리의 빛
장군은 감출수 없는 우리의 태양
…

감격에 젖은 시인의 열기띤 목소리가 연회장을 울렸다. 우렁찬 박수갈채가 쏟아져나왔으나 시인은 그것을 의식하지 못했다.

아, 장군의 씩씩한 보무를 따라
바야흐로 무르녹으려는 북조선의 란만한 봄을 보아라!

장군은 바쁘다, 바빠야 한다
기억하자, 장군은 우리만의 장군이 아니요
장군은 남조선도 비칠 남조선도 비쳐야 할 아야,
아아, 삼천리 전강토의 위대한 태양
장군은 만민의 령장 인류의 태양
동방에서 솟은 태양 온 누리를 비치리

끓어넘치는 감격의 열풍속에 연회가 끝났을 때였다.

참가자들은 인민의 한결같은 심정을 노래한 시인을 둘러쌌다. 그들은 앞을 다투어 시인을 축하해주고 그에게 앞으로 위대한 수령님께 드리는 불멸의 혁명송가를 창작해줄것을 절절히 부탁하였다.

시인의 가슴은 활화산처럼 타번지기 시작하였다. 그는 그 밤부터 일신의·정력을 모아 불멸의 혁명송가 가사창작에 전념하였다.

위대한 수령님께서는 그후 시인 리찬을 처음으로 만나셨던 함흥의 그 밤을 잊지 않으시고 그에게 은정깊은 사랑을 베풀어주시였다.

1946년 여름 경애하는 수령님께서는 리찬을 평양으로 불러주시고 주체적문학예술의 발전을 위하여 전국의 그 바쁘신 나날에도 그를 자주 만나주시기까지 하시였다.

그때 리찬의 집은 대동강의 경치 아름다운 선교동근방에 자리잡고있었는데 바로 그 집은 공산주의녀성혁명가 김정숙동지께서 손수 물색하시고 정해주신 사랑의 집이였다. 집들이를 하던 날 김정숙동지께서는 시인의 집살림을 념려하시여 손수 쌀까지 가져다주시였다.

평양에 올라온 얼마후 리찬은 김책동지를 통하여 푸른 뚜껑을 한 혁명가요집을 받아안게 되였다. 그 푸른 뚜껑을 한 혁명가요집은 김정숙동지께서 수령님을 따라 천만리 피어린 자욱을 찍어오시며 애용하시던것이였다.

시인은 뜨거운 마음으로 광복의 포연 탄우를 헤쳐온 귀중한 혁명가요집을 붙안고 불멸의 혁명송가창작에 온 정력을 쏟아부었다.

그리하여 인민이 그토록 바라마지않은 불멸의 혁명송가의 가사가 시대의 장엄한 메아리로 되여 꽃펴났다.

장백산 줄기줄기 피어린 자욱
압록강 굽이굽이 피어린 자욱
오늘도 자유조선 꽃다발우에
력력히 비쳐주는 거룩한 자욱
아 그 이름도 그리운 우리의 장군
아 그 이름도 빛나는 김일성장군
…

1946년 여름, 드디여 불멸의 혁명송가 《김일성장군의 노래》가 완성되여 뜻깊은 첫 연주회가 진행되였다.

연주회가 끝난후 온 나라 방방곡곡으로는 불멸의 혁명송가 《김일성장군의 노래》가 하늘땅을 울리며 퍼져갔다.

그 뜻깊은 연주회가 있은 때로부터 여러날이 지난 어느날, 집무실에 계시던 위대한 수령님께서는 리찬이 지은 불멸의 혁명송가를 씩씩하게 부르며 창밖으로 지나가는 학생들의 행렬을 보시였다. 한동안 그들을 바라보시던 어버이수령님께서는 곁에 선 일군에게 기어코 동무들이 노래를 내보냈구만,

~~~~~~ ~~~~ ~~~~ ~~~~ ~~~~ ~~~~ 태양의 품에 영생하는 혁명시인 ~~~~ ~~~~ ~~~~ ~~~~ ~~~~ ~~~~

그렇게 하지 말라고 하였는데 왜 그렇게 하였습니까. 라고 나무라시였다. 그러시며 다시 학생들의 행렬로 시선을 옮기신 경애하는 수령님께서는 한동안 깊은 생각에 잠기셨다가 일군에게 노래를 들으니 조국과 인민 앞에 책임이 무거워집니다. 인민들의 기대에 보답해야 되겠습니다. 라고 정색하셔서 말씀하시였다.

언제나 믿어주시고 내세워주시며

경애하는 수령님을 만나뵈울 때마다 리찬은 눈물겹도록 깊은 감동을 받아안군하였다.

리찬은 위대한 수령님께서 베푸시는 크나큰 사랑과 믿음이 힘이 되고 지혜가 되여 불멸의 혁명송가 태양의 노래를 지은데 뒤이어 《흘러라 보통강, 력사의 한복판을》, 《새 소식》, 《달밤》과 같은 수많은 시편들을 창작발표하여 투쟁의 나팔수로서 인민들을 힘차게 고무하였다.

위대한 수령님께서 아시는 리찬은 건국열의에 불타는 일군이였으며 언제나 진격의 나팔수로서 가슴을 불태우는 재능있는 시인이였다. 그래서 시인을 더욱 아끼고 사랑하시였다.

1947년 4월 25일, 조선인민혁명군창건 15돐을 기념하는 뜻깊은 날이였다.

이날 경애하는 수령님께서는 해방후 우리 나라에서 처음으로 되는 수상자들의 명단을 보아주시였다. 명단을 하나하나 훑어보시던 어버이수령님께서는 한 이름에 색연필로 밑줄을 그으시며 매우 기뻐하시였다. 첫 수상자로 내신된 여섯명의 사람들속에서 시인 리찬의 이름을 보신것이였다.

《리찬동무는 우리 인민정권이 주는 첫표창을 받을만합니다. 그 동무는 건국사업에 자기의 힘과 지혜를 다 바친 진보적인 인테리이며 인민들의 사랑을

15. 「태양의 품에 영생하는 혁명시인」(『조국』, 1983.10)

〰〰〰〰〰〰〰〰〰〰〰〰〰〰 태양의 품에 영생하는 혁명시인 〰〰〰〰〰〰〰〰〰〰〰〰〰〰

받는 작가입니다.》

위대한 수령님과 시인사이에 맺어지는 사랑과 믿음은 세월이 흐를수록 더욱 뜨겁게 이어지고있었다.

어느해인가 중앙의 한 신문에는 리찬의 시를 론하는 론평이 실린적이 있었다. 론평은 시인이 해방후에 발표한 몇편의 시작품들에 있는 단편적인 시구들을 가지고 제나름으로 분석하고 마구 공격을 들이대고있었다.

이러한 사실을 보고받으신 경애하는 수령님께서는 일부러 시간을 내시여 론평이 실린 신문을 찾으시였다.

론평대로 한다면 시인을 달리 볼수 있을것이였다. 그러나 위대한 수령님께서 믿고계시는 시인은 절대로 그런 사람이 아니라고 생각하시였다.

론평을 새겨읽으실수록 분노를 삭이실수 없으시였다. 어떻게 당의 사랑을 받고 인민의 사랑을 받는 시인을 이렇게도 모해한단말인가.

위대한 수령님께서는 한동안 깊은 생각에 잠기셨다가 리찬동무는 반동작가가 아닙니다. 라고 결연하신 음성으로 말씀하시였다. 그리고 그이께서는 곁에 선 일군에게 《그는 우리와 함께 공산주의까지 변함없이 갈 사람입니다.》라고 확신에 찬 어조로 말씀하시면서 빨리 이밤으로 시인을 찾아가 이 사실을 전하라고 이르시였다.

바로 그처럼 시인을 믿고 사랑하신 경애하는 수령님이시기에 일시적후퇴시기에 리찬이 단신으로 적후천리길을 헤쳐 최고사령부를 찾아왔다는 보고를 받으시고는 뭐 리찬이가? … 장합니다! 훌륭합니다! 라고 거듭 기쁨에 넘쳐 말씀하시였다.

위대한 수령님께서 리찬에게 베풀어주신 사랑에는 참으로 끝이 없으시였다.

1961년의 어느 봄날이였다.

경애하는 수령님께서는 이날 조선문학예술총동맹의 집행위원들과 자리를 같이하시고 혁명과 시대 발전의 요구에 맞게 새로 결성된 문예총의 임무를 밝

혀주시고 친히 오찬회까지 마련해주시였다.

이 영광넘치는 석상에서 위대한 수령님께서는 친히 축배잔을 드시고 시인의 앞으로 다가오시여 리찬의 얼굴을 찬찬히 여겨보시며 남들은 다 건강한데 동무는 왜 이렇게 몸이 축가기만 하는가고 심려어리신 음성으로 물으신 다음 손수 그의 손에 축배잔을 들려주시였다.

시인은 자기에게 베푸시는 경애하는 수령님의 위대한 어버이사랑에 그만 어깨를 들먹이며 목메여 울었다.

참으로 그것은 수령과 시인의 진실하고 불변하는 사랑과 충성으로 수놓아지고 빛나는 이 땅우에서만이 펼쳐질수 있는 가장 아름답고 숭고한 사랑의 화폭이였다.

한 시인을 위하여 베푸실수 있는 모든것을 아낌없이 안겨주신 위대한 수령님의 끝없는 사랑과 믿음!

바로 그 사랑 그 믿음이 있기에 시인은 생명의 마지막순간까지 위대한 수령님의 영원한 전사가 되여 충성의 열정으로 가슴을 불태우며 태양의 노래, 혁명의 노래를 소리높이 부를수 있었던것이다.

사랑은 세월을 넘어 천만리에

시인 리찬이 해방의 봄언덕에서 만민이 우러러부르는 불멸의 혁명송가 《김일성장군의 노래》를 지어 온 세상에 울려퍼지게 한 력사의 그날로부터 세월은 수십년의 년륜을 새겨놓았다.

그동안 우리 인민은 《김일성장군의 노래》를 소리높이 부르며 시련에 찬 혁명의 년대들을 승리자의 발구름으로 넘어왔다.

잊지 못할 해방의 그날로부터 많은것이 변하고 많은것이 전진하였다. 새로 자라나는 세대들은 리찬의 시가문학을 문학사에서만 알게 되였고 세월의 흐름과 더불어 시인에 대한 사람들의 추억은 점차 사라져갔다.

金將軍의 노래

李 燦 作詞
平壤音樂同盟 作曲

長白山 줄기줄기 피어린자욱
鴨綠江 구비구비 피어린자욱
오늘도 自由朝鮮 면류마우에
역역히 비처드는 피어린자욱

아ー아ー 그일홈도 그리운 우리의將軍
아ー아ー 그일홈도 빛나는 金日成將軍

滿洲벌 눈바람아 이애기하라
密林의 긴긴밤아 이애기하라
萬古의 빨찌산이 누구인가를
絶世의 愛國者가 누구인가를

勞務者 大衆에겐 解放의恩人
民主의 새朝鮮엔 偉大한太陽
二十個 政綱우에 蜂蝶도뭉쳐
北朝鮮 坊々谷々 새春이온다

義雄…좌중에 인사한뒤 머리를 숙이고,
모자만 푸무럭거덤다.

마누라…(이러셔 그아버지에게)어서 올러
오시오. (義雄에게)어서 올러와 응.

獄선달…(義雄에게)서 올러보내구 어
서 올러들오시오.

義雄…자—반사는 엣일로 훌터보내구 어
하며)영감 황송합니다.

그아버지…올러와 영거주춤이 영감께 실
하며)영감 황송합니다.

惟선달…(말있이 머리를절한다)

두분의 약혼은 ... 충심으로 축하합니다.

一同…하하하 ……

區長(요시오에게)어서 가서 어머님께도
절해야지.

義雄…(요시오에게)자 — 이젠 사둔간에
얘기도 ...

마누라…그런데 신부는 어듸갔는데.

마누라…글쎄요 안에 있더니.

區長…어서 대며내오시구려.

그아버지…(안을향해)애 — 하루에야 하두에
야……그게다—옛돌구 부끄러워서,
숨은게로군(이러나 안으로 드러간다)

區長…(그아버지에게)영감 기포시우.

그아버지…헤헤헤—(머리를 긁는다)
다아버지를 따라 하두에 머리를 집이숙이
고 나온다.

마누라…요시오아버지 아니 너의시아버님
께 절해다.

하두에…(낯을 붉히며 옷고름만 만지작거
리며)어서 하라니까.

마누라…요시오아버지 아니 너의시아버님
지금 그이유의 여하를 불문하고 조그만
반목갈등이라도 우리총후에 있어서는 안
될것이고 머욱 이제 국가의 감성으로 귀
축미영격멸의 제일선에 나서려는 군들께
조고만 후고의 근심걱정인들 있게해 되
겠는가그러므로 오늘 우리들의 노력은

主事…(이러서며)자 — 이젠 사둔간에 이
애기도 많을데니 우던끼리강서시
시요. 쟁와이소개라니까.

區長…(이러서며)그렇지요 우던 빠질차례
지요.

教員…(이러서며)어서 혼데둘 이드게하십
시오.

惟선달…이거 참 아무데접도 못하고(따라
이러선다)

村長·主事·교원·義雄…(이러선다)

村長·主事·모원(엿가며) 진정축하합니다

義雄…(주먹을네밀면)전선 방방곡곡
에서 군들을 보내는게 우령찬 환호소더
가 들려지않는가뭣일은 우리의 말었네
으며 ...

區長…요시오군 오늘 우리들의 조그만노
먹이 이렇만 군들가정의 빈정을 화평하
고나아가 육친적결합이 가저오게되었
음을 스스로 경축하여 마지않는바이네.

머욱 군들은 우리반도의 새역사의 창조
자이며 우던반도의 만년행복의 건설자아
네요궁지도 고력에와 책임도 큰것이네
굳세게 나가주게 굳세게 나가주게요시
오군 둘되지않는가 저우령한 환호소더
원마음에서 원제자에서 인거민에서 ...

一同…(용분한다) 감격한다.

義雄…(주먹을쥐며 머리를 쑤겨돈다)

一同…(용분하여 머리를 쑤겨돈다)

義雄…(감격하여 머리를 쑤겨돈다)

區長…(주먹을네밀면)전선 방방곡곡
에서 군들을 보내는거 우령찬 환호소더
가 들려지않는가뭣일은 우리의 말었네
안심하고 나가주게 나가주게이겨주게.
혁혁한무공을 청사 미영격멸의 혁혁한
무훈을 청사(靑史)ㅁ대에 빛나고빛날
찬란한무훈을.

————(幕)————

디 마누라 이어른들이 그요시오하고 우
리말년한고. 성혼시키자는데 마누라의
사가어뗗소.

마누라…(화색이란면하며)영감의뗗은 어
뗗신데?

崔선달…나야, 뭐 마누라 생각대루하구려.

마누라…영감이 오늘은 아주 만사태길
구려. 시집와三十여년만에 마누라 맘대
루하라는 소리는 참 처음듣는 소리로구만
요 요시오야 여북 똑똑한 낸가요. 한낯
집어 가난한게 흠이라면 흠이지만 그렇
게 똑똑한애가 저이물써네나가면 저이
입버리야 못하겠어요.

崔선달…감사합니다. 무분의 말슴으로 미루
어 이혼인은 벌써 성립이됬다고 붓수있
는데 함니다 차봄하고 선달영감의 이
지사엔 원동머가 놀타기도 하며너와 찬
탄을 마지앉을것이고, 그보다도 주인인
요시오군은 물론 그뒤틀따며, 앞으로나
잘둔은 청년들의 의기를 도움이는 영향
이 절대할것으로 우터로써는 거듭 감사
하여 마지앉는 바이올시다.

主事…참 훌륭한 지사올시다.

敎員…양가의 성혼을 경축붙이합니다.

村長…참 장하십니다 영감.

區長…말난김에 마저합시다. 내지행선 소
며. 뭔 꿈인지생신지…

崔선달…요시오가 나가건 우덕와도달나 그
집엔 농군하나 일손도

主事…좋습니다. 조선선 아즉. 경험이없어
서 혼히 군인만되면 그더고 전쟁에만 나
가면 十중八九 죽어읊앟알지만 최근도
一서네서도타운 어편장피의 말저럽갇은
기간내메 종후에서 죽는수가 전선에서
죽는수보다 도딕이 많다는것이 통계상
명백하다는데 머덕말함아여 입엉전에 결
혼됬다가 도타못오면 뒤에 남는 어민저
자들 어쩌느냐고 쓸데없는 격정이없앍
어 있는듯한데 그야말로 쓸데없는 격정
이니, 아지못하는 가운데서 생기는 공연
한 군심이지요.

마누라…그야 뭐, 인명이 재친이라고 죽
고사는거야 하늘께달렸지 쟁예어닸고
죽을게안죽나요. 영감 기앙 주는바세,
구장어른 말슴대로 합시다.

崔선달…마누라생각이 그머면 그렇게타두
합시다.

마누라…아이참 마누라생각과 마누라생각하

고 떠받드니 쩌머지질가 봐 겁이 나는구
며. 뭔 꿈인지 생신지…

崔선달…요시오가 나가건 우덕와도달나 그
집엔 농군하나 일손도
펵 부족할걸.

村長…히- 그렇지요 이거참. 어드다편입니가.

崔선달…히- 이거참〉어떠다간 신랑도없는
미 잔체까지 치르겠오이당 어서서 요시
오베게 이 기쁜소식을 알터고 당사자들
도 떠터와야지요.

村長…(어머서며) 그렇지요 제가 그럼 곧
다녀오겠읍니다.

마누라…이거 이거 어면날 술한되두읂으니…

區長…원 별말슴을임이 쓸거운것보다 마
음이 즐거운게 제일 즐거운게지요우장
三년에 이렇게 유쾌한 자터는 지음이올
시다.

村長…일체의 허데틀 폐지하고 마음으로
경축하는게 시국애 부합하는 의례이오.
촌장을 선두로 그아버지.요시오 드러온
다.

敎員…어서들 을더오시오.

그아버지…(송구해 손울부비며 허터만 굽
실거린다)

崔선달…사메가 무슨사메요? 그렇게 말슴
하시는건 재아픈데들 더욱 못견디게 건
드려놓는게올시다. 멘멘스런 소탁이올
시다만 응당 할바들 했다구만 처주십시
요.

森林主任…장하시오 영감 참창하신 말슴
이고 잔다신 처사올시다.

村長…인젠 영감을 동리좌상으로. 모셔도
두마음없이 모시겠으이다…。하하하…
먼서도 마음속으론…원…하하하…

敎員…올호이자 반호이나(出乎爾者反乎爾
者)라 그복이 반드시 영감게 도타갈것
이올시다.

一同…하하하…

崔선달…칠십로인이라 괄세는안해도 늘바
튼눈으론 안퐈주시는듯하면 여러어문들
이 이렇게 처하해주시는것만으로도 그
복은 벌서 받은셈이지요.

崔선달…그리고 이자러니 말입니다만 난
요시오그해가 양전하니 어쩌니해도고럽
게 흘융한 청년인출모르고 들어애하야
리집탈년과 남탈터 가까웁다기 코에서
단짐은 못내도 얼마나 은근히 속을아렸
는지 모릅니다. 요시오게 대한 남모
르는 파무러가 이번고집에 어지간히 결

村長…었다 할수있지요.

村長…그들이 가까운은 우리도 알고 있
은바이지만 요시오군도 요시오군이려니
와 덕막네인들 읍학교시작해서 처음수
재라고 떠들던. 어북 똑똑한남이. 가
까움데야 서루 보는눈이 발러서 가까웠
먼게고 그리고 이점은 동리일이닥면 집
진력구녕까지세마치는촌장으로제가보
니지요. 난 도로혀 그것을 어떻게 작이
너들처럼 정도들님게 가까웠던것은아
중합너다만 그들이 가까워진것은 아
니지요. 난 도로혀 그것을 귀여히 봐오
먼바이올시다.

主任…아 영감 기왕 영감이 무러지는
마당에 그들이 그렇게 가까웁고 늘이도
알맞고하니 어디 우리 모다 중매하는셈
하고 둘을 성혼시키면 어떻겠습니까.

敎員…아 그재의에 찬성 대찬성이오.

區長…좋은말슴이오 찬성 대찬성이오.

崔선달…천상배필이지요.

崔선달…(안읗향해)여보 마누라ㅡ 니리좀
나오시오.

敎員…오늘 이자려면에서 이 성혼까지되면
진말 금상첨화ㄴ데…

崔선달…금상첨화라니요?

主任…교원말슴은 늘 너무유식해서…

敎員…비단우에 꽃을 더했다너 이자티에
선정하무비란뜻이지요.

村長…또 경하무비라…

敎員…경사스탑기 비길데없다.

主任…참유식해서…

一同…하하하…

마누라…(나와 공손히 인사하고 쭈머터고
앉으며) 왜 부르셨어요.

崔선달…요시오 그애가 잔중함격이 퐤서
당당한 제국군인으로 나가게됐는군.
지품 이어뤄들을 원마올의자랑이오, 나
타풀 위함하여 나가는사람게 되겨경을시
켜서 쓰느냐고 내가 기어 연기에 응처않
으니 군인원호회든으로 그빗을 대신잗
는다구 돈까지 내놓는구며. 나무 목석
이 아닌다음에야 내부끄럽과 내처를 모
르겠우. 요시오에 빛을 그대로 항감했
으니 마누라두 그더아우.

마누라…아이 영감 참잘하섰우. 목애 걸
렀던때가 금시숙 퐈진것 갑구며.
내 그티게 저랍드니까 너무 그러시지말나
너무 그러시지말나해도…

崔선달…긔왕지사돌 말라면 린하우. 그런

후젼여셩들게 대한 모욕이지요. 반부
그런관념에선 버서나지도 오래딘 가열
한이 젼시에 황국을 위하야 총날을 들고
제일션네 못나가는 대신 출졍하신 뒤롤
을지켜 총후의 중산이나 가졍에 졍진하
는것이 우리들의 의무마는것은 이미 우
리 젊은여셩들의 상식입니다.

(음셩을낮회) 우리사나은 아버지께서
수소문으로 아시고 벌서 은근히 졔게여
더번 꾸지람하셨지만 아버님의 완고야
풀리실날 있으리고 요시구 만일 요시오상이
五년이나 十년후에 도라오신대두……

義雄…年이나 十年後에 도라온대두?
하루에…(도타서 버들가지롤 휘어잡스면)
그대까지 지는 ……

義雄…그대까지 지는 ……
하루에…(머리롤 돌며 졍시하면)
그다음은 무엇입니까.

— 第 二 幕 —
★
上流慾家·젼닌방.
그럴듯한 차림. 키—단 쟝궤,
欅션달…(머리롤 잡이 숙이고 있다)
區長·村長·富堂敎員·森林主事 (둘러들
앉어 있다.
방안에 찬 묵어운 분위기

區長…자— 어서 받어넣으시고, 요시오네
차용증서를 돌녀주시오. 그금 壹百五拾
七원야 영감 청구에 一젼도 비닸었소.
우리가 그렇게 잠청해도 더 연기못하
신다니 우리가 대신 그것을 잣는다는데
웨안할까시우.

主事…우리군인원호회돈은 돈이아닌가요.
돈이야누가잗은 영감은 받을것만 할으면
그만일게구 돈을 맏고 차용증서를 내말
나는데 무얼그렇게 생각할겁니 있어서,
시간만 보내는거요 우더는 모다 바편사
람들이오 그때 쪽 요시오네돈을 요시
오네손에서 받어야만 하시겠단말이요?

村長…에이 영감 고집고집해도 그런줄
났더니 으늘이야 보니 지독강에도 상지
독이올시당 그려

敎員…교양의 필요란것이 이런때 절감된
단말이야.

— 삐 —

崔션달…(말없이 이러나 쟝궤앞으로가 장
궤룰열고 그안에서 흰궤뭉슬꺼내 또열고
믿을 뒤저 차용증서를 찾어가지고 와
좌중에 내놓으면)
차용증서 올시다. 잣어다돌녀주시오.
그려구 구쟝어른 니돈두 도로 걸어봉어

區長…(쇠아귀여 치다본다)
일동…(쇠아귀여 치다본다)

주시우.
그의 뒷근심을 더러 그로하여곰 마음을
충성을 다하게 하기위하여 여머분이 대
신 잣어주신다는 이돈은 돈이아니라 이
왕고한 늙은이의 머릭우에 사정없이 때
머지는 아프고도 아픈 채찍이올시당 수
십여묵은꿈이 일시에 깨였으이다.

아— 그렇소이당. 지당하신 말슴들이
올시당. 나따위가잇고야 백성도있고 살
사릭도 있고 돈도있지요 나따위롤 위하여
총검을 들고 나가는 젊은이에게 돈으로
말미암아 뒷걱졍을 식혀서야 쓰겠어요.
제무지로 일시나마 이러굴 져할는 저는
이나타 백성으로 백번죽어 가하지요.

저토젊은때엔 몸쓸데무 동양이나 썼
이당. 만 차차 가만히 들앉어 나허만먹
으니 부지불식간에 용서뭏 해주시우.그숙
격삼어서먹누 누두 요시오가, 나잗뒤앤
힘빛이는데까지 그집일을 돌바드려드리죠
이당.

區長…감사하오 영감. 쩌다고 사례할말이
없오이당.

義雄…(웃음으로)

과물고 어깨를 들먹인다)

義雄…눈길 쇄우렁 하루에답지않게 아니야 아니야 누가 절교를 하자낭아버진 아버지요 하루엔 하루에지 하기야 가똑이나 우티집알을 꿋섭히 여기는 영감깨서 하루에와 나사이가 실재 이상으로 그귀에 전해지면 분빗는진예 무채질적일 염비도 있겠지만 그보다도 맹정히 생각하면 애당초 나갈은건 하루에상과 가까워서 안될류의 사람이고 더욱 이제 나는 쩌잖어 나갈사람 그리구 날이갈수록 날의 입에 오르는건 하루에상게만 불리할것 아니오. 오즉 하루에상게만 불리할것 아니오.

하루에…(머리를들고 도라서 정시하며 날카로운 음성으로)

뭐타고요. 제게 붙더한다고요 오시오상 은 사람의 정을 수판알로 타산하럽니까 해당초 저와 가까워선 안될류의 사람이 란 무슨 의미입니까. 더욱 머잖어 나갈 고 저들을 위하 그건 저들을 위하 그건 전들을 위하 반부의 계급 그런남어따전차별을 지금 새삼스머히 깨시면는 겁니까. 군인이되 여나가려면 언제 도라올지 모르겠으니 잇 었는 모양이지 요. 거련아니라 지금의 여성총

義雄…감사합니다.

루에 아즉 하루 색색 입박에 번적 은 없이도 그러 도 여러 하루에들 나 하기야 친해질 것이 아니지만. 려고 해 친해전 려고 해 친해전 머해 난들 쉬히 잇을수 있겠오 하루 루에들 애기하 충심에서지요. 하루에…아니지요 그건 전들 위하 고 저들을 위하 는 말슴이인지 모르 나 제진 이상머 었는 모양이지 요. 거런아니라 지금의 여성총

(왼쪽 바깥 세로단)
아신정도가 겨우. 그정도라면 저는 전정 어야 한단 말슴입니까. 이때까지 지들 여나가면 언제 도라올지 모르겠으니 잇

저느니 한다드니 어찌찟는가요.

그아버지…(머리를 글그머)네 미안하니다
그만 빚을 못갚어서요.

그어머니…아이 참 답답해서. 웬 영감을
게 속알이 났으니 말입니다만 우리갑은것에게
돈을 물려주신것단도 고마운일이고, 쓴
돈을 못갚으니 지금도 우리끼리 걱정하고 있
었습니다다만 지금전 중산은 아무리 해도
되겠지만 책임전 덤방 이발가리 무럽
해야할금년에 더욱 담방 이발가리 무럽
새 아무리 그돈으로산 소타도 소를갖어
가면 어떻게합니까, 금년은 중산만하면
우리수입도 늘때니 급년한해만 머 참어
까지타도 참어다드면 발가리 끝날때
으면 소채무따루 잦어다드런다구 간청
해오구, 오늘두 집에서 다녀왔는데 어늬

村長…그영감 고집불통이야말로 이동리 두
등거리야.

主事…다른고집이라면 몰타도 그건 너무
심한걸.

敎員…문과 그대로 얻어도 단이료군.

區長…(의히생각하다가 아더나 좀마로 나
서며)주사·촌장·교원 여러분 잠시 좀
빔시다.

주사…촌장·교원(그덤루가 귀들 좋은다)

區長…(뭐타고 소군소군한다)

주사…촌장·교원(고개를 끄덕인다)

區長…(도라서며)아었슴니다.그문제는 겨
정마시고 우리에게 맡기십시요. 그덤고
오늘두터 요시오군은 당신들의 아들이
기보다도 나타의 아들이니 나갑대까지
무의 몸말이라도 낫지않게 해주십시요.

敎員…고시오군 건강에 각별 유의해주게.

義雄…하이.

區長…그럼 우린 드라가겠습니다.

그어머니…아무대접도못하구…, 안녕히들
도라가십시요.

義雄…우믈가까지 따더나와 인사하고, 멀
리 사러지는 뮤스그림자까지 바러보구)

하두세…(가까이오면) 오메데또ー 요시오
상.

義雄…아 하루세……。

하루세…(버드나무에 와기대서며) 감종합
격 데네, 혼또니 お오메데또ー。

義雄…고마웁소 하루세。 남처럼 공무도못
한연서니 갑종합격도 못하다면, 남부끄더워

어떻게하오. 술작히말하면 갑종합격
표를 흔돈순간 오랫동안 가슴에 없췄던
것이 쑥내머가고 무엇인가 후루건히 머
리를 내리누르던것이 후루어젓것
만갑었다오.

잔혹 남의얼력 착하니어 청찬도 해주
고 머웁 하루에 당신이 늘 내의기름 복
돋워겠지만 어느모로보니 남만못한자신
이 남의 앞에 설때마다 저절로 마음속에
서숙으더지는 머더둘 어디할집 없었다
오. 그더고 산다는것의 의의라가 인생
으로 태어났단 보람이탕가 버게도 이제
야 겨우 찾어진것만 갑다는것이 거줏없
는 지금내마음의 고백이오.

하루세……

義雄…그건그떨고 하루에. 섭섭한 말이오
만 전정.섭섭한말이 오만 우리 이제 서루
이만만, 친합시다.우리들의 친근함을 이
루서 맞읍합시다. 오다가나ー 뭇나두서
무이렇게 다정히 애기무말두?……

하루세…(돌내며)별안간 그건 뮤슨말슴이
서요.

——間——

義雄…우리아버지가 빗대문에 그
머시너 성이나서서 저와도 절모화잔말
슴이시지요.(도라서 버드나무에 이마를
알겠습니다. 우리아버지 빗대문에 그
서요.

감종이고 울종이고 병종이고 등굴의 여
하늘 불문하고 축하할일이지만, 감종합
격은, 전우리구에 불과 두섯밖에 안됩니
다. 요시오군은, 이때까지도 우리구의
모범청년이 였지만 이제야말로 요시오군
은 우리구의 자랑이 올시다。

그아버지…(연송 허더들 굽실거린다)

그어머니…(송구해 말없이 머더를 숙이고
있다)

義雄…(과문한치하에 무고러운듯 양복단
추들 주무락거린다)

그아버지…어머니 (생각난듯 자리에 넌
것을 황급히 치우며)

그아버지…누무슨데…ㅇ

그어머니…우루한니다만 어서 올려들오십
시요.

區長…그럼 잠시 올려들갑시다.

촌장·주사·교원 뒤따라 울라와았는다

그아버지·어머니 요시오도 앉는다

區長:그런데 오늘 우리가 이렇게 온것은
주사도그렇고 교원도 촌장도 전도 모다
평상때의 그런자격으로 온것이아니라
군인원호회분회원의 자격으로 명에스런
군인의집안 이맥내 요시오군과 아울러
요시오군을 길러내신 두분게 충심의 경

으시면 조끔도
서슴없이 어려
워마시고 의론
해주시기 바라
는바이을시다.

사거나, 교원이거나, 촌장이거나, 생각
마시고 무룬모사라고 곤난한 일이나 겨
정되는일이 있

시다. 오늘부면 우리를 구찮이거나, 주

있는힘을 다태서 너집을 도웁고 무문을
보호하겠다는 말씀도 드렸을겸 온것이올

하게 하기 위태선, 군인원호회 우리들이

없이 마음놓고 힘끝 나타에 충성을 다

서오군의 군영(軍營)에 드뎌가나 전선
내라도 낙가서 집에대한 아무 근심걱정

의를 표하려 온것이 올시다ㅇ그리고 다만
도, 어찌 마음뻘를 갚겠습니까ㅇ

主雄…은혜가 구석, 온림낙가영에로윤 군
인의, 집에 대한 우러들의 떳떳한 의무
지요.

義雄…감사합니다ㅇ저로선 입영하여
일사순국함으로써 여터분, 은혜의 만분
의 일이라도 보답하겠습니다ㅇ

教氏…궁량징 집일은 우리게 때기고
혁한 무훈을 세워주게.

村長…그런데 둗자하니 최선달비가 력
서 빗을안낸다고 소들고있어가느니, 어

3) '요시오'는 한자 '義雄'를 일본식으로 읽은 것이다.
4) '오메데도(おめでとう)는 축하한다라는 뜻.

그어머니…(우슴지어 치다보며)네 언제올 섰다고 그러느냐.

義雄 : 금방우시고서…어머니.

—間—

어머니. 어머니께서는 아들을 낳아 길러 나라에 바치는것이 국민으로써 멋멋한 일이고 더욱 어머니와 아버지께서는 가난하고 고생스러우신 가운데서도 남못 지않게 군국의 무궁이 되는 자랑스럽고 명예스러운 일이라고? 말슴은 한시면서 도 막상 제를 보내실것이 서러우시어 우 시는게지요?

그 어머니…(다시 치마꼬리로 눈시울을 훔 으며 아니다. 요시오야 난 그래 우는게 아니당. 울자해서 우는것도 아니당. 저 철노 이렇게 눈물이 나오는것구나. 먼우 뒤조상에서시엔 양반의 아들더라야 병 정이 될수 있었다지 않느냐. 먼우 그래도 나라의 기둥이구 주추돌인데 무 엇이 슮으고 서럽겠느냐. 백번 뒤의와도 우리자랑이고 명예임에는 틀림없다. 다만 가난과 고생사리로 남처럼 우리 겠습니가. 그동안만 몸편히 모든고생 참구견뎌주세요. 그동안 제가 드라오면 정말아 손으로 너를 이렇게 훌륭히 길러내지못 하구 너혼저 너대루 자라다가 이처럼

훌륭하던 너를보니 처럼로 눈물이 나는 구냐. 남처럼 입히지도못하구 백이지도 못하구 남처럼 어엿이 학교공부도 식혀 지못하구 소만백이구 땅만 부지우다가 밤잠 안자구 네힘으로 자습하구 비짜람 헤아터지않우 열심히 훈련소에 다녀서 오늘 이렇게 훌륭하던 너들보는 이어미 눈에 어찌 눈물이 없겠느냐. (다시 치 마꼬리로 눈물을 씻는다.

義雄…아너울시다. 어머니.도모러 어머니 나 아버지께서 밤늦도록 일에 쫓기우실 때에도 저는 늘 쩍만더먹다보고 그바람 에 이재 이만큼커 저송하기 풀없습니다. 더욱 이재 이만큼커 이제 막 효도라고도 해분수 있는 무렵에 두분 을 떠나게되는것이 진정 가슴에 언침니 다. 그러나 생각하면 한병사로 은갖정 성과 가진용기를 모다 나라에 마치고, 기우터는것이 나라에 충성하는 길인동시 에 어머니와 아버지께로 가장 효도하는 결이 아니 겠습니가. 물론 제가 도타오 면 그때야 어머님 아버님께 고생을 식히 겠습니까. 그동안

義雄…그런데 어머니 최선달 영감네 살은 어찌 됐어요?

그어머니…(다시 치마꼬리로 눈을 까려고 우들어본 목 소림모)응 그래 안울구 우들구 남의 뒤에 떠러지지않게 빛나는 공윤 세워다우.

區長…게십니까—

그 어머니…어찌되게 뮤냥 담방 소물도으 며 한은다고 야단이란다. 지금도 막아 벼지가 나가오섰는데요…

區長…게십니까—

그 어버지…(황겁히 이려나 황송하면서) 이거 웬실물이신가요.

區長…요시오 오메데도—오

촌장·교원·주사(이구동성으로)요시오쿵 오메데도—오.

그 어머니·요시오(어려서 맞으며) 오셨습 니다.

區長…(그아버지와 어머니를 향하여)명세 스러운일이 울시다. 축하할일이 울시다

1) 오무수비(お結、おむすび)는 부인들이 주먹밥(握り飯、にぎりめし)을 말할 때 쓰는 표현이다.
2) 궷이밥은 고기밥을 말한다. 함경도에서는 고기를 '궤기'라고 한다.

물 그내 담배를 무처 기ㅡㄴ 년거줄 갑
개 궤럽니 내뿔는단다)

그 어머니…그래 갓더일일 어찌됬어요.

그 어머니…(물동)어찌되긴, (언겊어 담배
단 던다)

그 어머니…그래 이발가게칠만이라무 못참
어우시겠답니다가. 먹든 굶든 남의돈 쓴게
지에 연의때갑으면야 소물 끄으려가든
뭐물 끄으려가든 유구무인이겠지만 어
떻게하든 책임전금산으. 해내야되겠는데
소문갓어가면 어찌는야고 꿰 속시원하
게 말씀갓곳해요. 혼자만 속으로 콩앓을
까니 누가 아ㅁ군답디까. 당신성미 참
답답무허우.

―――問―――

義雄…(뛰여드러오며)
아버지 어머니 기배해주십시요. 진 잡
송합격이 됐답니다.

그 아버지…갑순합격?

그 어머니…1號으로 꽁쳤답니다냐.

義雄…(각반을 굴으며)그럽니다. 어머니
키무 앞딱구 몸무 론론허구 체격무 쯔구
한사닥이 갑송허구 그렇지못한 사닥이
앉습니다. 윤예서 머날떼 대일본부인회
에서 「오무스비라고 키ㄴ 햅이밥을 셋

차차 내여 가면서 용종 병종 정종 그별
이 된답니다. 군인의 아버지로서 재인사를
받으십시오. (거수경례를한다)

그 아버지…(빙그레 옷이 아버지앉에가
기착하면)

아버지 저는 오늘부터 당당한 제국군인
이올시다. 군인의 아버지로서 재인사를
받으십시오. (거수경례를한다)

그 어머니…(각반을 마려놓고 울라서 아버지앉에가
기착하면)

義雄…그래 그럼무 머먹지.

그 어머니…머못먹겠습니다. 배부른건유.

義雄…(앉는 어머니앞에 꿀앉으며)그럼대 어
머니 왜 우세요.

그 아버지…(덴수시면 손을 넘추고 훑읏 그
어머니를 처다보근 다시 이아수신다)

어머니도 군국의
어머니로서 제인
사둘 받으십시요.
(어머니, 앞에
꼬와 다시 기착하
며)

그 어머니…(허리을
굶여 인사를 받고

13. 「보내는사람들」(희곡, 『신세대』, 1943.8)

戲曲徵兵適齡者憲気昂揚
H移動演藝挺身隊巡演用

戲曲

보내는사람들 (全二幕)

青葉 薰 作

사람

適齡者・義雄
그의아버지・늙은農夫
그의어머니
최선달
그의딸「한무네」
그마을區長・軍人後援員分會員
村長
〃 靑堂敎員
〃 森林主事
〃

때 이른봄
곳 北鮮어느農村

—— 第 一 幕 ——

한그루 느러진 수양버들 가지가지에

오이안 버들강아지가 피여있다
버들기台에 귀를우물
우룬가에 외따른 초가한채.

★

—— 보잘것없는 家具.

가마목에서 그이머니 감자 눈웅디고 있다
(감자마대와 감자눈깔 눈뎌어낸 감자 물
난워담는 광주리 무게)
수심겨운 얼굴이마금 손을넘추고 누굴
기다리듯 밝은내다보군한다

★

물없이 모타오는 그아버지
그어머니…어찌됐어요.
그아버지…(매우힘이 풀어와앉어 봄발삼

부苗 (참지못해 머리를 돌린다)

朱軍屬 지금 谷川君도 왔다갔네.

陳中尉 谷川?

부苗 (陳을돕어보며) 倒倒해있는 당신을 엎어온이가 바로 谷川小尉었어요.

사이─

陳中尉 (감격에 넘치는 목소리로) 谷川 참으 倒倒해있는 나를 엎어왔는가 죽어가는 나를죽여갈 나를 엎어왔든가. 부苗 나는 당신의 수많은 오빠께 銃을겨 누고 칼을휘두른 敵兵이아니요 그대들 이 나를救하고 나를 엎어주었다 있 다는것은…… 아 나를 죽게해주오 어서 죽게해주오 나를 그대들 손으로 살리 려하는것은 나를 죽이는것보다 진정더 피로운것이오.

朱君 面目이없네 二때 軍이 그처럼 忠告하든걸. 米英놈들은 언제나 입뿐이였 네. 더욱 비루마는 그놈들의 擔當地區였 네. 그러나 그놈들은「万수 搜軍來援述 이느냐으로 끝내 救仇의 우리兄弟만 소 滅시켰네.

朱君屬 너무 흥분하지말게 君은 亦是 니 까 如何間 이로서 君들의 英米依存의音 이 깨였다면 慶賀할일이며, 또한 그리

서 足하다고 생각하네 모든問題의 解釋 은 거기서부터 새로운 飛躍과出發을 가 질것이네.

陳中尉 응 모든것을 깨닫고있있네, 그려 나때는 이미 늦은것이네 나를 죽게해 주게.

朱軍屬 아니네 살어야하네, 살어서 協力 하세, 君이살어나 君의 그敎奬과 君이 한갓 머리로서가아니라 文字그대로 生 死를通하여 體得한 自覺과 군우信念으 로 皇軍의 正義에 協力한다면 그效果는 클것이네.

陳中尉 나같은것도 나같은것도 살어서음 을가 더욱 君들속에 살어서올가.

朱軍屬 살어서 皇軍에 協力해야 한개살아 네, 살어서 皇軍을가가우언가 君이 過 去의過誤를 君自身에 報償하고 나아가 한번 銃을들어 겨우었든 皇軍아니 皇國 에 衷心으로 謝罪하는길이며 東都의學 窓以來 이자리에 이믁기까지의 崇高한 皇國의 가지가지 聖恩에 萬分一이라도 報答하는 唯一의 길인줄이비 君일지라도 亞建設의 礎石이되는것이 君이 過東大

터는 길이며 부苗氏의 時代를先行한 아 름다웁고도 거룩한愛情에對한 사나이로 서 뻣뻣한 값몸의길도 될것임을 나는믿 어 疑心치 않는것이네.

陳中尉 (한손을 겨우 끄니 눈을닦으며) 알었네 朱!

朱軍屬 (일어나 머리를 처들고 머ㅡㄴ앞 은바라다보며) 歲月! 그렇네 歲月은언 제나 모든問題의 正當한 解決者였네, 歲月은 언제나 모든 正當한것의 同伴者 엿네. 歲月은 반드시 이地上에서 이人 類의 權利를 逐하야 바른者에게는 勝利 와 바른者에게 바른世界를 가저오고 야 말것이네.

陳中尉 歲月! 그렇네 歲月은 은 반드시 正當한 解決을 歲月은 흐르는 歲月의 大河우의 過去는 머물러 있지않네. 다못 눈앞을 흐르는 現在와 리간 過去속에서 自己를찾는 어리석음 에서 버리고 다못 現在와未來의 飛躍속 에서 새로운 生의意義를 戰取하게 이것 이 일즉 人類經驗한적없는 이苦難한 世紀에臨하는 生의哲理가 아니면 안된다고 우리들의 生의哲理가 아니면 안된다고 나는 確信하는 것이네.

陳中尉 (감격하야 上半身을 이르키며) 꼬마우이 朱! 잘알었네.

부苗 (머리를 들어 陳中尉에게 비로소 미소를 보낸다)

　　　　　　─荻─

게,

이번 激戰에서 相當한 數爻의 敵傷兵이들
어왔기에 言語不通일 그들의 便宜를 또
읍고저 通譯軍屬이라니 令派토록 司令部
에 要請까지지했네。

자 그럼、난 바빼서(나가려한다。

看護婦1 (나간다)

軍醫 음 벌서왔나。

朱軍屬 (軍裝・帶紳) 들어와 軍屬에게 敬
禮하고

谷川小尉 司令部의 命令으로은 軍屬朱을
시다。

谷川小尉 (들어오는 朱를 보고 놀랜다。)

朱軍屬 (谷川小尉를 보며) 陳君이라네 그陳君말이야
어 약을멕이고 다시 벼개를 도두어 누
이고 正應ㄴ가요 傷處는 어떤데。

朱軍屬 ㅇ—ㅇ 陳君! (그리로 껴어가려
는때)

旱苗 (藥병과 컵을들고 들어온다)

谷川小尉 (旱苗를보며) 旱苗상 여기
朱이 또 나타났습니다。

旱苗 (藥병을 떨어드릴듯이 놀라누)아
朱先生!

谷川小尉 아 旱苗상!
자그럼。난바빼서 두리서 위선
반가운 이야기나라하게。이따 틈을타 다
시 만나기로하고(旱苗와朱에 가벼히 敬
禮하고 나간다)

朱軍屬 (返禮하며) 그래 있다만나 (旱苗
께로向해) 그런데 이거참 奇蹟中奇蹟이
로군。

谷川小尉에게 인사하려다가 몸
시 놀래며 아ㅅ 谷川君아닌가。

朱軍屬 (微笑 얼굴로 앞으로 가까히
오며) 朱生!

朱軍屬 (谷川小尉의 손을잡으며) 꿈이아
닌가하네、여기서 이렇게 만날줄이야…
疑惑에서、陳君이라면 저기 누운것누
군지 아는가。

朱軍屬 (따라 둘안다보며) 누군데。

朱軍屬 陳君 陳君이라네 그陳君말이야
아롯君!

旱苗 陳? 아朵君! 아롯君。

旱苗 胸部애요 希望은 있답니다。

陳中尉 (그말소리에 눈을뜬다)
陳中尉 (陳君 얼굴가히) 陳君 나롤
알겠는가 나네 朱네。

陳 朱?

旱苗 여기는、野戰病院이네。
陳中尉 野戰病院?

朱軍屬 이게 누군지아는가 이 看護婦가
누군지。

陳中尉 (약병을든채 고개를 떨어트리고있
다)

旱苗 (약병을든 겨우 고개를 돌려보다 깜작 놀

銃소리.

兵3　(萬歲가 끝나자 旗를 꽂는다)

谷川小尉　(愧壞를 내려 오며)

모다 中軍뿐이아니라 米英軍은 또 演出
만했나.

兵1·2·3　(따러내려온다)

谷川小尉　저敵屍들을 檢屍해봐. 숨이있
거든 곧 野戰病院으로 메여가 抗戰못하
는 敵은 이미 敵이아니다.

兵1　(中兵1의 屍體앞으로가 가슴을 헤
치고 손을 대본다. 귀를대본다. 손목을
잡어 맥을줴본다. 그리고 다시 가슴을
엎여놓고 끔을흔든다)

兵2　(中兵2의 屍體앞에와 上同)

谷川小尉 :　(陳中尉앞으로 가까히 와 上同
다)

兵3　(小尉를 도읍듯 가까히 붙어있다)

谷川小尉　(小尉곁에와 기척하고 가슴을)모다 絶命이
멀어져있다)

兵2　(　〃　)

兵1·2·3　(그것을 굽어본다)

응 아즉 숨이있어.

谷川小尉　(거진應對없이 손을 대본다)
올시다.

谷川小尉　(마호병마개를 열어들고 한손
으로 陳中尉의 머리를 추켜들다가 놀난

듯 마호병쥐었든 손으로 陳中尉의 軍帽
를 휘 기배끼며)

아스陳 陳君아닌가.
아닌가.

兵1·2·3　(영문모르고 합께 놀낸다)

(暗　轉)

第 2 場

舞臺

野戰病院一室

寢臺 하나, 椅子 몇개, 南方要圖한장

陳中尉　(寢臺에) 毛布가 얼굴만 내놓고

軍醫　(막手術을 끝내고 돌아서양 看護婦
1의든 대야에서 손을씻고있다)

看護婦1　(대야와 다오루를 들고있다)

看護婦2　(手術道具를 들고 그곁에 서있
다)

早苗　(하이한 최장반에 새빨가니 괴물은
까-제를 담어들고 고개를 떠러트리고
서있다)

谷川小尉　(들어오며 軍醫에게 敬禮하고
希望이 있습니까.

軍醫　(손을 다오루에 씻으며)

것갈애.

谷川小尉　수고하셨습니다. 아즉 昏睡狀
態지요.

軍醫　좀있으면 意識이 回復되겠지. 아즉

看護婦1　(軍醫가 손씻기 끝나서 허리굽
히고 나간다)

看護婦2　(그뒤를 따러 나간다)

早苗　(은근히 寢臺를 凝視하다

谷川小尉　아모조록 잘付託합니다. 質은
저敵兵은 陳英이라는 사람으로 W大學出
身이며 저와 二年間이나 下宿까
지 한下宿이었든 古友을시다. 저는
매우 有用한 人物이 되리라고 생각합니
다.

軍醫　(手術衣모케에서 담배틀끄내 불이
며) 움 거邂近구만.

谷川小尉　게다가 그 下宿이라는것이 또

看護婦早苗孃의 덕이였습니다.

軍醫　허허 마루때 小說가리다이じゃないか,
뭐 君이付託이 있드라도 戰鬪能力을일
은 敵兵은 이미 敵도 아니려니와 비록
敵兵이라도 人類의 道德的 見地로도 그
렁지만 더욱 우리帝國의 軍規上으로 治
療엔 最善을 다하게 돼있으니까 安心하

에 입으로만 싸호고 오로지 우리들의 피
만으로 日本의 戰力을 消耗시키고 武器
貸與랄낙시로 武器장사로서의 저이들의
厖大한 戰時支出을 補充해가려는것이
거즛말갈은 너이들의 本心이엇구나。
아 春風秋雨 四個星霜 北支曠野를 셋빨
갛게 물드린 兄弟의외아 애당초 勝算없
는 싸흠에 우리를 휘모라넣은 그놈들의
갓은 狡猾로 抗戰으로 그을 어온 그놈들
의 이름을 銘記하여라, 입끝에 協力으로
들 낮추며) 그러나 보다 어리석은것은
우리自身이엿다。開戰以來 連戰連敗 하
고 南方一帶 陸海空의 殆半을 制歷當하
고 제발등의 불도못끄 허덕이는 그놈들
의 힘을 過大評價하고, 보다도 歷
史的인 그놈들의 奸計를 否破할줄모르
고 日米英만 開戰하면 米英의 協力만일
으면 勝利는 반드시 우리것이리라 盲信
하엿던 그 어리석음을 뉘에게 後悔하야
되는야 (점점 苦憫하다 칼을던지고 자
기를 부뜰고있는 兵丁의 어깨에 손을
엇으면)

陳中尉 가거라 兄弟 어서 가거라 通信兵
그대로, 어서 가거라。友軍의 陣營을 찾

어가거라。거기는 아측도 數萬數十萬의
가여운 兄弟가 깨지못한 어리석은꿈을
헛된 鮮血로 물드리고 있을것이다。
어서 가거라 가서 깨우처다우 그들의꿈
이 정말 虛妄한 꿈이라는것을 깨우처다
우。

아 갈은 다만깐걸 和平의길이 있을것뿐
이다。和平으로 通하는 正의 길 그것은
옳은길이엿다。正常한 길이엿다。抗戰
二年 오늘에가서 占領은 苦憫에찬 解
答을 信賴하다우。
가거라 어서、여기는곧 占領될것이다。
(말을 마치고 더욱 苦憫하다가 그만 쓸
어진다)

中兵3 (쓸어진다 中尉를 이르키며)
中通信兵 中尉 정신차리십시오。정신차리십
시오。아아 中尉……。

中通信兵 (놀라 中尉便으로 오다가 돌아
서서 受話機를 주어들고 깨여드라 듣다
내던지러) 從線도 遮斷되엿다。아唯一
의 輪送路라든 비루마도 隘路이루구나。

中尉3 (陳中尉를 높이고 最後의 敬禮를
하고 돌아서서 通信兵게로 가까히 오며) 우
리部隊에서 남은것은 단 우리 두울뿐이
오。

中通信兵 남지않고싶은 목숨이오。
中兵3 그렇소 그러나 陳中尉의말은 옳
엇소 갑시다。

中通信兵 (힘있게) 그렇소 갑시다。
다시 울려오는 迫擊砲소리 機關銃·小銃
소리 낮게들려오는 푸로페라스소리……

中兵3 (허리굿이고 달려 그뒤를 따
러나간다) 뒤ㅅ니어 와ㅣㄱ 喊聲과함께
달려들어오는 突擊隊——

谷川小尉 (칼을빼들고 先頭에섯다)
兵1·2 (銃劒을 겨눠들고 뒤따러 들어
온다)

兵3 (日章旗가 들려있다)
谷川小尉 (몬저 끝까지 달려갓다 돌아서
며)
·占領이다。完全占領이다。어서友軍에 알
려라。
兵3 (頹壞우에 뛰여올러가 旗ㅅ발 흔든
다)

兵2·3 谷川小尉 (두팔을 하늘높이 처울리며)
萬歲 大日本帝國萬歲!
(一同 따라 하늘이 찢어저라 부르는 萬

면 그의 그後는 不問而可知아니겠는가.

李　마는 그래. 내가 鈍感이었어, 祖國을 위하야 사랑을버리고 사랑하는이의 가슴에 銃을겨눈다, 그悲壯도하려니와 자못 로ー맨틱한 小說데ー마ㄴ데.

그러나 아즉 그親舊가 살어있었다면 어느 壞滅된 山河에서 그時節의 自己를 感慨깊이 回想하며, 自己의 認識錯誤를 깊이 懺悔로 있을지도모르지.

朱　그렇지 歲月이란 언제나 生의 모든問題의 正當한 解決者니까.

밖을 멀리서 들려오는 行列의 자욱소리와「勝ってくるぞ」의 노래ㅅ소리……

朱　(窓밖을내다보면) 아, 벌서 나들가는 구만 志願兵諸君의 行列이네, 見送리안 나가겠나.

李　(팔둑時計를보며) 웨 안가 벌서 時間이 되었는가.

朱　(모자를 벗겨들면서) 자 그럼 가세나.

점점 가까히 높어지는 자욱소리와 노래ㅅ속에…… 幕

第 三 幕

비루마山峽

그해 한낮

陳中尉, 中兵1, 2, 3, 中通信兵
谷川小尉, 兵1, 2, 3, 軍醫, 赤十
宇野戰病院看護婦 早苗, 看護婦2,
3 宋軍屬

第 1 場

舞臺
塹壕,
輕機우에 안쪽으로向한 機關銃·小銃
……쓸어진 中國旗하나, 電話機한개

幕이오르기전ー
(성가문幕안에서)
閃閃하는 火光·火光, 콩볶듯하는 機關銃소리 小銃소리 間歇的인 迫擊砲소리.
멀었다, 가까웠다 또 밀어가는 푸로페라의 爆音?
炸裂하는 場內의 彈丸·彈丸……
衝天하는 火焰·火焰.
바삐돌리는 電話機의 령소리……
幕이오르면ー
銃座앞에 쓰러진 中兵1·2
한손에 칼을집고 한손으로 가슴을 뷔여쥐고 苦悶하는 陳中尉.

그들 맛붙들고 어쩔줄모르는 中兵3
電話機를 바서쳐라들고 귀에대었다 뗏다하는 中通信兵.

陳中尉　(가쁜숨소리로), 뭐라는야 뭐라고해 여태 電話가 안나왔느냐.

中通信兵　(陳中尉의 音聲을 손으로 막으며)예ㅅ예ㅅ 目下援途中?

(電話機를 집어던지며) 또 目下 援途中이랍니다.

中通信兵　(두손에 머리를 파묻으며) 英陸軍이 대체 어듸있었단말슴입니까 米軍飛行機는 대체 어듸있었단말슴입니까. 이처럼 우리는 순減하는데 사흘을두고 오는 그들의 回答이란 目下 援途中뿐이나……

陳中尉　(激高한口調로 머리를 처들고)英

中通信兵

陳中尉　(몹시 苦悶하며) 野뿍한놈들이다
接 米將軍스틸웰을 불러내다 英司令官
알렉산더를 불러내다 비루마
는 너이들의 擔當地區가 아니었으야
詰問해다우.

陳中尉　(몹시 苦悶하면) 野뿍한놈들이다
비눅들의 魂膽을 이제야 깨달은 우리가
얼마나 어리석었드냐. 數千 數萬 우리
兄弟의 凄絶한 屍山血海가 最初부터, 너
에겐 問題가아니었다. 協力이란 美名밑

一同 번갈어 인사와 면을 따라 나간다)

朱 (李결에 椅子를 끄당겨다놓고 앉어 담
배를 끄넌다)

李 (담배를 끌며 몇모금빨고 턱을 추켜
들며

미끄러지는 스타이키-타의 多恨한 음

南方 南方
불타는 赤道直下
거기 南十字星 빛나고
椰子樹 그림자 두뿌녹드곳
올리브 코코아 파인 파인애플의 蒸
藥한香氣

율며……

朱 (허허 웃으며) 問題도 꽤然히 아니라
決行에있지.

朱 아니 南方의 가고싶으이

李 이사람 자네 그「리구쯔무세」가 여태
남어있네그려.

朱 자네의 그 華麗한 修辭學的 表現은 어
띻고

李 허허 그게 벌서 二年前 옛일인가 말
이났으니 말이지 陳覺은 어쩌겠는지.

朱 十八九 銃을 들었을걸.

李 銃? 銃이라니.

朱 蔣介石의 銃말이지.

李 蔣介石의 銃? 그 무슨소린가 故鄕가

朱 悠然自適한다곤란냐.

朱 (일어나 왔다갔다하며)

李 이야기하면 一種의 口實이되였겠지 學級에
있었다는것, 그리고 그때까지 惡變에對
한 勝算이 헌틀여니는것, 그러면서도 汪
의 和平路線에 同意를 表明한격었든 그
의 祖國觀이 그때 卒業이라는 主體的 契
機와 日米의 緊迫이라는 當時의 客觀的
情勢가 짓드린 勝利에의 虛妄한 信念等
으로 그 치럼 歸國의 形態로 發露되었다

해오신분인데 이제 여기 인사오가로 됐
습니다。저도 좋을 親할께 때리고 미나
게되니 安心되는 바을시다。

李 (國民服을입었다。戰鬪帽를 벗어들고
들어오면)
여어 朱君 늦었네、 공포로히 손이있어
오게。

朱 (나와 握手하며) ヨウコソ 이리 들어
야지)

李 (선대로 그럼 나 한마디 인사부터 해
(校卓앞에와 결상을당겨다 朱게긴하며
앉겠네나, 인제 막 君을 紹介한만이네。

朱 그래、

李 그린지 그럼 校卓을너가 경례한번하고

一同 (李를 凝視한다)

朱 그럼 제가 朱君이 소개해주셨단 李을시
다。朱君과 다름없이 가까히 해주시기
바랍니다。

에ㅣ 저도 朱君처럼 가까히 해주시기
지는 여러분의 工夫를 드와드리겠습니
다。
그리고 새삼스리 말슴드릴 必要도없지
만 우리半島에는 昭和十九年度부터 徵
兵制가 實施되어 內鮮一體가 名實相符
其現되고 있는것은 大端이 기쁜일이올

시다。
그러나 삣삣한 皇國臣民된 우리들이 國
語를 모른대서야 어의 말이 되겠습니까
쌀갑으만 말읏못되고 아꿈되 아꿈름이
된대도 그럭저럭 쌀모돼 과히 부족지는
않겠지만、──(우슴소리)──
말은 모르면 영녕어러니 臣民으로서의
國家的 羞恥도 淮恥머러와 非常生活에
不便해서 견딜수 있겠습니까。이런意味
에서 우리는 하로바삐 國語를 解得해야
되겠습니다。
그리고 將來 國語는 다만 우리들뿐아니
라 全世界사람들이 모다 使用하게 될것
이고 따라 國語는 마츰내 이때까지의 英
語와 자리를바꿔서 世界語가 될 趨勢에
있는것이올시다。
勿論 여러분께서는 自覺하시고 오신분
들이시니까 더말슴안드려도 그리시겠지
만「좀더 誠과熱을 기우려서 하로바삐
國語의 完全한 解得을 成就해주시기 바
라며 아즉 오시지않는 여러분게도 권하
고 깨우쳐서 하로바삐 이읍엔 國語모르
는사람은 한분도없게 애써주시기 아울
러빌고 바라마지않는바이올시다。
(굽실 敬禮하고 下境、椅子에와앉어 수

건으로 입을 닦는다

朱 수고했네、 (校卓에 올너서 一同을向
해)
그럼 오늘밤은 이만 돌아가섰다가 별밤
부터 이先生과같이 좀더 열심히 工夫해
주시기 바랍니다。
김첨지 거참 섭섭허우 그래 故鄕가섰다
여기 다시 들려가신다지요。

朱 그렇습니다, 잠시 들러 가겠습니다。

보든일 뒤스처리가 남어서요。그때
다시 여러분과 뵈게될줄 믿숩니다。

큰집할머니 그럼 잘다녀오시우 그때 다
시 뵙시다그려。

朱 (일어나 가벼히 굽히며) 감사합니다。
보배어미 다녀오시면 未安합니다만 곧
알녀주세요 한끼진지라도 꼭 잡수시고
가주세요。

一同 (일어 나가려한다)

錦順・玉姫 (朱앞에와 인사하며)
그럼 先生님 安寧히 다녀오세요。

朱 (인사받으며) 錦順氏느 뭐잖어 시집
가신다지요 몸건강하시고 多子多女로
職域奉公하시오。玉姫氏도、허허히。

錦順・玉姫 아이구 先生님두 (두손으로
얼굴을 가리며 달려나간다)

따려가 도와주는거야 동역두하구 또 찟
무허구 돛을었수 저先生은 大學校나와
英語잘해 ⽇⾇말도잘해。

보배어미 으ㅇ 그래、그래선생님 언제
머나시우。

朱 별아침 위선 故鄕으로 가겠습니다。

보배어미 그럼 별아침 우리집서 아침진
지나 잡수시구 떠나주세요。

김첨지 진지는 우리집서 하기루 작정했
다우。

보배어미 원영감님두、작정했냐니 지금
막 둘으시구 언제 벌서 작정했단말슈。

우。

김첨지 들으면서 작정했단뜨디지。

一同 (大笑)

보배어미 (어이없이 영감님만 치다본다)

큰집할머니 영감두 망영이야 겸은사람하
구 그무슨 룡어담。한대 진지타도 너니
었이 대접하고싶지만 먼저 입박에 냈으
니 보배어미게 민사당。

김첨지 허허 참 내동이 지나첬나、원 육
순이이과로되 글압닙니 되여 젊어지나바
점은 사람들보고 몽단하품으단 말이야、
그림 줌두룩하시구며、지금은 上下相通

降親相臨之刑라。

보배어미 미안습니다。

김첨지 원 미안은 무슨미안、늙은이 망
엉어타 과히 뒷하지마수 一同 (웃는다)

朱 (終은을 내려 오며) 감사합니다。 그러
니 그말슴은 그말슴만으로 감사합니다。
언제 룸이 있어야지요。 별아츰 첫부로
떠나야 하닛가요。

그러고 별안부티 제대신 오실분은 저와
東京서 같은學校엣、 다니고 二年以上이
나 한下宿에있던 切親한 親舊니디 嶺南
那顯에 있다가 얼마전 여기郡으로 轉勤

구로바-

이겁니다!
안진스러운빛갈과、맵시좋은
健康色오도이룸홋은메니……

校⾨

三藝商⽯・⼤阪・東京

이렇게 끄으러가는거라 아니 인도하는
거라 「다이도ー아 파ー내이겐」을 들
어야는 소리 「요아께는ー 밥이밖눈난 말
아니유.

一同 （할머니 임인처다보며 우슴석진 얼
굴로 자못감란하는 표정）

김첨지 허ー그장한걸, 그래 그게 통터러
어떻단 소리유. 찌게만핧어야 떡맛나야
지.

큰집할머니 원첨지두 그걸 책책 조워할
이면 되잖어요.

（손구략으로 내려집히가며）

「일본」「일어났다」일본이 일어났다
는 말일게구 「에이베ー」「다오스」는 그
런지뭐요 미국과 영국을 넘어트린다는
거지。「거기백성」을 「돕고」「인도한다」
는 그대로 알소리고 「大東亞共榮圈」「날
이밖는다」는 大東亞共榮圈이돼서 우리
世上이 밝어진다는 말아니유.

김첨지 （고개틀 크게 끄덕이며） 우ㅁ 나
루호도 나루호도.

錦順・玉姬 （서로처다보며） 아주 우마인
데 정말 우마이야.

王서방 그 그 그 通りある 그 通
りある 나ㅏㅏ かう 마이ある.

보배어미 （王서방은 꾹찌르고 눈을 흘기
며） 원 王서방두 그 通りある가뭐요.
밤낮 일녀쥐야 그 通りある야 그러
チ하지원 세살버릇이 여든까지 간다드
니 딱하기두하우.

王서방 （머리를 긁으며） スマン スマン
私恥い 私の不注意ある いや、不注意
不注意である.

一同 （爆笑）

朱 （어광경들을 미소하며 보고있다가）여
러분 여러분께서 오늘배호시는 글은 매
우 어려운 글이윱니다. 이런글을까지 척
척읽고 뜻을 다 아시게된다면 여러분의
국어지식은 매우 훌륭하게 됐다고할수
있을겝니다. 그러나 이것을 지금 여러
분께 바라는것은 물론 무모한일이라고
생각되는것이올시다.

그러나 보십시요 큰집할머니께서는
순가까우신 몸으로도 에서 배우신후 댁
에 돌아가시어도 손주님한테서 또 배우
시고 열심히 공부하셨기때문에 이어려
운글을 지금 여러분이 들으신 그정도
로나마 해득하시게 되것이올시다. 실로
기쁘고도 놀나운일이올시다. 그러나 비
록 시일의 장단의 차는있다하드라도 여

러분도 모다 불원한장래에 그만한 학력
을 얻으시게 될겝니다.
생각하면 지난 반개년동안 매일밤가치
나오든 이자리가 낫같을가진 제게도 매
우 피로운때가 있었습니다만은 오늘밤
저의기쁨은 그모든 피룸든 기억을 뒤엎
고도 남음이 있습니다.

朱 부대 여러분께서는 앞으로 여러분도 더
욱더 공부하시며나 이웃 여러분께도
권하서서 수일후 새강습이 시작될때부
텀 더많으나오게 해주시기 간략해마
지않는 바이올시다.

朱 （말을이어） 그런데 섭섭한일이나 저
는 오늘밤으로서 여러분과 작별하게 됐
습니다.

一同 （놀낸다）

朱 저는 軍屬이되여서 南方으로 가게 됐
습니다. 내일 故鄕갔다가 수일후에 잠
시 여기들니 떠나겠읍니다.

김첨지 南方이라너 거, 어딘데요.

朱 저ー남쪽바다 머ㄴ먼 南쪽바다에있는
섬이올시다.

큰집할머니 아이구머니 그먼데루.

보배어미 軍屬이란 대체 된대요.

王서방 이거 軍屬몰나 軍屬, 「헤이다이」

朱「なほれ」「出征勇士の武運長久所顧並に戦没将兵の英霊に對する默禱・默禱始め」

「默禱やめ」

「さい」

「皇國臣民の誓詞齊唱」

朱「我等は 皇國臣民なり」
一同 뒤받어齊唱.

朱「忠誠 以つて 君國に奉ぜん」
一同 뒤받어齊唱.

朱「我等皇國臣民は 互に 信愛協力し」
一同 뒤받어齊唱.

朱「以つて 團結を固くせん」
一同 뒤받어齊唱.

朱「我等皇國臣民は 忍苦鍛鍊 力を養ひ」
一同 뒤받어齊唱.

朱「以つて 皇道を 宣揚せん」
一同 뒤받어齊唱.

朱「さい」

朱 (潚席한다)
一同 (潚席한다)

朱 (校卓우에 冊을 집어들고 이전의校卓앞에서 一同을向해) 에ー 오늘은天못실대는 이깨 맫나주막남의 천미머을이다. 오늘은 어려분의 이해까지서 工夫하신 學力을 試驗하는 意味로 제가 한두어번 읽어드리기반라고는 전저럼 글꾸의 發音이라든가 뜻이라든가 또는 글金體의 大意를 제가 먼저 여러분께 가르켜드리지않고 여러분이 모트실대를 찾어내서서 질문하시게 하고저합니다. 이로서 저는 물론이고 여러분도 여러분의 國語解得의힘이 그동안 어느程度로 成長했는가를 아시게 된다는点에 매우 興味있으리라고 생각됩니다. 자 그럼 冊을 펴십시요. 제가 읽겠습니다.

「日本は つひに 立ち上りました。人類の宿敵米英を倒して 全東亞永遠の平和と幸福を戰ひ取るために 立ち上りました。茫洋なる南海皇軍に向ふところ 敵無く 開職一瞬既に 敵の據點の太半を占領し 一方 長い彼等の搾取に 苦しみきいなまれた 彼地の原住民を 扶け導いて 大東亞共榮圏の確立に いそしんで居ります。東亞は すでに 夜明けです。大なる割に向つて 步一步 進みつゝある夜明けです。……」

朱 (冊을 校卓우에 놓고) 그럼 여러분 各自 읽어보시면서 읽기어려운곳이나 뜻모틀메를 찾어서 여러번 잘생각해보신뒤 정이 모트시겠거든 제게 물어주시기 바랍니다.

사이ー (각각 소리없이 읽어내려가며 연해 머리를 개웃둥둥을한다)

김첨지 허ー그참 뭐가말인지。둥인걸, 이미불통인걸, 그래 큰집할머니는 닥아시겠수。

큰집할머니 다아는게뭐유 오늘밤도 손주녀석 놀림을 받으며 그여석게서 또배야지。그래두 언두리는 그럭적력 짐작되는구먼요。

김첨지 허ー 언두리는 짐작된다。그어듸한번 들어봅시다그려 그래 대체 뭐가어땠단소리요。

큰집할머니 저ー 「넙뽕」은 일본이라ー「다오스」는 뭐타드라 그렇지 넘어트리는거에ー또 「베이에이」는 미국영국이라「다오스」는 뭐ー이거 이전 다모틀데다 「젠ー밍」은 거기백성이라 또 「다스게」는 돕는거고 「미짜비꾸」는 뭐타드라 오ー라오라 언젠가 손주여석 손것●손짓해가며●배추든 소리구만 그래그래 오ー데데쯔나이●데

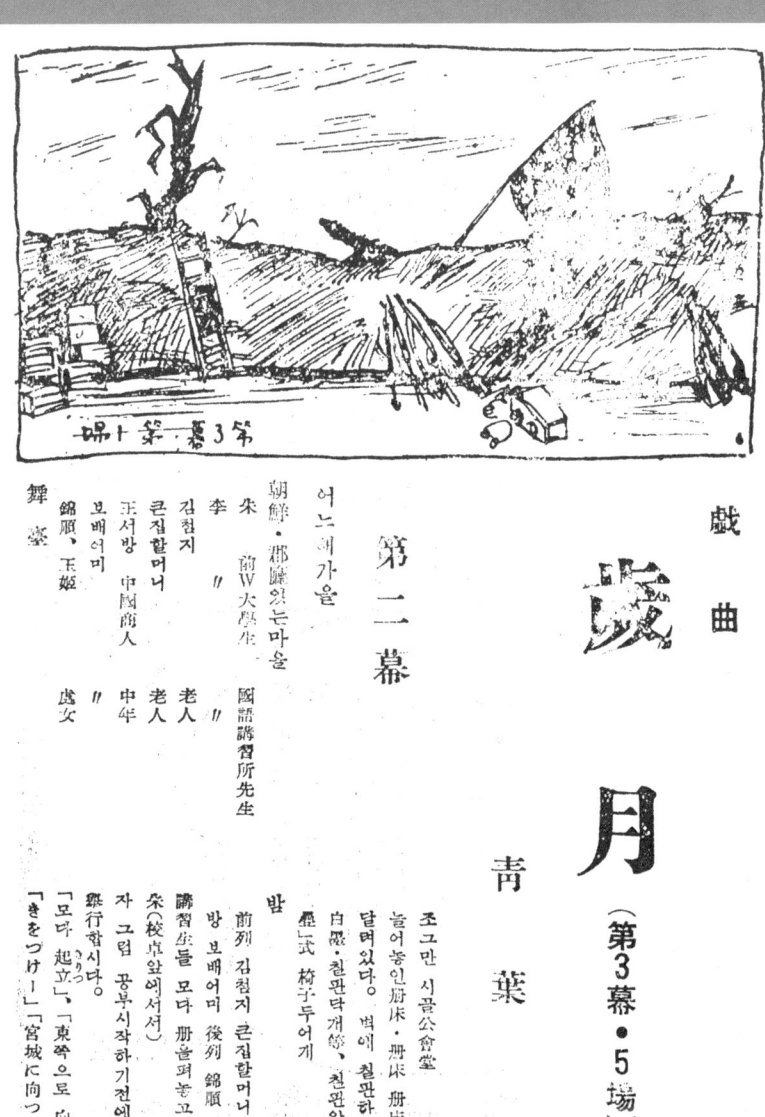

戯曲

殘月 (第3幕・5場)

青葉薫

第二幕

어느해가을

朝鮮・郡雛烈는마을

朱　前W大學生
李　〃　國語講習所先生
김첨지　老人
큰집할머니　老人
王서방　中國商人
보배어미　中年
錦順、玉姬　〃　處女

舞臺

조그만 시골公會堂
늘어놓인 册床・册床마다 걸상이
달려있다. 벽에 칠판하나, 칠판우에
白墨・칠판닥개등、칠판앞에
敎壇式 椅子두어개

밤

前列 김첨지 큰집할머니、中列 王서
방 보배어미 後列 錦順 玉姬
講習生들 모다 册을펴놓고있다。
朱(校卓앞에서서)
자 그럼 공부시작하기전에 國民儀禮를
擧行합시다。
「모다 起立」、「東쪽으로 向하십시요」
「きをつけ-」「宮城に向って 最敬禮」

陳 (朱를 처다보고 쓸쓸이 웃으며)
이거 야단난걸.

朱 最後가아니가, 보다도 人間이란 때로
바보가 돼도봐야 하는게지.

李・谷川 (술병과 料理접시와 소독전등
을 들고 들어온다)

朱 어서、어서 그 册床을 치게.
(册床우ㅅ것을 주섬주섬 내려놓는다)

李・谷川 (들고온것들을 그우에 느려놓
고 앉으며)

자ー 오게 오게.

陳・朱 (册床을 中心으로 닥어와앉는다)

陳 (잔을 받으며)
健康하게 언제 그래도 다시맛나 溫故할

谷川 날있겠지.

李 (잔을들고 일어서며)
여ー 그만두게 그만둬 그런어려운 소

딍。자 어듸 우리 한번 유쾌히 노래나
하고 이豫備宴을 다치지않겠는가。

戀の新宿 あの家の 窓で
泣いて われ待つ 人がある

谷川 하ㅅ하ㅅ하ㅅ 先生 아마 新宿에
꼬우한 가노ㅈ가 있는게야 걸핏하면 新
宿・新宿……

チリチンチン チンチンチン……

李 (자러내 와앉어 陳에게 잔을보내며
자 한잔들고 君이主賓이라 참부터 한마
드릭하게 자ー)

朱 (두손생각에 잠긴듯 묵묵히 잔을들었
다 눙었다한다)

陳 (잔을 받어들고

李 真心으로부터의 惜別의情을 將의抗戰에
휘물리우고있는 자의同胞들에게 보이고
싶은걸。

谷川 우리들의 지나간 二年有餘의 兄弟
같은 生活과 오늘밤 이렇게 참게보내는

李 그만두게 그만둬 그런어려운 소

陳・朱 (따러 가버히 웃는다)

陳 窓에 기대여서 이것을 엿듣든早苗
早苗의 낯을 폭가리는 흰행가치ーフ……

幕 (다음號續)

사랑을 얻어보고자 염원적도없었고 당
신의사랑이 얻어지리라 꿈꾸어본적도없
었든것이요。

도로혀 그감은 나를 同情하는나머지 당
신은 당신의 그아름다운 心情은 나도모
르게 나같은것에게 기우려주셨구터。

당신의 아름다운 그心情 당신의 이아름
다운恩惠는 나의남은 젊은날은 오로지 당
신回想속에서만 無限히 幸福할것이요。

陳 (더 多感한 목소리로)
다시 맛날수없드냐 離別!
그렇소 모다 運命이요 偉大한 運命의힘
이요。

나도 어데로 머물어 언제까지나, 언제까
지나 당신의 愛情에 몸을매끼고 이秀麗
한日本의自然 이平和스런 日本의生活
속에서 두번다시 울리없는 비清春의날
을 보내고싶었소。또 그리하리라 마음
먹기도 하였었소。그러나 運命의힘은
마춤내 지금 나로하여금 流血과 飢餓의
生地獄으로 휘몰아보내는 것이요。

이렇게 떠나가던 좀더 이사나회의 心情에도
좀더 커지면 당신이 成人이되면

오늘의 서러움은 어이헐길없다해도 이
아름다운 당신을 끝내 아름다운 이대로
두고 갈수있는 나는 도로혀 幸福했것
이요。

비록 焦土된 山川山川에서라도 나는 당신
을 永遠히 내마음의 푸른草花로 남모르
게 내가슴속깊이 언제까지나 언제까지
나 소중히 소중히 간직고 있을것이요。

부묘 (목멘소리로)

陳 누가 오는가봅니다。

복도廊下를 걸어들어오는 자욱소리

英氏 지금도 떠나시는 당신의 心情 저도
理解할수있는 것만이 걸어요 그러나……

부묘 (고개를 털어트리고)

陳 (두손에 낯을 파묻으며)

부묘 가서요 가요 더아무말슴도말고……
陳 (부묘의 어깨에 떨리는손을 없으며)
우지마우 사나에。나는 모든것을 다 이
야기하고 싶은것이요。그러나。더말할수
없는것이요。

부묘 (느끼며) 가시거든 消息이나……
陳 (기ー ㄴ숨을쉬면)
사나에 새삼스러히 俊한 무슨消息이 있
겠소。
그무슨 有形의消息을 約束함은 거짓이

나가지 않을수없었던 中國의 한점은이
가 당신에게 있었다는것만이 人類로서
일홀수없는 이時代의 記憶과함께 永遠
히 당신記憶의 한귀통이 남겨주시기를
바라는 것이요。

부묘 (버리들 다시 枕床우에 파묻으며)
아아 英氏……

陳 누가 오는가봅니다。

부묘 (일어서 눈을닦으며 壁가로 피한다)
밖앗소리 (李) 陳君 여기있는가 여기있서
(방1) 문이 열리고 李先頭로 들어와 스
렌드틀켜며 谷川・朱 따러들어온다。
谷川 (단정으로 바뀌입었다)
李 (미달이들 연다)
부묘 (열어지는 미달이와함께 방으로 소
리없이 나간다)
李 (반취한 음성으로)
아ー 에서 열하는게야 사람을 기다리게
하고 (미달이들 활작 열어놓으며) 아즉
도 상당히 남었는걸 에서 豫備宴 야리나
오시하세。

谷川 그래 그래。

서 보다 더나아진生活을 享有할수있는 國家 그리고 人種的으로 緊密한 紐帶를 멱고있는 全東亞의 國家와 國家가 서로 손에손을맞잡고 相扶相助有無相通 그대로 共存共榮하야는것, 생각하면 大東亞共榮圈의 이데아란 아름다운것이아 닌가 그것을 다만 옛날政治家들의 朝三 暮四로만 敎遠함은 지나친 淸敎徒的潔 白이라고 생각되는것이네.

勿論 懷疑는 知性에 따르는것이고 또한 그懷疑의 本質인것 或種의 現實的 그懷疑의 歷史의 由來만 或種의 現實的 根據에對하야 눈을 감으랴는것은 아니 지만 우리들의 最後의 判斷은 언제나 目 前의 森羅萬象의 덜불을 헤치고 그속에 서 唯一의 本質인것 그本質의 所處를 捕促하는 賢明이 要求되는것이아닌가. 우리半島 朝鮮이 걸어온길 內鮮一體에 까지이른 行程을 詳考할때 나는 日本帝 國의 八紘一宇의 善意에 깊은信賴를 갖 기를 君들게 勸하고싶은것이네.

陳 （비로소 한숨을 내쉬고 담배를 끄내 불이면） 그러나 나는 지금 君과의 人間的親切을 고마우이 잘들었네. 이容易찮은 政治的論議로서 어색히만들

朱君 나로하여금 再會를 期約키어려운 꿈과 단물의 이마즈막자리를 그리운 그 리운 모든回想과 別離의 서러움에 고요 히 젓어보게 해주지않겠는가.

朴앗소리（谷川） 나오게 어서들 나오게 썬 陳君왔다지 陳君왔지。

〃

朱 （일어서며） 자 그럼 우리도가세 （스탠드를 끄고 나 간다）

陳 응 가지〈따라 일어서서 미달이를 달고 스탠드를 끄고 나간다〉 暗轉.

つかくの御馳走が 蒼無しになるよ。 お母さんも おまちかねたびれたよ。さ の言ふことにや きの云ふことにや…… ──〈소리 점점 멀어지다 사러진다〉

第 2 場

방2의 스탠드가 켜지고 陳의 册床앞에 올든 부苗. 부苗 말없이 花瓶의 시드른꽃과 같으 꽂 는다. 부苗 册床우에 엎드려 두팔에 얼굴을 파

묻든다。 소리없이 방2의문이 열리며 陳이 들 어온다。

陳 〈문을달고 들어서 한거름 방안에 음 기며 다정한 목소리로〉 사나에……

부苗 〈놀나 머리를들고 손수건을 끄내눈 시울을 누르면서〉 아 벌서 끝났네요。

陳 〈册床앞에 와앉아 담배를 끄내며〉 너 直感으로 알읍되가。 急한電報있었다 아니 아즉 멀었지만。 당신이 회질않으 너 直感으로 알읍되가。 急한電報있었다 나갈것에게 愛情을 기우려주섰다는 것……。

부苗 〈고개를 숙이고〉……。

陳 〈말없이 몇모금 담배를빤뒤 부苗를 뚜 러질듯 바라보며〉 새삼스러운말이나 사나에 나는 당신게 뭐라고 謝禮했으면 좋을지 모르겠오. 생각하면 感慨가 無量하오 우리는 사 랑한다 사랑해다오소리 한번 하고 들어 본적도 없었구나. 나는 萬里異邦 나그네의몸으로 보다도 원世上에서 睥睨받는 種族으로 당신의

朱　그래 내일은 기어이 떠나려는가.

陳　(고개를 끄덕이면)

朱　음 그여 갈테야。

陳　가야지. 생각하면 二年有餘 한 下宿서
朝夕을 가치하고 每日 어깨를나란히 登
校하며 그간 君들이 기우려준 友誼에對
하야 아무면 잗음없이 떠나게됨을 진정
유감으로 생각하는바이네。

李　그러나 내가 도려 여러가지 신세만졌
네。

陳　천만에 내가 君의 가는길이 陳君 率
直히 말하자면 나는 君의 가는길이 걱정
되는것이네 君의 今後가 念慮되는것이
네。

陳　⋯⋯

李　(陳을 凝視하며)

陳　⋯⋯

車京까지 샀네。

陳君 내게만이라도 지금의 君의 心境을
이야기해줄수 없있는가 卒業後大學院에
들어가 支那文學工夫나 繼續하며 事變
끝나기를 기다리겠다든 君이 突然히 歸
國하려든 眞意가 어데있는것인가 그
것이 또한 眞實로 君을 사랑하고 아끼
는 君의 老父님들의 단하나 외아들 君
께對한 所望이리라고도 믿어지는것인데
生活이라도 憂慮해야될 處地라면 問題

陳君 좀더 내게 털어말함을 容恕한다면
日米關係緊迫以來 君의 時局觀 祖國觀이
어떤 한개의 明確한形態로 結晶되여 온
것이아닌가。
正月以來 君이 歸國을 입밖에 내든때부
터 나는 은근히 君의 顔色을 注視해오는
것인데 말없는 君의 얼굴이나 암만해도
내게는 그렇게 읽어지는것이네。

陳君 그러네 꿈갈이만 생각되는것이네。

이것이 萬一 正當한 理論的歸趨라 할것
같으면 나는 眞心으로 君과아울너 有爲
한 貴國靑年全部의 深々한 再考를 빌고
싶은것이네 戰意達成은었다해
도 結局에 戰意達成이 不可能한 싸움이
란 말하자면 悽慘한 鮮血의 浪費요 아까
운 山川의 壞滅밖에 얻을것었잖겠는가。

陳　(멍—하니 생각하다가)

朱　(한참 입을 내다만보고있다)

獨力으론 獨立主權을 維持할수도 獲得
할수도없는 國家와 他國과 協力함으로

李　⋯⋯

陳　(연졓어 담배를 빨다가)

李　(연졓어 담배를 빨다가) 理論的으로탈지
設敎가아니네 君과의 마즈막날 餞別삼
어 君께보내는 問題는 友情에찬 나의 私見
인것이네 實노 問題는 그뒤에 올것에있
다고 생각되는것일세。그協力과 그도음
을빈 米英의 權力으 그때에 어떻게할것
인가 싸호는데 米英의 그

朱　(담배를 가려부치며)

陳君 忌憚없이 말하면

한, 二十代의君 더욱 남다른 文學人的
熱情家인 君이 焦土되는 山河에서 閑日
月을 보낼수도 었으려니와 閑月月을 보
내고저 하리라고도 믿어지지 않는것이
네。
그러므로 米英依存의 抗戰遂行과 米英
依存의 主權獲得이란 내게는 한개의 어
리석은

朱　(담배를 가려부치며) 있다손처드라도 그럴리는 決코 었지만
問題는 그뒤에 올것에있다고 생각하네。

로 社交以上의 피와피 그리한 密度로 交
流될때 비로소 兩國의 眞實한 提携와 밍
화와 행복은 올것이타는 견지에서 였습
니다。그광막한옥토 그무진장의 資源에
先逝日本의 文化와 技術이 골고루 沈透
되고 그部隊가 金的으로 迎合된다던 그
땅의 그悲慘한 푸러!봉경도 一掃되며
너와 이땅의 우리갈은 所謂「火學은 一掃되며
たけれど」의 明日의 高嶺문뎀도 있어지
지는않을게 아닙니까。

早苗

朱 時代를 先行한愛情! 아름다운 열대

　여、인제 오는가。

朱 （일어나 미닫이를 열며）

가 기다려젔습니다만…… 하여간 들아

오면 지의 誠意껏 忠告이라고할가 揶揄

을 披攎해보졌습니다。

廊下를 들어오는 자욱소리。

웃방문이 열리는 소리。

방은 ―스텐드가 켜진다。

早苗 돌아 오섰군요。 그려 전 失禮하

겠습니다。（朱에게 허리를 굽히고 총총

히 나간다。

朱 （더닥이문력가까히 담배통을들고 와

않으면）

아니 돼 谷川君도 나갓닥지끔 막 와서

고욕갓네 李君도 따리가고。

陳 （담배를 잡이빨며 감개짚이）

東京의 내 마즈막날도 이언간 저끄물렀네

나。

陳 （森秋服틀 입었더。 스프링을 방한기

　 운대 벗어던지고 책상겹에와 앉어 담배

　 틀 끄내며）

응 기다렸지 더들 있는가 그만 늦어저

서未安하이。

浴하고 그을가、한책사를 뒤졌드니 氣分이
몹시 협협한걸。누구 안가겠나。그럼
다녀올게。(谷川 나간다)
나도가。朱참 안가겠나。

李 (그뒤를 물끄럼이 보다가)
(비누와 수건을 황망히 찾으든다)

朱 난 그만두겠네 혼자 다녀오게。

李 또 그哲學的瞑想인가 허々 자 그럼
다녀올게。(혼자말처럼 중얼거리며 나
간다)

사이ㅡ

朱 (新聞을 보든대로)

뚝·뚝 녹크소리。

朱 누구요 들어오시구려。
밖앗소리 들어가도 괜찮어요。

朱 (머리를 들면)
사나에상! 어서 들어오시오。

무苗 (벗은발에 簡素한洋裝·들어와 꿀
앉어 인사하며)
ごめんなさい。모다들 沐浴가셨지요。
朱先生은 웨 안가셨어요。

朱 (방석을 권하며)
전 가고싶잖어서요。

무苗 (방석을 사양하고 머리를 숙이면)
英氏가 가신다니 마음이 잘않지 않으신

가부군요。朱先生과 제일 親하셨으니까。

朱 (멋없이 册을집어다 册장을뒤적이며)
글세올시다。그리나 저보다도 사나에상
은……。

무苗 (이윽히 新聞을 끄을어다 귀를 접
었다 폈다한다)

사이ㅡ
그니는 기어히 가야만하나요?

朱 (묵거운 語調로) 물론 무苗상으로선
보내고싶지않을게고 그도 가고싶잖는
것이 本心일는지도 모르죠。人間的本心
일는지도。
그러나……

무苗 (머리를 들면) 그이가 가시면 銃을
銃을잡을려는것이 아닐가요 룩하면 老
父母 老父母하고 입버릇갈이 하시지만
어쩐지 제겐 그런豫感이 드누먼요。

朱 (朱의말을 기다리듯 朱의입만 처다
본다)

朱 글세、그것은 우리들의 憶測이겠지요
하고 사나에상의 豫感을 否定할수없는
저를 두분을 위하야 슬퍼하는 바이올시
다。

祖國支那를 사랑하는 지금의 支那青年
의길에 蔣의뜸에 뛰어 들어가 抗戰는
抗戰에 나서는것이 아닐까하는것쯤은
賢明한 그는 알고도 남음이 있을것인
데……。

무苗 지난겨을까지도 한三年동안 歸國않
겠다 하잖었어요 그러든분이 급작스러
히 老父母 老父母하시는것부터 웃읍잖
어요。
父母나 糞하며 悠々自適하신다지만 지
꾸의 그니타 그周圍가 그런젊은이를 그
낭둘리가 있어요 그것을 豫測하면서도
하는 歸國이라면 거기는 반드시 무슨
決意가 있을것아니여요。

朱 글세올시다……

무苗 朱先生 어떻게 그를 더붓잡을 도리
가 없을까요。

朱 무苗상의 힘으로 안되는곳에、愛情의
偉大한힘으로도 안되는곳에무슨 반 도
리가 있을리 있겠습니까。
말이났으니 말입니다만 저는 두분의 愛
情에對하야 마음속으로나마 贊意를表하
고 祝福해오든 바이올시다。日支가 民
族的偏見이나 反目不信을 超克하고 서

勿論 祖國愛란 絶對한것이겠지만 정말

무어권。뚝 경열린 茶碗하나、花瓶에 시
드른 花草한포기。

원편壁에 영창하나、뚤려있고 그窓으로
비스듬이 뵈이는 늙은사구타나무 한고
루。뻗은 가지가지。가지가지에 滿開한
사구타꽃。

방 1

朱 (단젱을 입었다。가슴에 방석을 접어
피이고 冊을보다가 엎드린대로
이친구들 뭘허는 게야 지금멋신가。

李 (亦단젱。한팔을 피여매고 新聞을 뒤
적이다가)
글세(冊床머리에 기어가 팔둑시게를 당
겨며) 네시반일세。

朱 난 일곱시가량시나 된줄안었지 웨
리 어두어。

李 소위 하나구모레(花曇)아닌가 이사람
아。
(담배갑을 주어다 한대 붙여물고 엉거
주춤이 일어나。스텐드를 컨다)

朱 (보면 冊을놓고 일어나。단정소매에서
리 어두어。

李 (담배톨 다섯시에 되자랐다)

朱 (담배톨 물고 섰다갔다했든가

朱 (新聞을 당겨다보며)
問題는 決定에있는것이 아니라 恒常實
踐에있는것이지。

李 원 자네 「리구쓰」는。

朱 자비 그수다는 어떻고。

李 (여드름 짜든손을 멈추고 흘곳 朱를
건너다보면)
허々君人의 華麗한 修辭學的 表現을 恒
常 賞讚하는 君의 그非 非文學的 센
스엔 敬服을 不禁인데。
(다시 얼굴을 쓰다듬으며 여드름을 찾
는다)

하다뿐인가 一同正五時集合 最后의 晚
餐을 가치하고 大學新宿進出 會費 一人
當 一金拾圓也라고까지 決定됬다않는가。
아여 내겨정말고、밥술이나 엯어먹으며
거든 쉬이 삼문시바의광대로나 方向轉
換하지 病이라 거기 휩쓸니기도
어며울터이니 敎養의病이라야。

李 (일어나。거울을 갖다걸고 지지게를
커면)

朱 원 사탐도。들으니 高文구멍이 춥듸
줍어서 자네갈은 뚱뚜보는 아예 마다네。

李 흥 살이쩌겠거든 내입에 엔료말고 지
감 쩌무게。내입은 먼데도 새로생길자
네인견진는 어쩌고。哲學士님이라고 이
다하고 누가 머윤밥덩이 넌즘 던저출
아。

朱 (미러를들던)、쉬か へ リ。

李 (우수팡스티히 무랄을비며 밧는 흥내
 にねかせられては 今まで 何處を おう
ろ끼あそばされて。

李 허ー 그 도저드아니면 웩ー바의이스까
將 我黨 何處へ ゆくかだ。
밧갈소리 무엇이 いづこへゆくかか。
(방ー문이 열니며 谷川가 들어온다。스
프링과 쏘프트를 빗어들고 校服을 입었
다)

谷川 (谷川은 치덕보며 웃는냥)

朱 (谷川은 손을저으면) 여보게 웃기지말게
나 지금 때앟으니。웃으면 뻐김이빠저
대한걸 그런데 陳君 안들어 왔나。

李 안들어 왔드네。

谷川 主賓不在면 萬事休矣게 나 얼는 沐

戲曲

歲月 (三幕5場)

青葉 薰

第一幕

第1場

舞台

陳英　中國人　W大를卒業하는사람
朱　半島人　W大在學生
李　〃　〃
谷川　內地人　〃
早苗(사나에)　그下宿집딸 二0才가량
--以上모다二十三四才--

어느해봄·三月하순
東都郊外 한 下宿집

舞台

미닫이로 隔하야 左右로 나뉜房(房1、

房2)各各 後面中央에 안廊下로 通하는 出入門이 달렸다。

(방 1)

壁에 빗두루 붙은 W大三角旗 여기저기 걸려있는 校服 校帽 봐바리코-드 面鏡 손수건 가렝머等 左右에 책장 책꽂이에 꽂친冊들。 그곁에 冊床。 冊床마다 스텐드 몇권의 書籍·雜誌等 冊床우에 끌려놓은 팔둑시게。

(방 2)

壁中央에 뚜렷히 中華民國大地圖 褪色한 발작크의 寫眞額 하나 방한구석에 쌍인 몇개의 고오리와 추렁크 모스큰삔。 방한가운데 冊床。그우에 스텐드 雜誌

餞詞

―校門을 나서는 女學生들게의―

李 燦

나라가 부른다
나라가 부른다

아비지여 어머니여
그리운 故鄕의 하늘이여
그리고 (어듸선가 기다릴) 그이의 품이여

「이무 저는 당신들의 것이나
당신들의 것이아니외다」

나무도 숫도 헌겁도 가죽도 생철종묘
놋사발도 總進軍하는 大道우에

다양한 三月의 太陽을 이고
燦爛한 너의 部隊여

진정 황홀한 情景에
北邊의 情深의
머ㅡㄴ 옴바들의 보내는 오령찬 拍手소래......。

으레 파마와 두주와 하이힐과
부프러오른 風船이 準備되든 校門의 막음날읃
作業衣와 머리수건과 거름망태와
새ㅅ발간 十字만이 迎接하는 오늘
너는 조곰도 슳으지않고
너는 조곰도 당황지않고
그렇게도 씩씩하고 沈着하게 너는 나선다
깊은 다만 한길

「泣きながらも　泣きながらも　よくは　逝きしと　云ふ」

ああ　如何に　薄幸な　我が母なりしか」

ぬれた　ホホに　冷々と　沁入る　十年の歳月！

名無く　財無き　この子の母の墓　誰か顧みし

春來て　花咲けと　生ひ茂る　雑草の中

ここぞと　虫のみ　すくひ　虫のみ　すたき…

ああ　國の　命を　かけての　この　戰の日

母よ　無能の子　せめて　よく死に　やはらげむ　切なき　切なき

汝が恨

せめてよく死に

――亡き母へ――

李　燦

春近き　夜牛を　さめて　ふと　思ふ

遠き　とほき　古里の　亡き　母の墓

町を　東に　小川を　渉り　小山を　越え

蒼凉たる　野末の　みずぼらしき　一つ　塚

二度とは　歸り來じと　離郷の　秋暮

わすれかたみの　碑　うちたて　それに

しるせし　我が　最後の　言の　葉よ

子等の遊び

李　燦

膝深の　雪空地で
子等の　いくさ遊び――
こぶしほどの　塊　にぎりしめにぎりしめ　なげつけ
なげかへし
風無き吹雪の中に　彼我も分たぬ　激戦ひとしきり…
やがて　手まねの　休戦喇叭なりて　各々　雪まみれ
の　列にもどりぬ

眉頭に　でつかいコブの子　一方の殿につく
知らず　勝は何方なりや　たゝ隊長
別れを告げて後　はじめて　其の子に
かけより　いたはりて　おんぶし踊るを見る
兄ならむ　其の背の上で　漸く　かぼそき泣発走る
ああ　全てを　忍ぶ　我が戦の道
既に　この子等の　中に有り！

頌·아리나레

李　燦

가을깊은 江기슭에 落葉을 주어
보라스빛 貴ㅅ돌을 물길에 띠우면
물결은 흘리 넘넘을 흘러
굽이 굽이 아ー득헌 옛일인양 江물은흘러……

모든것이 흐르도다 흘러가도다
한그루 草木의 多恨한 傳說도
한낱 魚貝의 어녆는 歷史도
茫茫한 北方하늘 검푸른 흐름우에
歲月이여 니또함께 소리없이 흘러가도다

흘러간 歲月
沿岸의 榮枯榮衰 멋맥운 헤이고 뜨헤여도
다만 니높운 한상 푸르러 끔을줄모르는것
아니나내ㄴ 七百里 碧水한江아
흘르고 흘러 七百里 흐르고 흘러

봄·여름·가을 마듸마듸 「이가다부시」
의 곳노래도 구성지게
끔임없는 너의前進이여 永遠한 靑春行路여
太初 太白峽谷의 이름도없는 細流
흘리모리 모히흘리 橘林을 꿰뚫으고
萬年河床 永世의 새佛城운 이루한 그壯한 너
의記錄운 그빛나는 너의過去를 둘려ㅅ우 우리
들게ーー 그너의 苦難한 기ㄴ 忍苦와 敗鬪의
남이 正히 오늘에있는 우리눈게 오늘에있는수
티들게

東海 마즈마 ?의 아ㄴ ㅡㄱ 던 저녁煙氣밤울부
르면
北半分 玲瓏한 면빛과 漁火怪瀾한 네가슴우게
오늘도 우리아저씨네와 滿瓶들의 坟颯이 의종
이 선후를 우리江 아리나레여 너는 미노모히명
사랑하는 우리江 아리나레여 너는 미노모히명
라 한依日윤께해 밤뽛새며 흔러가리 밤을새며
흘러가리……

（於·高山國）

Ⅱ

故鄕소식은 언제나 무고하고
그의片紙는 편지마다 건강했다。

날을있는 酷寒이 高熱을 깃드렸을때
熱에뜬 그의입에서 처음으로 어린그아들의 이름을 들었다。

Ⅲ

눈나리는 驛頭에서 그를 보냈다
••
장승같이 네릴줄모르는 그의舉手우에
눈은 내리고

하염없이 내리는 눈속에
再會없을 그의얼골이 말도없이 머ㅡ러니 사러저갔다。

(××監視哨記)

兵　丁

李　燦

I

끼니마다　그는　飯盒(항고ー)를　강아지에게　갈넛다
강아지는　알고있었다

차운새벽　煖爐앞자리는　으레　강아지에게　밀었다
그러한때면　零下로도三十餘度　哨舍안
입김도　뽀오야니　어려들었다。

마츰내　강아지가　죽든날……
그러나　그는　「銃닦는日課」를　잊이않었었다。

나는 將軍도싫노라 總督도싫노라

나는 다만 지극히 너와 親할수있는 한개 에드란

제ー로 足하노니

깜둥이 나의 女人아

어서 너의 키ー타를 둘어……

미친못 情熱에뛰는손끝이여 우는못 웃는듯 多感한

음률이여

들며다오 마음껏—— 解放된 네種族의

참으로 참으로 기껀 그 노래를

오 오태인忍苦에 허뜨러진 네머리갈을 쓰다듬으며

쓰다듬으며

나도 아이처럼 즐거워보련다 이웃잔체날처럼 즐거

워보련다

(春·昭和十七年·於惠山鎭)

6. 「어서 너의 키 - 타를 들어」(『조광』 80호, 1942.6)

어서 너의 키ー타를 들어

李 燦

戰勝의 첫밤 너 보거라 피ㅅ줄에 엉큼 너의 남이 종

시처럼 부프러 올러

눈아오 웃어다오

내 진정 빌고 오노니 빌고 오노라

불타는 森林下 무모욱한 椰子樹그늘 오리브 코

코아 파너너 과인애풀·薔薇한 香氣에 떨인ー

그것은 자마라도좋다 하와이라도좋다

그것은 濠洲라도좋나 蘭印이라도좋다

너는 激하지않어도 좋다

너의戀人은 칼멘아닌 칼멘

죄없는 싼타루치야의 저도몰리 지나혀흘린 한낮의꿈이 아니였느냐

돌아가거라 너는

故鄕으로 가거라 나바라로 가거라 고대할 어머니의 그품을 위하야

鬪牛場으로 가거라 세비라로 가거라

빛나는 도레아돌 그名譽를 위하야

그것은 다오 나에게 동●호ㅣ세

잊을수없는 그 완사니아의苦杯를 나에게 다오

떨리는 그 怨恨의匕首를 나에게 다오

나는 故鄕도 없단다 어머니도 없단다

도라갈 빛나는 名譽도 없단다

어서 다오 나에게 동●호ㅣ세

아하 불타는 熱砂 熱砂의 이 砂場을

차ㅣ단한 게집아이의鮮血로 마음껏 시킬 榮光을 나에게 다오。

5. 「싼타루치야」(『인문평론』, 1940.6)

싼 타 루 치 야

李

싼타루치야
너는 봄가친 시가리에ㄹ (煙草女工)의 乳房에서 자랐다

싼타루차야
너는 多感한 하바네라의 노래ㅅ속에서 자랏다

輕薄은 너의 天來의것
熱情은 또한 한개의 宿命

定함없는 하늘밑을 흐르는 접시——
그는 너의 天職이엿나니

동●호ㅡ세
너는 슬퍼하지않어노 좋다

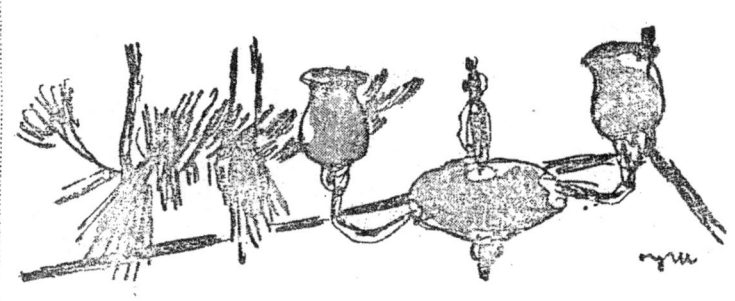

일죽 人類의 華麗한꿈이 黃金의수레를 몰든날

火花갈이 불타든 네가슴의情熱을 나는 아노라

그한시절 饕한 濁浪과 臂力을 겨눌때

즐겨 存亡을 내걸든 壯한 네氣慨도 나는 아노라

말하라 空洞이여 그뒤에 온것

다―만 모르노니 그뒤에 온것

오호 묵어운 沈默이여 永遠한 悲痛이여

울자쿠나 나와함께 千年을 萬年을 소리없이 울자쿠냐。

李

空 洞

여기 아무실도 있지않었든양

여기 또한 아무것도 있지않도다

太古然히 비一ㄴ 空洞

陰風만이 휘도려……

山짐생도 敬遠하는 외론歲月을

愁愁히 生의 圈外에 跼蹐한者여

虛妄한 半輪이 거츠러히 아로색인 凄蒼한 이끼밑

빛나든 네靑春의 이마를 어듸가 찾으리

파리 감히 코ㅅ등에 雌雄하는 실예로운시절
墓地에 욱어선 풀·나무 더욱 敬虔을 잃었다

뜨을새도 敬遠하는 三伏·炎天아래
碑石이여 우울히 슨채 무슨哀愁에 잠기었는요

부질없는 歲月이 비뚜러진 네갓모를 소리없이흐틀제
때로 네가슴에 슴이든 안으ㅡ기한 追慕의 香煙조차

슬머ㅡ시 자최를 감추었나니

아하, 네 이제야 想念하는가 無恨ㅡ한空漠속에
갈온 人世의 그ㅡ 아수한 情을

갈길잃은 어둔밤 고달픈 꿈속에도
더고 못걷우는 잠자리 나래

아하, 거미줄의 그럿難에 生은 잃어도
편채 남기고가는 잠자리 나래

그러기에
잠자리 나래는 곱당.

○希 望

希望은 입입이 하ㅡ늘타는
잠자리 나래

하ㅡ늘해도 몸을드러 蒼空에 속구는
잠자리 나래

○소꿉노리

소꿉노리 즐기믄
타고난 여자의 天性인가봐

자라서도 못잊는
그ㅡ 실없은 작란

여기에도 갓고 놀다 아ㅡ무렁지도않게 버리고간
한개 손때문은 지그릇의 破片이·있다.

ㅡㅡ詩集梵香抄 ㅡㅡ

갓 화장한 시악시 이마갈이 뽀오이얏구나

빛잃은 샨데리아
그렇다고 너는 별노 우울헐게없다

우리 사랑스런 詩人의 머리는 무거워 무거워
황홀하니 치여다보든 그버릇을 잃은지오래나니

다만 손때 뺀지르르한 테ー불•커버ー가 얄밉구나
웨 그리 부질없게 초초로히 그의 歲月를 되빛
이고있는게노요

오호 어여쁜 웨드여
이런밤엔 자장가가 좋잖은야

그 달고 간즈러운 음율이
그 나리ー人하고 폭으ー한 여음이

차라리 잠을 부르게
잠을 부르게ー
밝은 十二月 갈길도 먼ーー데

우리 詩人은, 추위가 제일 싫닷다.

○ 憂愁

憂愁 안개처럼 서리는 밤
먼ーー 마을 호롱물도 흐늑여 울고
시름없이 흘너예는 개울물소리
구비 구비 내가슴에 여울을 이뤄ーー

新綠•五月 수양버들 하늘한 아지ー
무엇찾어 이바닥에 손길을 담그는요
싸ー늘한 돌모래만 밀치듯 쓰처……
보드런 미꾸라지등하나 만저볼길없나니

○ 墓碑

아하, 이밤을 남어직히는 꽃향기가 있었다면
무덤파는 무더쥐마음 누가 막으리
드난자옥 어즈러운 두갑네 길섭에
초ーー라한 무덤 한개 떨고있었다.

詩集 「焚香」에서

李 燦

○

今刋「焚香」中에서 가장 좋은 것 四五篇이란 編者의 下託이었으나 이는 마치 제子息의 優劣을 가리람같이 至難한 일이며 막상 꼴너놓는대야 象目所視에 符合할지도 또한 疑問되는바이므로 여기그저 손가는대로 篇數나 채우고 個個에 粗惑이나 附코저하는바이다──。

Tea room Elise는 「朝光」發表當時 在京여러文友들이 입을같이하야 昨今 우리들情狀을 如實히 表現한것이라니 그런가―하며 「憂愁」는 실노「이밤을 남어직히는 꽃항기가 없다면 무덤와는 두며 쥐마음 누가 막으리」의 一聯이 雄辯하는바 나自身의 極히 暗澹한 情懷를 읍조리느라한것이며「墓碑」는 較近 더욱 骨髓에 스미는 淺薄한 人情을 痛嘆한것 「希望」은 갈길잃은 어둔밤 고달픈 꿈

속에도 오히려 버릴수없는 그것의 아름다움을 마즈막「소꼽노리」는 나의 아수한 體驗을 通하야 女性一面을 靜觀한 그 한時節의 記念으로도 잇기 어려운 詩篇인것이다.

Tea Room Elise

쏠칠데없는 울분이
여기가 되여

미도리、코코아
연기가 되여

Tearoom Elise──

너는 오늘밤도

그렇다고 여기 불안때고 살수있는 奇蹟이 이숨쉬고있는것도아니다。

그녀석들은 茂盛할 닢을 따먹고 사는 人種일가봐

봄, 가을에느 찾어야 코끝도 바라볼수없고……

몇번 낯선손을 逢別한 내호주머니는

드듸여 츄ー잉껌 사드리기로 작정했다

이런地帶에

어른의ー衷情은 禁物이란다

於걸쳐기ー

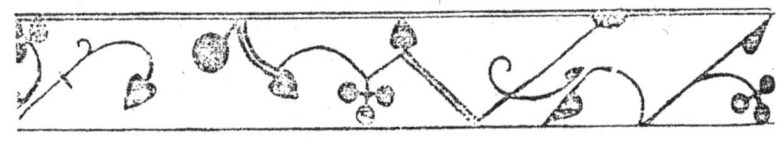

國境一折

李 燦

太白의 드높은 눈두던아래
一抹 검은자위ㄴ양 기슭진 마을

어붓어미 등살에 집못드는 아이같이
驛은 조마하니 洞口앞에 웅크리고

匪賊이 처드다ㄴ 기별있는 이마을에ㄴ
잔채ㅅ집 上客같이 조심가는 손(客)이있다

그대는 山나무가없어 걱정이라ㄴ 佳民을 들은일이있는가

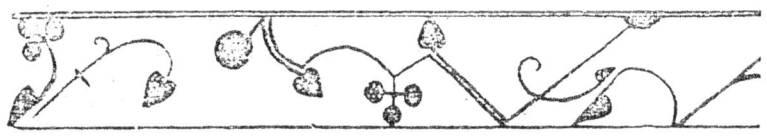

△機械가튼산아히

李 燦

工場의 식커문굴둑
저도물너부뎃치든 기에
맥마른무개의 해어린心臟이
날콩뭇듯 고동반튀든
애꾼이는 눈물어린 사랑이엇다
어문밤
자욱보얀업시숨이여든
煩惱의검푸른燈―
사나히는
거듭채여 게굴창해 업흐러진다
그리고
알누런 욱심낸과 달내입수에
마스슴네 서눈임을 달므르쩔며
굽히여진그림자
전둥빗 ……업반 地下室노 ……려갓다

그아ㅅ춤―
工場의 汽笛은 울어
비스구듬 훗날니며 갈하날유뒤혼틀고
뻐두둑鋼鐵의 宏越한문은
잇뻘컨 그아구니를벌이엇다
그곳에는
피, 갑정, 생각, 기억 춧차일혼
써만남은한사나히
부글부글蒸熱의 火畑을吐하는
熔鑛爐압해서
물엇다 노앗다 굽혓다 쩟다
앙상한機械가 뙤움지이고잇엇다!

(끗)

1910년(1세)　　1월 15일 함경남도 북청군 북천읍에서 농사를 짓는 부친과 어머니 양일숙(楊一淑) 사이에서 태어난다. 1927년 등단하여 1940년까지 작품을 발표할 때는 늘 '李燦'이라는 한자 이름을 썼다. 함경도는 그의 정서적 고향이었다. 그는 서울이건 도쿄건 유학을 마치면 고향 함경도로 돌아갔다. 해방이 되어서도 곧 함경도로 돌아갔다. 그는 월북 시인이 아니라, 고향으로 돌아간 재북(在北) 시인이었다.

1918년(9세)　　북청 공립보통학교에 입학한다.

1922년(13세)　풍습대로 어린 나이에 조혼(早婚)한다. 시 「독소(獨嘯)」(『조선문단』 23호, 1935.5) 등을 보면, "열셋도 못찬 어린" 사내였던 이찬은 너무 어렸기에 남편 구실을 못했으며, 게다가 "서울로, 동경으로" 공부하다 쏘다니고, 감옥에까지 갇혀서, 결혼생활은 극히 행복하지 않았다. 위 시에서 아내가 시집 "와서 한달도 못되어 시아비 돌아가고"라고 쓴 것을 보면 1922년 결혼하고 한 달도 못 되어 아버지가 사망한 것으로 보인다.

1924년(15세)　북청 공립보통학교에 졸업하고, 1924년 5년제 경성 제2고등보통학교(현재 경복고등학교)에 입학한다. 학적부를 보면, 보호자는 "농업 평민"으로 소개된 어머니 양일숙(楊一淑)으로 쓰여 있다. 가족란에는 할머니와 어머니만 기록되어 있는 것을 볼 때, 1924년 이전에 부친이 사망한 것으로 추측된다. 학적부에는 "미혼"으로 표기되어 있는데, 이찬이 조혼(早婚) 사실을 알리고 싶지 않아서 그렇게 썼을 가능성도 있겠다.

　　　　　　　1~2학년 때는 "침착, 담백, 재미있는" 학생이었으며, 3학년 때는 "여러 방면에 능력있고, 공부 잘 하고 근면하고 역사에 관심이 있는 학생"으로 쓰여 있다. 좋아하는 과목은 1~2학년 때는 "역사", 3~5학년 때는 "문학"으로 적혀 있다. 학적부에 따르면, 1~2학년까지는 '공부를 잘 하고 역사에 관심이 많은 학생'이었다.

1926년(17세)　6월 10일은, 이른바 '6·10만세사건'이 일어나서 서울 등에서 독립시위를 하다가 300여 명이 검거되고, 제2차 공산당 탄압으로 60여

명이 검거 기소되었는데, 이때 이찬의 성적은 가장 최저였고, 이 시기에 '결석이 많고 의지가 동요되면서 사상적으로 관찰을 요하는 학생'으로 '문학에도 관심을 가진 불온한 사상의 소유자'로 학적부에 기록되어 있다.

등단과 작품 활동

1927년(18세) 11월 29일 『조선일보』 학생문예 공모에 시 「나팔」이 당선되었다.

1928년(19세) 8월에 시전문지 『신시단(新詩壇)』에 시 「봄은 간다」, 「이러진 화원 (花園)」을 발표한다.

1929년(20세) 3월에 경성 제2고보를 졸업하고, 일본으로 유학한다. 도쿄 릿쿄(立 敎)대학을 거쳐, 와세다대학에서 영문학을 공부한다. 이찬 본인 약력 소개에는 '노문학부'를 졸업했다고 쓰여 있으나, 와세다대학 교무처 자료에는 '영문학'을 공부한 것으로 기록되어 있다. 이 무렵 〈무산자사〉와 관계 맺으면서 이미 도쿄에 있던 시인 임화를 만난다. 도쿄에 있었지만 「病床通情」(『朝鮮詩壇』, 1929.4), 「동모여」(『朝鮮詩壇』, 1929.12), 「아츰의 어느 시악씨에게」(『朝鮮詩壇』, 1929.12) 등을 발표한다.

1930년(21세) 도일한 지 1년도 채 안 된 2월말 귀국하여 가정교사 등을 하다가 5월에 다시 도일한다. 도쿄 유학생들의 기관지였던 『학지광』 4월호에 「해질녁의 내 감정」을 발표한다.

1931년(22세) 4월 25일 연희전문에 입학하여, 9월 10일에 제적된다. 연세대 교무처 학적과에서 간행한 『제적생 명부—1919~1970년도』를 보면, "李燦, 함남 출생. 1910년 1월 15일생, 1931년 4월 25일 입학, 1931년 9월 10일 제적"되었는데, 그가 '문과(文科) 본과생도(本科生徒)'였던 것은 확실하다. 그러나 어떤 과목도 듣지 않은 것으로 기록되어 있다. 이해 5월 도쿄로 가서 11월 〈동지사〉 편집위원으로 신고송과 함께 참여한다.

1932년(23세) 2월 〈코프(KOPF)조선협의회〉로 〈동지사〉가 발전적인 해소를 할 때 안막·박석정(朴石丁)과 함께 해소 선언 기초의원으로 참가한다. 5월에 귀국하여 송계월 등과 교류하면서 카프 중앙위원으로 선출되고, 「가구야 말려느냐」(『매일신보』, 1932.5.6), 「아내의 죽음을 듣고」

(『신여성』, 1932.11) 등의 프롤레타리아시를 발표한다. 11월 박동수가 기획한 『문학건설』 창간에 참여했다가 11월 19일 '별나라사건'으로 신고송과 함께 체포된다.

1934년(25세) 9월 4일 만기석방 되고, 경찰의 압력으로 다음날 북청으로 귀향한다. 생계를 위하여 관납상회와 인쇄업을 하는 북청문화주식회사 그리고 양조장에서 일한다.

1935년(26세) 4월 25일 임화가 동대문 경찰서에 카프 해산계를 제출한다. 이찬은 실의의 나날을 보낸다.

1937년(28세) 시집 『대망(待望)』을 중앙서관(中央書館)에서 낸다. 그의 시 「북만주로 가는 월(月)이」(1937)에서 등장하는 '월이'가 「독소」에 나오는 그의 아내 '월이'와 같은 사람이라면, 1937년경에 이들 부부만 헤어졌다는 말이다. 그렇다면 13살 때 조혼을 했던 이찬은 28살 때 아내와 헤어져, 결국 15년 만에 결혼생활을 청산한 것으로 추측된다.

1938년(29세) 시집 『분향(焚香)』을 한성도서주식회사에서 낸다. 모친이 별세한다.

1940년(31세) 시집 『망양(忙洋)』을 박문서관(博文書館)에서 낸다.

1942년(33세) 첫 친일시 「어서 너의 키-타를 들어」(『조광』, 1942.6) 등을 발표한다. 이후 '아오바 가오리(靑葉香)'라는 일본 이름으로 친일희곡 「세월」, 「보내는 사람들」, 「이기는 마을」을 발표한다.

해방 이후와 혁명시인

1945년(36세) 해방되자마자 9월에 연천 아우라지 나루를 거쳐 잠시 상경하여 〈조선프롤레타리아예술동맹〉에 참여하나 곧바로 북청으로 돌아간다. 11월 7일에는 혜산진 기념식전에서 시 「11월 7일」을 낭독한다. 북에서 함남도 혜산군 인민위원회 부위원장, 〈프롤레타리아예술동맹〉 함남 지역 위원, 함남인민일보사 편집국장으로 일한다.

1946년(37세) 3월 〈북조선예술총연맹〉에 참여한다. 4월에 권환·김용활·박아지·박석정·송완순·윤곤강·이주홍·이찬·이흡·조벽암·조영출 등은 해방기념시집 『햇불』(우리문학사)을 함께 펴낸다. '리찬'으로 이름을 표기하기 시작한다. 〈북조선문학예술총동맹〉 서기장으로 피선, 이후 북에서 시집 『화원』을 낸다. 조쏘문화협회 부위원장, 문화선전성 군중문화국장 등을 역임한다. 송가인 「김일성 장군의 노래」를 작사했다.

1947년(38세) 『승리의 기록』, 『쏘련시초』 등을 낸다.

1958년(49세) 조선작가동맹 출판부에서 『리찬 시선집』이 1만 부 발행된다.

1974년(65세) 『역사비평』(1991년 가을)에 의하면, 이해 1월 6일에 사망하여 현재 신미리 애국렬사능에, 장편서사시 『백두산』을 낸 혁명시인 조기천, 『임꺽정』을 쓴 북의 내각수상을 지낸 벽초 홍명희 등과 함께 묻혀 있다.

1981년 북한에서 최고의 문인에게 주는 '혁명시인'이라는 칭호가 주어진다.

1982년 북한 문예출판사에서 추모시선집 『태양의 노래』 1만 부가 간행되었다.

1987년 한국에서 북한문학이 해금되면서, 이찬에 대한 논문이 발표되기 시작한다.

1991년 김정일의 지시로 제작되고 있는 대작 시리즈 영화 〈민족과 영화〉 9권의 「카프 작가편」에서 '리찬'은 주인공으로 등장하여 북한사회에서 인기를 얻는다.

2003년 한국에서 이동순 · 박승희 편, 『이찬 시전집』(소명출판, 2003)이 출판된다.

찾아보기

李燦と韓国近代文学

　1910年咸鏡南道・北青で生まれた彼は、京城第二高普(現、景福高)に入学し、在学中の1928年に『新詩壇』8月号に短詩「春は行く」、「失われた花園」を発表し登場した。1929年に渡日し、立教大学を経て早稲田大学に入学、「無産者社」と関係しながら林和などと出会う。1930年2月末に帰国し延禧専門に短い間在籍した彼は、その年5月に東京に到着、1931年11月、「同志社」に編集委員として申鼓頌と共に参与した。

　1932年5月に帰国し「朝鮮プロレタリア芸術同盟」の中央委員に選出される。1932年11月『文学建設』創刊に積極参加し、11月「星の国事件」で申鼓頌と共に検挙される。1934年9月満期釈放された李燦は印刷業、醸造場に勤務した。1940年代以降に彼は親日詩「早くお前のギターを」と「送出陣学徒」という親日作品すら書くようになる。

　解放後の1945年9月、上京し「朝鮮プロレタリア芸術同盟」に加入してからすぐ越北し、1946年創設された「北朝鮮文学芸術総同盟」に参加する。李燦はここで書記長となり、北朝鮮詩壇の先頭に立って有名な頌歌「金日成将軍の歌」を作詞する。1974年1月5日に永眠した彼は北朝鮮の新美里愛国烈士陵に埋葬

された。 主な詩集に『待望』(1937)、『焚香』(1938)、『茫洋』(1940)などがある。 彼の詩と生涯は以下のように書ける。

第一部 近代的実験と李燦(1927~1942)
    1. 主観的感傷主義－デビュー当初(1927~1929)
    2. 階級意識と現実参与－日本留学時代(1930~1932)
    3. 獄中体験と詩集『待望』(1937)
    4. 北方情緒と漁村文学、逃避的感傷主義(1937~1941)
第二部 親日文学と李燦の日本名「青葉香」(1942~1945)
第三部 解放と帰郷(1945)
第四部 北朝鮮での「革命詩人」李燦(1946~1974)

　李燦、当初KAPF系の詩人であり1930年代後半期には客観的な情勢に順応し、親日文学に彷徨し、解放直後に左翼文学団体に加担し、北の理念に積極的に同調し文芸総の書記長・朝蘇文化協会書記長・副委員長・文化宣伝省文化局副局長という多様な経歴を歴任し、1974年1月5日に永眠した特異な詩人。
　彼は詩文学のいろいろな様相を多様に示す詩人であり、彼の文壇活動に対する研究は二分法的に分けられた「韓国近代文学」の詩文学史において様々な示唆を提供するだろう。この研究は「李燦」を通して「韓国近代文学」を研究してみることである。　こうした作業が続けられる際に李燦個人の詩世界が明らかにされるのでなく、統一文学史を成すための踏み台となるのだと考える。

2006年12月4日
早稲田大学研究室にて
金應敎

Yi Chan(1910~1974) and Modern Korean Literature

1930s. Names himself with Chinese character "李燦(Yi Chan)".

1940s. Publishes pro-Japanese literary work under the Japanese name "Aoba Kaori(青葉香)".

1945. Publishes revolutionary poems in North Korea under the name "Li Chan".

1987. After the ban on the works of the writers who went to North Korea is lifted, Scholars in South Korea call him "Yi Chan".

These four names for him represent his life.

In the colonial period, he always wrote his name in Chinese characters. His poems in the 1930s are the high point of his work. "Taemang(待望, Expectation)", an anthology published in 1937, includes the poems on migration to Manchuria, northern fishing villages, towns in the national borders, and poems written in prison. This beautiful anthology contains many outstanding poems such as "Northern Legend." It is this anthology that scholars should pay most attention to among the works published in the late 1930s. Poems singing northern sentiment are particularly beautiful and original.

In the 1940s, he was forced to change his name into "Aoba Kaori(青葉薫)" by imperial Japan. He published a pro-Japanese play under this Japanese name. I examined Yi Chan's pro-Japanese works in detail not to condemn them but in order to examine the trajectory of his whole life. I wanted to do it because it is also an important part of investigating the course of modern Korean literature.

Because Yi Chan wrote revolutionary poems in North Korea after liberation, he is remembered as a revolutionary poet in North Korea. Yi Chan is called "Li Chan" in North Korea and is an important figure in the history of North Korean poetry. Because Li Chan wrote the poem, "In Praise of General Kim, Il-sung," most South Korean researchers have hardly studied his works written in North Korea. I have not seen any studies on them done by South Koreans. They were reluctant to study North Korean literature because it is difficult to obtain North Korean materials and to have personal interchange. But whatever the social system may be, people of any ideology are still human beings, and as long as there are human beings, there must be literature. About the question how a man can or can not change with the passage of time and circumstance, "Li Chan," the man and his works, seems ready to give us one answer. "Li Chan," who had a relationship with KAPF literature, solidified his foundation in the history of North Korean literature before the rise of "Juche munye ron" (The theory on Juche literature). "Li Chan"'s eulogies for General Kim and adapted poems represent well the characteristics of North Korean literature. He played important roles in the history of the 1930s modern poetry, 1940s pro-Japanese poetry, North Korean poetry and Korean poetry in general. He intuitively understood the changes of the literary world, and followed them quickly. The content of the book, which I wrote while tracing his life and poems, is as follows:

Prelude. Rereading "Yi Chan"
Chapter I. 1910~1942 : Modernist Experiment, 李燦
Looking for a Flower Garden—The Birth of a Poet, Proletarian Poems

Poems written in Prison, Poems on Migration to Manchuria, Northern Fishing Villages, and Towns in the National Borders – The First Anthology Taemang(待望, Expectation, 1937) Pessimism-Escapist Romanticism and Modernism

Chapter II. 1942~1945 : Overcoming Modernity through Pro-Japanese Activities, Aoba Kaori

Yi Chan's Japanese Poems and Pro-Japanese Literature

Aoba Kaori, Yi Chan's Play "Seweol(歲月, Time)"

The Logic of Conscription, Yi Chan's Play "Bonaeneun saramdeul" (보내는 사람들, People seeing off soldiers)

Chapter III. 1945~1946 : Liberation and Homecoming

Liberation, The Flower Garden Regained

Chapter IV. 1946~1974 : North Korean Revolutionary Poet, Li Chan

"Li Chan"'s Poems and Eulogies to the General "Kim Il-sung"

Study on "Li Chan"'s Adapted Poems

Some readers might already have noticed my intention. Yi Chan is an important poet in the general history of modern Korean literature in addition to 1930s literature. This book will be a study on "modern Korean literature" handling the issues of literature and ideology surrounding Yi, as well as a specific study on Yi's literature. This is the reason why this book is titled "Yi Chan and Modern Korean Literature."

It was around the end of my M. A program, twenty years ago now, that I came to know about Yi Chan for the first time. I felt like I had met another senior, in addition to Yun Dong-ju, who like me had graduated from Yonsei University. Yi Chan graduated from what today is Kyeongbok high school and then Yonsei University, and studied in Waseda University. Was this all coincidence? It was very exciting, so I could hardly think that it was a mere coincidence. I also graduated from Kyeongbok high school and Yonsei University, and I have been teaching at Waseda for almost ten years. Accidentally, his life overlapped mine. I read his poems often with the feeling that I was learning my senior's life, and I requested and saw his transcripts and records at my alma mater. I have investigated the trajectory of his literary life, peculiar in Modern Korean literary history and wrote the first article on him in 1991. For the sixteen years since then, I have explored the modern space which he and his poems lived through.

First of all, I hope that this book can play a role as a bridge across which South and North Korea can understand each other when they write the history of their reunified country.

October 30th, 2006
At Waseda University
Kim, Eung-gyo